Kellner
Reden, zeigen, überzeugen

W0053994

Hedwig Kellner

Reden, zeigen, überzeugen

Von der Kunst
der gelungenen Präsentation

HANSER

Die Autorin:

Hedwig Kellner, Halstenbek

www.hanser.de

Die Deutsche Bibliothek – CIP-Einheitsaufnahme

Ein Titeldatensatz für diese Publikation
ist bei Der Deutschen Bibliothek erhältlich

© 2000 Carl Hanser Verlag München Wien
Lektorat: Martin Janik
Herstellung: Irene Weilhart
Illustrationen: Khalil Balbisi, Halstenbek
Umschlaggestaltung: Parzhuber & Partner GmbH, München
Satz: Wolframs Direkt, Attenkirchen
Druck und Bindung: Druckhaus "Thomas Müntzer" GmbH, Bad Langensalza
Printed in Germany

ISBN 3-446-21490-9

Einführung

Liebe Leserin, lieber Leser,

das Präsentieren von Ergebnissen, neuen Produkten, neuen Ideen und Strategien gehört zu den Aufgaben, die einerseits erfreulich sind, weil man damit auch sich selbst ein wenig in den Vordergrund stellen kann, die andererseits aber auch von Lampenfieber und Nervosität begleitet sein können.

Nicht jedem ist es gegeben, sich in freier Rede selbstsicher, kompetent und souverän darzustellen. Es ist ganz offensichtlich auch nicht jedem in die Wiege gelegt, sich seinem Publikum verständlich zu machen, das Interesse wachzuhalten und schließlich zu überzeugen.

Wahrscheinlich kennen auch Sie aus leidvoller Erfahrung, wie öde es sein kann, sich langweilige Vorträge ohne Höhepunkte und ohne Spannung anhören zu müssen. Das wollen Sie Ihren Zuhörern ersparen. Sie wollen, daß man Ihnen nicht nur pflichtbewußt, sondern auch interessiert zuhört.

Sicher werden Sie auch schon festgestellt haben, daß Persönlichkeiten mit überzeugender Rhetorik sehr viel leichter Aufstieg und Erfolg schaffen als solche, die sich mit der Kunst der Rede schwertun und die bei öffentlichen Auftritten eher keine gute Figur machen.

Vermutlich sind Sie kein „hauptamtlicher Redner", der die Rhetorik zum Beruf macht. Als Führungskraft, Manager, Verkäufer, Projektleiter oder Fachspezialist müssen Sie auch gar nicht perfekt jede der vielen Regeln zur richtigen Wortwahl, zur korrekten Gestik etc. beherrschen.

Folgende Aspekte sind für Ihre öffentlichen Auftritte wichtig:

- Sprechen Sie so, daß man Sie versteht.
- Sorgen Sie dafür, daß man Ihnen gerne zuhört.
- Seien Sie überzeugend in Ihren Argumentationen.
- Vermitteln Sie einen guten Eindruck von sich selbst.
- Genießen Sie die Chance, im „Rampenlicht" zu stehen.

Damit Ihnen das gelingt, habe ich dieses Buch für Sie geschrieben. Sie werden viele nützliche Tips finden und einige Hinweise nutzen können. Manches mag vielleicht nicht Ihre Zustimmung finden, anderes vielleicht auch nicht zu Ihrem Stil passen. Es geht nicht darum, daß Sie alles anwenden, was ich Ihnen in diesem Buch empfehle. Suchen Sie sich das heraus, was Ihnen die Gewißheit gibt, daß es zu Ihnen paßt und zu Ihrem Publikum.

Ich wünsche Ihnen Spaß beim Lesen und viel Beifall und Zustimmung von Ihren Zuhörern.

Inhaltsverzeichnis

1 Präsentieren - Darstellung und Bloßstellung

1.1 Präsentieren zur Information und zur Überzeugung

In jedem Unternehmen wird es immer wieder die Notwendigkeit zu Präsentationen geben. Man präsentiert vor dem Vorstand den Fortschritt von Projekten, man präsentiert vor der Belegschaft das neue Zielvereinbarungssystem, man präsentiert vor Kunden neue Produkte oder Dienstleistungen. Nur in den seltensten Fällen geht es um die rein sachliche Vermittlung von Fakten. Fast immer soll bewußt auch Überzeugungsarbeit geleistet werden. Sachliche Fakten darstellen ist vergleichsweise einfach, wenn man sich als Vortragender selbst im betreffenden Fachgebiet gut auskennt. Überzeugen hat sehr viel auch mit der persönlichen Glaubwürdigkeit zu tun, mit der Fähigkeit zu begeistern, mit der Kunst der richtigen Argumentation und mit dem Gespür für Stimmungen und Motive.

Bei Vorträgen und Referaten sind selbstverständlich auch rhetorische Fähigkeiten notwendig. Man muß die Inhalte gut gegliedert und mit dramaturgischem Geschick aufgebaut haben. Man muß mit Wortwahl, Stimme und persönlicher Ausstrahlung die Zuhörer erreichen. Man braucht ihr Interesse gleich zu Beginn und ihre Aufmerksamkeit bis zum Ende der Ausführungen. Außerdem stellt man sich die Fragen: Was sollen meine Zuhörer aus der Veranstaltung mitnehmen? Was soll ihnen im Gedächtnis haften bleiben? Warum kommen sie zu dieser Veranstaltung? Wozu sollen sie sich das anhören?

Bei Präsentationen ist in der Regel mehr „Show" erforderlich. Es geht nicht mehr nur um verbale Ausführungen. Auch den Augen soll etwas geboten werden. Nicht selten gibt es auch Dinge zum Anfassen oder Ausprobieren. Folien, Poster, Dias, Modelle und konkrete Produktbeispiele ergänzen die verbalen Ausführungen oder sind sogar der wichtigste Aspekt. Der Präsentierende muß über das Manuskript hinaus eine „Gesamt-Show" planen und „zur Aufführung" bringen. Es muß ausreichend viel geboten werden, um das Präsentierte wirklich anschaulich zu machen. Reihenfolgen müssen so geplant sein, daß sich Interesse, Spannung und Erkenntnis gut ergänzen. Es darf jedoch kein „Medienzirkus" aufgeführt werden, der schließlich die Kernbotschaft überdeckt. Auch bei einer Präsentation ist immer die wichtigste Frage: Wozu soll speziell diesen Zuhörern speziell diese Präsentation geboten werden?

Informationen lassen sich vergleichsweise neutral vortragen, referieren oder präsentieren. Viel anspruchsvoller ist das Überzeugen. Hierbei geht es darum, die Zuhörer zu einem bestimmten Handeln oder Denken zu veranlassen. Sie sollen vielleicht ein bestimmtes Produkt kaufen oder einer geplanten Neuerung zustimmen. Überzeugen heißt immer auch Überwinden von Widerständen, Zweifeln, Ablehnungen. Das kann auch bedeuten, daß der Vortragende selbst ins

Kreuzfeuer kritischer Fragen oder Einwände gerät. Dazu ist natürlich ein ganz anderes „Standing" notwendig als bei einer reinen Informationsveranstaltung.

Nicht jedem fällt es leicht, sich vor eine größere Ansammlung von Personen hinzustellen und frei zu sprechen. Mancher verbringt Nächte schlaflos vor Angst, sich mit einem Blackout oder mit zu vielen ähs und öhs zu blamieren. Mancher bringt sich vor einer Veranstaltung förmlich in eine Kampfstimmung und bereitet sich auf harte Auseinandersetzungen mit dem Publikum vor, bevor er „in den Ring" steigt. Mancher denkt überhaupt nicht über die Zuhörer nach und bereitet das Manuskript rein nach fachlichen Aspekten vor: Was ist richtig und wichtig in der Sache? Und dann kann es leicht zu einem der quälend langweiligen aber intellektuell hochwertigen Vorträge kommen, die wir alle schon auf mehr oder weniger bequemen Stühlen verdöst haben.

Ganz egal, ob Sie „nur" informieren oder auch überzeugen wollen, Sie werden nur dann erfolgreich sein, wenn es Ihnen gelingt, vom ersten bis zum letzten Wort hellwache und interessierte Zuhörer zu haben. Sie können als Vortragender nicht wie ein Lehrer verlangen, daß man Ihnen zuhört (Lehrer: „Paßt gefälligst auf!"). Es ist Ihre Aufgabe, die Zuhörer bei der Stange zu halten. Nur dann können Sie sie auch informieren und überzeugen.

Deshalb ist es immer falsch, wenn man bei der Planung einer Veranstaltung lediglich darüber nachdenkt, wer denn wohl am meisten über den darzustellenden Sachverhalt weiß und die Person dann vortragen läßt. Viel wichtiger ist die Frage: Wer kann die Fakten am verständlichsten darstellen, und wer kann am besten überzeugen?

1.2 Haben Sie das Sagen?

Präsentationen und Vorträge dienen nicht nur der Information über Sachverhalte und der Überzeugung der Zuhörer. Es geht immer auch um eine Selbstdarstellung des Vortragenden. Diese mehr oder weniger gelungene Selbstdarstellung kann sehr wesentlich für Aufstieg und Karriere oder auch für das Gegenteil sein.

Wenn Sie sich auf einen Auftritt als Redner in einer Veranstaltung vorbereiten, dann werden Sie nicht nur über die sachlichen Inhalte und über die Erwartungen der Zuhörer nachdenken. Sie werden immer auch darauf bedacht sein, sich selbst positiv darzustellen. Sie wollen kompetent, souverän, selbstbewußt und selbstsicher wirken. Dabei geht es Ihnen nicht um Eitelkeiten, sondern ganz klar um die Gewißheit, daß Ihre Fähigkeit, sich in einem Vortrag oder einer Präsentation „Gehör zu verschaffen", sehr wohl Auswirkungen auf Ihr Ansehen weit über diese spezielle Veranstaltung hinaus hat.

Verschiedene geläufige Sprüche erinnern immer wieder daran, daß Führungsqualifikation und Akzeptanz als Führungspersönlichkeit sehr eng an die Kunst der Rhetorik gebunden sind. Von Führungspersönlichkeiten sagt man, daß sie

„das Sagen haben", daß sie „Wortführer" sind, daß sie „sich Gehör verschaffen" können. Man sagt zum Beispiel: „Das ist ein Mensch, auf den man hört." Oder: „Von dem lasse ich mir etwas (oder: gar nichts) sagen."

„Reden ist Silber, Schweigen ist Gold." Dieses Sprichwort ist sicher richtig, wenn es um die Kunst geht, unbedachte Worte bei sich zu behalten. Im Zusammenhang mit beruflichem Aufstieg kann Reden sehr schnell zu purem Gold werden; wenn man es kann! Hilfloses Herumreden, zu blasse Ausstrahlung, zu schwache Stimme oder auch ungeschicktes Verhalten lassen schnell den Eindruck von Ahnungslosigkeit, Schwäche und Inkompetenz entstehen. Man denke nur an Politiker, die vergeblich versucht haben, hohe Ziele zu erreichen und sich allein durch ihre Auftritte in der Öffentlichkeit disqualifiziert haben. Andere Politiker hingegen konnten und können mitreißen und überzeugen und damit ihre Ziele erreichen. Die bekommen dann auch „das Sagen" in den angestrebten Positionen.

Üben Sie sich in Rhetorik, achten Sie auf Ihre Ausstrahlung bei öffentlichen Auftritten, und nutzen Sie die Chancen der positiven Selbstdarstellung so oft wie nur möglich bei Vorträgen und Präsentationen.

☛ Denken Sie nicht nur über das „Was" Ihrer Ausführungen nach, achten Sie mindestens ebenso sorgfältig auf das „Wie" Ihrer Auftritte. Welchen Eindruck von Ihrer eigenen Person wollen Sie vermitteln? Setzen Sie sich Ihre Ziele und nutzen Sie dann bewußt allgemeine Anlässe in Ihrem Sinne.

1.3 Das Sieben-Punkte-Programm des Scheiterns

Obwohl man meinen sollte, daß jeder Vortragende die Chance der positiven Selbstdarstellung nutzt, kann man als Zuhörer immer wieder erleben, daß es doch noch Redner gibt, die genau das Gegenteil tun. Ist es Abenteuerlust? Wollen sie erleben, wie es ausgeht, wenn sie sich vor möglichst vielen Zeugen blamieren? Ist es Faulheit? Hatten sie bis zur letzten Minute keine Lust, sich ausreichend vorzubereiten? Ist es Arroganz? Haben sie geglaubt, daß die Schönheit ihrer äußeren Erscheinung allein ausreichen würde, die Zuhörer zu begeistern? Ist es Rücksichtnahme? Tragen sie bewußt so langweilig vor, weil sie dem Publikum ein ruhiges Stündchen zum Schlafen gönnen möchten?

Jeder Redner oder Vortragende muß für sich selbst entscheiden, auf welche Art das eigene Scheitern zu bewerkstelligen ist. Es gibt sehr viele Möglichkeiten dazu. Die hier vorgestellten Regeln des Sieben-Punkte-Programms sollen Ihnen lediglich ein paar Ideen vermitteln. Ganz sicher können Sie aus Ihren Erinnerungen an Veranstaltungen, die Sie als Zuhörer erlitten haben, noch etliche Tips beisteuern.

Zum Sieben-Punkte-Programm des Scheiterns gehört:

1. Seien Sie spontan und flexibel
Engen Sie Ihre Gedanken nicht durch vorherige Stoffsammlungen und durch eine Gliederung ein. Verzichten Sie auch auf ein Manuskript. Verlassen Sie sich auf Ihre Kreativität und treten Sie ohne eigene Unterlagen vor Ihr Publikum. Ein flexibler Mensch kann immer auf die aktuelle Situation reagieren und spontan das Richtige sagen.

Bedenken Sie auch, daß gründliche Vorbereitung eines Vortrags oder einer Präsentation den Eindruck erwecken könnte, Sie hätten sonst nichts zu tun!

2. Denken Sie positiv
Lassen Sie sich nicht in eine Katastrophenstimmung bringen aus Angst vor der Technik. Geräte wie Tageslicht- oder Dia-Projektoren fallen heutzutage nicht mehr aus. Diese Geräte sind inzwischen technisch so ausgereift, daß man sich blind auf sie verlassen kann. Seien Sie auch nicht mißtrauisch im Hinblick auf die Organisation. Selbstverständlich wird man Sie als Vortragenden nicht damit belasten, sich um Dinge wie Einladung der Zuhörer, Reservierung des Raumes, Bereitstellung der Pinnwände und anderer Medien und so weiter zu kümmern. Gehen Sie davon aus, daß man alles vorbereitet hat, was Sie für Ihren Auftritt brauchen.

3. Seien Sie höflich
Begrüßen Sie Ihre Zuhörer ausführlich und zeigen Sie eine besonders tiefe Dankbarkeit für das Erscheinen ranghoher Personen. Sprechen Sie diese Würdenträger bei der Begrüßung speziell an und machen Sie dabei in deren Richtung eine deutliche Verbeugung. Auch während des Vortrags sollten Sie möglichst immer die ranghöchste Person im Publikum anschauen. Wichtige Menschen lieben es, wenn man ihnen unverwandt in die Augen starrt.

Bitten Sie gleich zu Beginn Ihres Vortrags möglichst viel um Entschuldigung. Entschuldigen Sie sich für

... die Tatsache, daß Sie ausgerechnet heute ein wenig heiser sind und deshalb nicht laut sprechen können,

... die wegen der Kürze der Zeit nur mangelhafte Vorbereitung,

... die leider nur schwer zu lesenden Schriften auf den Folien oder anderen visuellen Medien.

Während Ihres Vortrags sollten Sie möglichst oft „Pardon" oder „Entschuldigung" sagen. Tun Sie das bei jedem Hüsteln und jedem Versprecher.

4. Seien Sie gründlich
Sagen Sie alles, was es zum Thema zu sagen gibt. Lassen Sie kein Detail aus. Je mehr Sie sagen, desto sicherer können Sie davon ausgehen, daß man Ihnen Ihre Fachkompetenz glaubt.

Lesen Sie Ihren Zuhörern die Texte auf Ihren Folien laut vor. Gehen Sie niemals davon aus, daß Ihre Zuhörer selber lesen können oder gar wollen. Wenn Sie Ihre Folien möglichst vollschreiben, haben Sie und Ihre Zuhörer noch mehr davon. Lesen Sie vor allem auch bei Zahlenkolonnen jede einzelne Zahl mit allen Nachkommastellen vor.

5. Bleiben Sie locker und humorvoll
Zuhörer lieben witzige Redner. Plaudern Sie über lustige Erlebnisse und sagen Sie, wie diese Sie auf das heutige Thema gebracht haben. Legen Sie zur Erheiterung der Zuhörer immer wieder lustige Folien auf den Projektor. Nehmen Sie dazu Zeichnungen von Loriot oder anderen Künstlern, die jeder kennt und immer wieder gerne sieht. Zitieren Sie auch die vertrauten Sprüche von Heinz Erhard oder aus heutigen Werbespots. Plagen Sie sich nicht damit, selbst humorvolle Dinge auszudenken. Nur wenn Ihre lockeren Einlagen jedem bekannt sind, können Sie sicher sein, daß Ihre Zuhörer es auch merken, daß Sie Humor haben.

6. Lassen Sie sich nichts gefallen
Sie tragen vor, weil Sie Profi sind und sich im Sachverhalt am besten auskennen. Leider ist vielen Zuhörern diese Tatsache nicht immer bewußt. Mancher mag es darauf anlegen, Sie mit Zweifeln, Einwänden oder listigen Fragen in die Enge zu treiben. Zeigen Sie Ihre Souveränität gerne dadurch, daß Sie zu Fragen und Diskussionen nach Ihren Ausführungen einladen. Wenn es dann soweit ist, dann stürzen Sie sich kraftvoll ins Wortgefecht und schmettern alles nieder, was anderer Meinung ist als Sie. Lassen Sie keinen Zweifel offen, wer letztlich recht hat. Oberstes Ziel eines jeden Redners ist es, am Ende jeden mundtot gemacht zu haben, der noch immer nicht überzeugt ist.

7. Halten Sie durch
Je länger Sie vorne stehen und reden, desto besser der Eindruck, den Sie machen. Sie müssen nicht pünktlich fertig werden. Niemand braucht eine Pause. Reden Sie einfach weiter. Irgend etwas läßt sich immer noch zum Thema sagen. Sollte Ihnen gar nichts mehr einfallen, sagen Sie einfach: „Lassen Sie mich zum Schluß kurz zusammenfassen ..." Dann fangen Sie einfach von vorne an. Wenn Sie dann wieder zum Ende kommen könnten, sagen Sie: „Was ich Ihnen mit meinem Vortrag sagen wollte, war ..." Und schon wieder können Sie alles von vorne beginnen.

Diese Kunst nennt man in Fachkreisen „Schleifen drehen". Der Redner wiederholt einzelne Teile seiner Ausführungen oder auch den gesamten Vortrag immer wieder. Dieses Verfahren hat drei Vorteile:
1. Man kann mit wenig Inhalt viel Redezeit füllen.
2. Es beruhigt die Zuhörer bis in einen hypnotischen Dämmerzustand.
3. Es zeigt, daß der Vortragende über Durchhaltevermögen verfügt.

☛ Mit diesem Sieben-Punkte-Programm werden Sie als Vortragender natürlich scheitern. Lassen Sie sich dennoch nicht davon abbringen. Das Befolgen der obigen Empfehlungen ist absolut richtig. Daß Sie damit scheitern, beweist nur wieder einmal, daß die meisten Zuhörer nicht etwa dankbar und beeindruckt sind, sondern bockig, gemein und dumm. Das ist immer die Erkenntnis gescheiterter Redner.

1.4 Folien-Freaks und andere Schrecklichkeiten

Es gibt furchtbare Veranstaltungen mit schrecklichen Vortragenden. Auch Sie haben sicherlich schon manche Stunde Ihres Lebens mit Langeweile oder Ärger abgesessen, weil vorne jemand stand, der aus unerfindlichen Gründen vortragen wollte oder mußte und es ganz einfach nicht konnte.

Man ist ja dann höflich und wartet das Ende der Veranstaltung ab. Man kann auch sein Handy zum Piepen bringen und sich scheinbar zu einem dringenden Telefonat nach draußen begeben und einfach nicht wiederkommen. Kluge Leute haben für öde Vorträge immer etwas Lesestoff oder ein paar Unterlagen zum Bearbeiten dabei. Dafür muß man sich natürlich auf einen unauffälligen Platz gesetzt haben.

Manchmal hat man auch Mitleid mit dem armen Redner und mag es ihm nicht antun, einfach zu flüchten oder sich in andere Dinge zu vertiefen. Manche Vorträge muß man sich notgedrungen anhören, weil man wichtige Inhalte nicht verpassen darf. Das sind die beruflichen Sternstunden unseres Lebens!

Die typischen „Schreckensredner" sind:

• *Folien-Freaks*
Diese Leute stellen sich mit einem dicken Ordner voller Folien vor ihr Publikum und legen in endloser Reihe gnadenlos jede auf, um darüber zu reden.

> Folien-Freaks gibt es in der Hektikvariante und in der gemütlichen Version. Die Hektiker klatschen in Höchstgeschwindigkeit eine Folie nach der anderen auf den Projektor, daß man schier einen Film zu sehen bekommt. Die Gemütlichen legen eine Folie mit möglichst viel kleingedrucktem Text auf. Dieser Text wird dann in mühseliger Gründlichkeit vom ersten Buchstaben links oben bis zum letzten Buchstaben rechts unten vorgelesen. Niemals rechnet der Gemütliche damit, daß auch seine Zuhörer lesen können, und zwar viel schneller! Wenn man ihn bittet, auf das Vorlesen zu verzichten, dann stellt er sich womöglich auf den Standpunkt, das müsse sein, weil man in den letzten Reihen die kleine Schrift nicht mehr entziffern könne.

Gibt es darauf eine Antwort?

• *Trance-Redner*
Diese Leute finden kein Ende. Sie geben sich selbst die Stichworte und reden und reden und reden. Diskretes Gähnen oder Klopfen auf die Uhr nehmen sie gar nicht wahr. Trance-Redner gibt es in drei Varianten: Die Vergeistigten, die Leidenschaftlichen, die Plaudertaschen.

Die Vergeistigten sind die mit der größten Beharrlichkeit. Sie verziehen keine Miene, starren blicklos ins Leere und reden in monotonem Gleichton vor sich hin. Man fragt sich manchmal, ob sie es überhaupt bemerken würden, wenn das gesamte Publikum einfach aufstehen und den Raum verlassen würde. Die Vergeistigten verstehen sich auch wunderbar auf die Kunst der Sprachverschachtelungen. Das hört sich dann so an: „... wenn auch nicht nur die Rückversicherung, sondern auch - und das ist seit Jahren wissenschaftlich erwiesen, nicht nur in den USA, sondern auch in Europa, wobei sich hier auch durchaus Elemente der japanischen Qualitätsorientierung und damit sei nicht etwa nur Kaizen - was ja nicht unbedingt als Qualitätsphilosophie zu betrachten ist, obwohl das natürlich manche Forscher völlig anders sehen ..."

Die Leidenschaftlichen sind das Gegenteil. Sie sprühen nur so von Leben und Leidenschaft. Geradezu cholerisch, hysterisch und orgiastisch reden sie sich in eine Trance. Stichworte zum beständigen Weiterwüten scheint der Leidenschaftliche von Feinden zugerufen zu bekommen, die außer ihm niemand unter den Anwesenden wahrnimmt. Die Leidenschaftlichen reden nicht nur lange, sondern auch laut. Dazu schwingen sie die Fäuste, schlagen auf das Rednerpult und schäumen in den Mundwinkeln.

Die Plaudertaschen scheinen von Liebe zum Publikum angetrieben zu sein. Sie erzählen, was sie zum Thema der Veranstaltung gebracht hat, wie schon die eigene Oma eine Meinung dazu hatte und warum wir auch immer an unsere Kinder und Kindeskinder denken sollten, wenn wir zu Entscheidungen kommen wollen, die wir natürlich nicht überstürzen aber doch einmal treffen sollten, jedoch nicht ohne zuvor aus der Lebenspraxis noch ein paar Beispiele - und sicherlich gibt es davon noch viel mehr, aber man kann ja auch leider nicht alles immer so würdigen, wie es sein sollte .... Und niemals vergißt die Plaudertasche ihr Lächeln und ihre persönliche Zuwendung durch intensiven Augenkontakt mit einzelnen Zuhörern. Wer Pech hat und vorne sitzt, muß womöglich damit rechnen, daß sich die Plaudertasche direkt ins Publikum begibt und hier und dort auf Schultern klopft und persönliche, ermutigende Worte findet.

- *Der Oberlehrer*

Oberlehrer sind sich ihrer Mission bewußt. Sie sind die verantwortlichen Träger von Wissen und Klugheit. Nach einem didaktisch ausgeklügelten Konzept belehren sie die einfachen Menschen im Publikum. Alles wird sehr anschaulich und leicht verständlich vorgetragen. Man bekommt auch immer einen Tip, worauf man als Zuhörer besonders achten und was man sich merken sollte.

- *Der Publikumsverächter*

Auch der Publikumsverächter ist sich der Dummheit seiner Zuhörer bewußt. Anders als der Oberlehrer geht er jedoch nicht davon aus, daß es noch intellektuelle Hoffnungen für die Deppen vor ihm gibt. Mit leicht zynischem Grinsen und perfektem rhetorischem Stil unter Verwendung vollendeter Gestik trägt er vor, was sowieso für die Leute zu anspruchsvoll ist. Sollte jemand den Mut haben und ihm eine Frage stellen, dann wird er diese selbstverständlich mit angemessenen Formulierungen beantworten. Allerdings verzieht er dazu seinen

Mund zu einem Lächeln, daß es dem Frager die Schamröte ins Gesicht treibt. Nichts ist so peinlich und so dumm wie die Frage, die man arglos einem Publikumsverächter gestellt hat.

• *Der Verzweifelte*
Der Verzweifelte möchte seine Sache als Redner gut machen und hat sicherlich tagelang vorher seinen Text auswendig gelernt. Dann steht er vor einer überwältigenden Menschenmenge, gegen die er sich bereits machtlos fühlt, wenn es sich nur um fünf Personen handelt.

Er weiß, daß nun der Zeitpunkt seines Vortrags gekommen ist. Er möchte anfangen, schaut in die Menge und wird von dort glatt ignoriert. Er hüstelt, er räuspert sich. Nichts. Das Publikum sieht und hört ihn nicht und plaudert munter weiter. „Meine Damen und Herren", sagt der Verzweifelte und fügt leise hinzu: „Ich bitte um Ihre Aufmerksamkeit." Keine Chance.

Irgendwann kann er ein paar Zuhörer auf sich aufmerksam machen. Er hält seinen Vortrag, kommt jedoch nie ganz gegen den Geräuschpegel an, den die Schwatzer im Publikum produzieren. Von Zeit zu Zeit wirft er verzweifelte Blicke in die Richtung der Plauderklübchen und redet tapfer weiter bis zum Ende seines Manuskriptes. Danach wird er völlig erschöpft sein und moralisch entrüstet von der Disziplinlosigkeit der Zuhörer.

Wie Sie sehen, liebe Leserin, lieber Leser, das Leben kann sehr hart sein. Das gilt für Vortragende wie für Zuhörer.

2 Projekte präsentieren

2.1 Erfolg braucht Akzeptanz

In jedem Unternehmen finden Projekte statt, deren Ergebnisse unmittelbaren Einfluß auf die Arbeitssituation der Mitarbeiter haben. Es kann sich um die Einführung neuer Techniken und Verfahren handeln, um Umzüge in neue Büros oder Produktionsstätten, um Reorganisationen, um die Optimierung von Bearbeitungsschritten, um die Entwicklung neuer Produkte und Dienstleistungen, um den Abbau von Hierarchien ...

Nicht selten verursachen Projekte in einem Unternehmen Konflikte und Reibereien. Manchmal wird gar nicht eingesehen, warum Änderungen überhaupt notwendig sind. Manchmal sind die beabsichtigten Umstellungen nicht ausreichend, oder fürchten Mitarbeiter um gewohnte Rechte und empfinden die Arbeit des Projektteams als Eingriff in ihren Kompetenzbereich.

Es kommt immer wieder vor, daß Projektteams einen großen Teil ihrer Arbeit, ihrer Zeit und ihrer Motivation durch die Spannungen mit Betroffenen verlieren. Vor allem die Projekte, die auf die enge Zusammenarbeit mit den Beteiligten angewiesen sind, müssen oft hart um ihre Akzeptanz kämpfen.

Eine Erfolgsformel für Projekte lautet:

$$E = Q \times A$$

Das bedeutet:

Erfolg = Qualität x Akzeptanz.

Es reicht nicht, daß das Projektteam aus hervorragenden Fachleuten besteht und qualitativ hochwertige Arbeit leistet. Wichtig ist vor allem, daß die vom Projekt betroffenen Personen das Ergebnis auch akzeptieren. Mißtrauen, Konfrontation und mehr oder weniger offene Taktiken der Verschleppung und Behinderung kennzeichnen immer wieder die Kommunikation zwischen Projektteam und Betroffenen. Nicht selten gehört es deshalb auch zu den Aufgaben eines Projektleiters, als „Verkäufer" seines Projektes aufzutreten.

Offene Informationspolitik, überzeugende Darstellung nach außen, kluges „Public Relation" und immer wieder die persönliche Kommunikation zwischen den Mitarbeitern können die Stimmung und damit die Akzeptanz verbessern.

Das ideale Forum dafür ist die regelmäßige Projektpräsentation. Niemand soll den Eindruck bekommen, hinter verschlossenen Türen wird von praxisfernen Theoretikern etwas für die tägliche Arbeit der Betroffenen ohne deren Mitwirkung getan.

☞ Projektpräsentationen haben folgenden **Zweck**:

1. Es soll für das Projekt und sein Ergebnis geworben werden.
2. Es soll den Teilnehmern verständlich machen, was auf sie zukommt und welchen Nutzen das Vorhaben mit sich bringt.
3. Die Abläufe der Projektarbeit sollen so weit verdeutlicht werden, daß allen verständlich wird, warum zu bestimmten Zeiten ihre Vorschläge und Änderungswünsche gerne entgegengenommen werden und warum ab einem gewissen Zeitpunkt jeder Kurswechsel das Team in Probleme bringt.
4. Vorbehalte und Ängste der von Neuerungen betroffenen Mitarbeiter sollen offen angesprochen und möglichst ausgeräumt werden.
5. Die Betroffenen sollen Vertrauen in die Arbeit des Projektteams entwickeln.
6. Das Team selbst wird durch gelungene Präsentationen motiviert. Es macht einfach mehr Freude, bei einem Projekt mitzuarbeiten, das im Unternehmen einen guten Ruf hat.

☞ Die Grundfragen der Betroffenen im Hinblick auf ein Projekt lauten in der Regel:

- Was macht das Team eigentlich?
- Welche Auswirkungen wird deren Ergebnis auf unsere Arbeit und unser Arbeitsumfeld haben?
- Wozu soll das gut sein?
- Wie geht es vor?
- Wie können wir darauf Einfluß nehmen, daß das Projektergebnis in unserem Sinne ist?
- Wann ist mit der Fertigstellung zu rechnen?
- Wie sollen wir mit den Neuerungen vertraut gemacht werden?

☞ Wenn Sie als Projektleiter für Ihr Projekt um Verständnis und Akzeptanz werben wollen, dann sollten Sie Ihre Projektpräsentationen wirklich sehr bewußt einsetzen. Es reicht nicht, einfach nur trocken die Zahlen und Pläne vorzustellen. Der Hauptgedanke muß immer sein:

- Was interessiert die Zuhörer an unserem Projekt?
- Was wollen sie erfahren?
- Was wird vermutlich einen positiven Eindruck auf sie machen?

Entsprechend bereiten Sie die Inhalte und die Anschauungsmaterialien vor, setzen Schwerpunkte und wählen die passenden Beispiele aus. So legen Sie Ihren Auftritt vor Publikum gründlich fest.

2.2 Die drei Seiten der Projektpräsentation

Wenn Sie eine Projektpräsentation planen, sollten Sie sich zunächst über die konkrete Absicht der Veranstaltung Gedanken machen.

- Wer wird als Zuhörer erwartet?
- Soll der Vorstand über den Fortschritt der Arbeit informiert werden?
- Sollen die zukünftigen Nutznießer des Produktes dessen Handhabung verstehen?
- Sollen Zweifler und Gegner vom Vorteil des Projektes überzeugt werden?
- Sollen Sponsoren begeistert werden, damit sie weitere Gelder für die Aufgabe freigeben?
- Sollen Außenstehende über die Arbeitsweise des Teams informiert werden?

Die drei wesentlichen Seiten der Projektpräsentation sind:

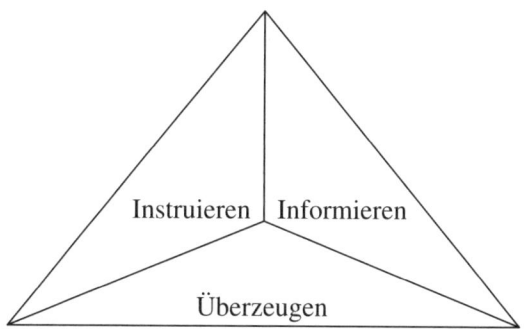

Abb. 1: Die drei Seiten der Projektpräsentation

1. Instruieren

Hierbei ist es sehr wichtig, daß wirklich jeder der Zuhörer genau die Inhalte versteht und sich auch merken kann. Es wird in erster Linie der rationale Verstand angesprochen. Die Emotionen spielen eine geringere Rolle. Die Darstellung muß sachlich und knapp sein. Schrittweise und in logischer Reihenfolge muß der Aufbau vom Einfachen zum Komplexen kommen. Merksätze und aktive Mitarbeit der Zuhörer fördern den Lernerfolg. Es muß in der Regel eine Übungs- oder Erprobungsphase für die Teilnehmer der Veranstaltung geplant werden. Der Vortragende sollte didaktisch geschult sein und ausreichend Verständnis und Geduld auch für „dumme" Fragen mitbringen.

2. Informieren

Auch hierbei geht es in erster Linie um Sachlichkeit und um die Ansprache des Verstandes. Es muß genau definiert werden, wie tief man in die technischen Details gehen sollte. Wozu brauchen die Zuhörer die Informationen? Sollen sie im

Anschluß Entscheidungen treffen? Sollen sie die aufgenommenen Informationen weitertragen? Sollen sie lediglich zur Kenntnis nehmen, welchen Stand das Projekt erreicht hat? Sollen sie über den weiteren Verlauf der Arbeit entscheiden?

Auch bei informativen Veranstaltungen sollte ein gewisser „Show-Effekt" hinzukommen. Die beste Information taugt nichts, wenn die Zuhörer vor Langeweile hinter offenen Augen eigenen Gedanken nachgehen.

3. Überzeugen

Beim Überzeugen werden Verstand und Emotionen angesprochen. Die Präsentation muß einerseits vernünftige und nachvollziehbare Argumente bringen und andererseits die Zuhörer bewußt in eine positive und wohlwollende Stimmung versetzen. Die Präsentation sollte auch die Begeisterung des Vortragenden für die eigene Sache ausdrücken.

☛ Es kann für Sie auch sinnvoll sein, gemeinsam mit einem Mitarbeiter oder einem Kollegen aufzutreten. Vielleicht liegen Ihnen die sachlichen Darstellungen besser, dann übernimmt die andere Person die Überzeugungsarbeit - oder umgekehrt. Die Wirkung einer Präsentation hängt immer auch sehr stark am Vortragenden selbst.

2.3 Die drei Grundfehler der Projektpräsentation

Vielleicht haben Sie selbst bereits verunglückte Projektpräsentationen miterlebt. Man hatte eigentlich die gute Absicht gehabt, über die Sache zu berichten und mit den Betroffenen zu diskutieren, aber am Ende waren alle Anwesenden schlecht gelaunt, gelangweilt oder sogar erbost.

Vielleicht kennen Sie aus Erfahrung die drei typischen Fehler der Projektpräsentation:

1. Der beste Spezialist präsentiert

Man läßt die Person vortragen und präsentieren, die sachlich und fachlich am meisten über die Zusammenhänge des Projektes weiß. Zunächst hört sich das ganz vernünftig an. Leider ist jedoch der Spezialist häufig genau die Person, die sich am wenigsten in die Zuhörer hineinversetzen kann. Spezialisten haben schnell die Neigung, sich in ihrer Fachsprache und in zu viel technischen Details zu verlieren.

Für die Zuhörer kommt dabei heraus, daß sie den Ausführungen oft gar nicht mehr folgen können. Sie langweilen sich oder sind verärgert, weil sie den Eindruck bekommen, man wolle bewußt den Wissensunterschied demonstrieren: Die vom Projektteam sind klüger als die später vom Projektprodukt Betroffenen.

Wenn im Rahmen der Präsentation Fragen und Diskussionsbeiträge aus dem Zuhörerkreis vorgesehen sind, kann es leicht passieren, daß der Spezialist die Wortmeldungen für „dumm" hält und dieses durch sein Verhalten auch aussagt. Die Zuhörer nehmen das als Arroganz wahr. Eine feindselige Einstellung zwischen Projektteam und Projektbetroffenen ist die Folge. In vielen Unternehmen ist dieser Konflikt fast typisch für DV-Projekte (DV: Datenverarbeitung).

☛ Merke: Eine Projektpräsentation sollte nicht durch die Person erfolgen, die am meisten über die Sache weiß, sondern durch diejenige, die sich am verständlichsten auch Nicht-Fachleuten gegenüber ausdrücken kann.

2. Die Präsentation vermittelt aus technischer Sicht die Funktionalität

Dieser Fehler passiert, wenn eine Projektpräsentation aus Sicht der Projektmitarbeiter und nicht aus der der Betroffenen durchgeführt wird.

> Bei einem DV-Projekt schildert man zum Beispiel, wie die neue Software funktionieren wird. Bei einem Projekt zur Reorganisation einer Abteilung stellt man das neue Organigramm und die zukünftigen Abläufe dar. Bei einem Projekt zur Qualitätssicherung stellt man vor, wo und wie in Zukunft was getan und dokumentiert werden muß.

Es kann sein, daß diese Ausführungen auch wichtig sind. Sie reichen jedoch niemals aus für eine Präsentation vor den Beteiligten. Diesem Personenkreis muß immer auch sehr klar, überzeugend und motivierend vermittelt werden, weswegen das Projekt Vorteile hat, welchen Nutzen es bringt. Man verlasse sich niemals darauf, daß die Zuhörer von selbst einsehen, daß das Projekt für das Unternehmen oder für die Kunden oder für die Zusammenarbeit etc. gut ist. Die meisten Menschen haben leider auf den ersten Blick immer nur die eigene Betroffenheit vor Augen. Sie sehen sich vor die Aufgabe gestellt, sich mit Änderungen abzufinden. Sie müssen sich mit Neuem vertraut machen, neue Dinge lernen und sich umgewöhnen. Das erleben sie als Belastung. Sehr schnell werden Vergleiche mit dem Vertrauten gezogen: Früher ging alles viel leichter und schneller von der Hand, jetzt dauert alles viel länger.

> Man denke nur an die Projekte, als in Unternehmen die Sekretariate von Schreibmaschinen auf PCs umgestellt wurden. Fast nie wurde die neue Technik mit glänzenden Augen begeistert aufgenommen. Zunächst stand die Unbequemlichkeit im Blickfeld, sich mit der komplizierten Technik befassen zu müssen. Viele Betroffene waren felsenfest überzeugt, daß sich die umständliche Computertechnik nur als überflüssige Modeerscheinung erweisen würde. Heute wirken Büros mit Schreibmaschinen altertümlich.

> Ähnlich ist es zur Zeit in vielen Unternehmen bei den Vorhaben zur Einführung von Qualitätssicherungs-Systemen. Die Betroffenen sehen zusätzlichen „Papierkram" auf sich zukommen und wehren sich womöglich gegen die Zumutungen des Projektes.

Jeder einzelne sieht für sich, welcher Umstellungs- und Umgewöhnungsaufwand zu erwarten ist. Dadurch entsteht der persönliche Eindruck: Es ist lästig und macht den Alltag noch komplizierter.

Um dieser Einstellung entgegenzuwirken, muß eine Projektpräsentation immer auch sehr deutlich den Nutzen darstellen. Es muß den Zuhörern nicht nur klarwerden, was auf sie zukommt. Sie müssen auch nachvollziehbar vermittelt bekommen, wozu das Ganze eigentlich gut sein soll.

3. Die Zuhörer werden als Gegner wahrgenommen

Viele Projektpräsentationen kranken von Anfang an daran, daß der Vortragende mit einer feindlichen Haltung vor sein Publikum tritt. Vielleicht gab es im Vorfeld heftige Für- und Wider-Diskussionen oder Unstimmigkeiten über das Projekt. Dann kann es passieren, daß der Vortragende sich selbst in die Stimmung versetzt, bei seiner Präsentation einer feindlichen Mehrheit gegenüberzutreten. Er richtet sich innerlich darauf ein, daß man ihm mit Gegenargumenten und böswilligen Fragen den Auftritt schwermachen wird.

Manche Projektpräsentation beginnt damit, daß der Vortragende sich zum Rednerpult begibt wie in einen Boxring. Diese innere Haltung vermittelt sich dem Publikum, und der Kampf kann beginnen! Auch arglose Fragen oder sachlich gemeinte Bedenken werden als Angriffe wahrgenommen und sofort „niedergeschmettert".

Wir Menschen können uns oft nur schwer damit abfinden, daß es zu einer Sache verschiedene Meinungen geben darf, und daß es nicht immer „richtig" und „falsch", „gut" oder „böse" gibt. Auch in unserer pluralistischen Gesellschaft verstehen wir Meinungsfreiheit als das persönliche Recht: „Ich darf denken und sagen, was ich will." Dieses Recht gestehen wird jedoch nicht selbstverständlich den Mitmenschen zu. Da erleben wir einen Andersdenkenden schnell als „dumm" oder „böse".

> Das gilt nicht nur in politischer oder weltanschaulicher Hinsicht, sondern auch in solch einfachen Auseinandersetzungen wie: Sollen wir SAP einführen oder nicht? Soll die Kantine auf bargeldloses Bezahlen umstellen oder nicht? Können wir mit drei Hierarchiestufen auskommen oder brauchen wir mehr? Muß ein neues Provisionssystem entwickelt werden oder nicht? Ist das neue Verwaltungsgebäude mit oder ohne Klimaanlage auszustatten? Sollen auch die Mitarbeiter des Innendienstes einem Zielvereinbarungssystem unterworfen werden? Sollen die jährlichen Beurteilungsgespräche auf einem Formular und mit einer Note dokumentiert werden oder in freier Prosa? Brauchen wir überhaupt eine regelmäßige Beurteilung?
>
> Über solche Projektfragen können Diskussionen geführt werden, als ginge es um Leben und Tod oder zumindest um den Untergang des christlichen Abendlandes, sollte die Partei mit der anderen Meinung „gewinnen".

Wenn nun das Projektteam zu dem Projekt eine bestimmte Haltung eingenommen hat und weiß, daß es im Unternehmen viele Gegenmeinungen gibt, dann kann derjenige, der in der Präsentation vor den Andersdenkenden referiert, sehr wohl diesen Auftritt als „Kampfsituation" empfinden. Er bereitet sich innerlich auf „Wortgefechte" vor und will unbedingt „siegen". Vielleicht sind Vertreter des Betriebs- oder Personalrats zu erwarten, die um jeden Preis für die Rechte der Kollegen „kämpfen" wollen. Oder es sind Vorstände im Zuhörerkreis, die für die weitere Marktfähigkeit des Unternehmens „kämpfen".

Die einen ringen für die Neuerungen, die anderen dagegen. Auf jeden Fall wird überall für die „gute Sache" gestritten. Kein Wunder, daß die Andersdenkenden als Kämpfer für die „böse Sache" wahrgenommen werden. Kein Wunder, daß manche Projektpräsentation schließlich in rhetorische Kriegsführung mit „Schlag"fertigkeiten, „Killer"phrasen und sonstigen Taktiken übergeht.

☞ Viele Projektpräsentationen scheitern an den **drei Grundfehlern**:
1. Die Zuhörer verstehen die Inhalte nicht.
2. Die Zuhörer erkennen den Nutzen nicht.
3. Die Zuhörer vermissen Respekt und Wertschätzung des Vortragenden.

2.4 Präsentation von Produkt und Prozeß

Bei Projektpräsentationen sind die Darstellung des angestrebten Projektproduktes oder des geplanten Ergebnisses einerseits und auch der Prozeß als Weg zum Ergebnis andererseits die beiden wesentlichen Inhalte. Im Einzelfall werden Sie entscheiden, ob der Schwerpunkt mehr auf der einen oder der anderen Seite liegt. Wenn Sie zum Beispiel vor den zukünftigen Benutzern des Projektproduktes oder den Betroffenen des Ergebnisses vortragen, dann sind die Kernfragen Ihrer Zuhörer:

*   Was entsteht im Projekt?
*   Was bedeutet das Ergebnis für uns?
*   Wie werden wir konkret davon betroffen sein?
*   Wann wird es fertig sein?
*   Wozu soll es gut sein? Was ist der Nutzen?

Wenn Sie zum Beispiel vor dem Vorstand Ihres Unternehmens präsentieren, dann wird der Schwerpunkt in der Regel etwas anders sein:

*   Wie weit ist das Projekt?
*   Verläuft alles nach Plan?
*   Werden Kosten und Termine gehalten?
*   Gibt es Anzeichen für Risiken oder sonstigen Handlungsbedarf?

Wenn Sie vor Personen vortragen, die zum Beispiel als Außenstehende zur Projektarbeit beitragen oder sogar durch die Arbeitsprozesse belastet werden, dann interessieren vor allem die Fragen:

• Was kommt im Verlauf der weiteren Projektarbeit auf uns zu?
• Welcher Beitrag zum Gelingen wird von uns erwartet?
• Auf welche Schwierigkeiten oder Belastungen müssen wir uns einstellen?
• Welche Bedeutung hat unser Beitrag für die Sache?

Entscheiden Sie jeweils nach Ihrem Zuhörerkreis, welche Schwerpunkte Sie setzen wollen. Häufig werden Sie ein gemischtes Publikum vorfinden. Die einen interessieren sich mehr für das Ziel, die anderen mehr für den Weg zum Ziel. Die einen sind positiv zum Projekt eingestellt, die anderen sehen die Sache eher kritisch und werden vielleicht auch Ihre Präsentation als Forum nutzen, Bedenken und Widerstände zu äußern. Nicht selten wird eine Projektpräsentation dann auch zu einer fast verkäuferischen Überzeugungsaktion. Das ist weit anspruchsvoller aber auch interessanter als die „trockene" Darstellung von Fakten und Statusberichten.

☛ Die **grundsätzlichen Themen** einer Projektpräsentation sind in der Regel:

1. Was soll im Projekt entstehen?
2. Welchen Nutzen haben das Projekt oder das Ergebnis?
3. Wie geht das Projektteam vor?
4. Wie ist der aktuelle Stand?
5. Wie geht die Arbeit weiter?

Zeigen Sie so viel wie nur möglich an anschaulichen Beispielen, Grafiken, Modellen, Bildern ... Je klarer das innere Bild Ihrer Zuhörer ist, desto leichter können Sie überzeugen, desto weniger wird man Sie durch Zwischenfragen und Zweifel vom Konzept abbringen.

Wenn Sie sich auf eine Präsentation Ihres Projektes vorbereiten, kann Ihnen folgende Gliederung eine Strukturierungshilfe sein:

1. Ziele und Aufgaben des Projektteams

Schildern Sie anschaulich, was entstehen soll, wie es aussehen wird, wie damit gearbeitet oder gelebt werden soll.

Pappmodelle, Fotos, Prototypen, bekannte Beispiele aus anderen Zusammenhängen etc. sollten zur Veranschaulichung beitragen.

Vielleicht muß an bestimmten Stellen auch ausdrücklich darauf hingewiesen werden, was nicht zur Projektaufgabe gehört.

Beispiel: Sie entwickeln eine neue Software, übernehmen jedoch nicht die notwendige Schulung der Benutzer, weil dafür ein anderes Team zuständig ist.

2. Nutzen des Projektproduktes oder -ergebnisses

Warum wurde das Projekt in Auftrag gegeben? Welche Vorteile ergeben sich? Nutznießer können sein:

- das eigene Unternehmen
- die Mitarbeiter
- die Kunden
- die Umwelt

Vielleicht muß das Projekt auch durchgeführt werden, weil gesetzliche Bestimmungen, technische Neuerungen oder andere Gründe dieses erforderlich machen. Dann sollten Sie gegebenenfalls auch darstellen, welche Schäden oder Nachteile entstehen könnten, sollte das Produkt des Projektes nicht oder zu spät eingeführt werden.

3. Projektorganisation

Wie ist das Projekt in das Unternehmensumfeld oder in andere Zusammenhänge eingegliedert? Wer arbeitet mit? Wer tut was? Wer ist wofür verantwortlich? Wie sind die personellen Strukturen des Teams? Welche Außenkontakte bestimmen die Arbeit? Welche Informations-, Berichts- und Entscheidungswege gibt es?

Für die organisatorischen Zusammenhänge sollten Grafiken wie Organigramme oder Strukturpläne zur Veranschaulichung herangezogen werden.

4. Wie geht das Team vor?

Hierbei wird der Arbeitsprozeß veranschaulicht. In welchen Phasen wird gearbeitet? Was wird der Reihe nach an Zwischenergebnissen produziert? Welche Teilprojekte sind definiert? Wie werden im Verlauf des Projektes immer wieder die unterschiedlichen Stände synchronisiert?

Dieser Teil der Präsentation gibt zum Ausdruck, was zu welchem Zeitpunkt auf der „Baustelle" gemacht wird. Zeitpläne, Balkendiagramme und vereinfachte Netzpläne können hier die Dinge verdeutlichen.

5. Aktueller Status

Wo steht das Projektteam zur Zeit? Was ist fertig? Sind Ist- und Sollwerte übereinstimmend? Wie soll die Arbeit weitergeführt werden? Was wird von den Zuhörern erwartet? Was braucht das Team zur Weiterarbeit? Mit welchem nächsten Zwischenergebnis ist wann zu rechnen?

6. Fragen und Diskussion

Jetzt sollte der Austausch zwischen Vortragendem und Zuhörern stattfinden. Fragen können beantwortet, Einwände behandelt werden.

Wenn Sie Ihre Projektpräsentation inhaltlich und visuell vorbereitet haben, sollten Sie sich zum Abschluß noch einmal in Ihre Zuhörer hineinversetzen und sich fragen, ob deren Erwartungen erfüllt, deren Fragen (siehe oben) beantwortet werden.

Falls Sie mit Widerständen und Gegenargumenten rechnen müssen, sollten Sie sich auch darauf einstellen. Welche Einwände könnten kommen? Erstellen Sie dazu eine Liste. Anschließend schreiben Sie pro Einwand oder Gegenrede das, was Ihre Haltung dazu ist.

Wenn Sie mit Sach- und Detailfragen rechnen müssen, die inhaltlich weit über Ihr geplantes Konzept hinausgehen, dann kann es sinnvoll sein, für alle Fälle weitere Unterlagen mit in die Veranstaltung zu nehmen. Im Notfall finden Sie dort Antworten auf weitergehende Fragen.

☛ Denken Sie bitte auch daran, daß Sie nicht alles selbst vortragen müssen. Wenn Sie Mitgliedern Ihres Teams die Chance geben, auch vor dem Publikum aufzutreten, dann motiviert das Ihre Mitarbeiter. Außerdem ist es für die Zuhörer interessanter, wenn sich vorne die Präsentierer abwechseln.

Dann allerdings gilt eine wichtige Regel: Greifen Sie auf keinen Fall während des Vortrags Ihres Mitarbeiters ein! Ein Vorgesetzter, der nicht den Mund halten kann, wenn jemand aus seinem Team präsentiert, macht sich selbst lächerlich. Man unterstellt, daß der Vorgesetzte entweder nicht in der Lage ist, richtig zu delegieren und die „falschen" Leute präsentieren läßt oder daß er vor Eifersucht nicht stillhalten kann, wenn auch mal eine „untergeordnete" Person im Rampenlicht steht. Außerdem bringen Sie den Mitarbeiter in eine peinliche Situation. Er kommt sich wie ein Depp vor, wenn plötzlich der Vorgesetzte korrigierend einschreitet.

☛ Eine Projektpräsentation soll nicht nur erkennen lassen, was gemacht wird, sie soll auch darstellen, daß ein harmonisches Team mit kollegialem Erfolgswillen an dem Ergebnis arbeitet. Projektinterne Reibereien, Profilneurosen und Eifersüchteleien dürfen die Veranstaltung nicht verderben!

3 Die Kunst der Rede

3.1 Für Sie gelten genau zwei Rhetorikregeln

Als Führungskraft oder Fachspezialist oder ähnliches werden Sie vermutlich immer einmal Vorträge halten oder Präsentationen geben. Sie sind jedoch nicht professioneller Redner oder Moderator oder gar Schauspieler. Wenn Sie ein hervorragender Rhetoriker sind, ist es gut. Wenn Sie es nicht sind, brauchen Sie es auch nicht zu werden.

Manche Führungskräfte geraten schon in Angst bei dem Gedanken, was sie rhetorisch alles falsch machen werden. Sie besuchen teure Seminare und hören dort von tausend Regeln zu Themen wie: Körperhaltung, Stimm-Technik, Spannungsbogen, technische Hilfsmittel, Vermeidung von Urlauten, Blickkontakt ...

Alle diese Dinge sind einleuchtend und heben deutlich das Niveau eines jeden Vortrags.

Die Frage ist nur: Wer kann sich das merken?

Wer kann wirklich gleichzeitig kontrollieren, daß niemals der Rücken den Zuhörern zugekehrt ist, daß niemals die Handflächen gezeigt werden, daß keine ähs und öhs herausrutschen, daß der Blickkontakt an alle gleichmäßig verteilt wird, daß stets beide Füße fest auf dem Boden stehen und trotzdem lockere Haltung bewahrt wird ...?!

Dazu muß man selbstverständlich die richtigen Worte im richtigen Moment finden, darf nichts vom vorbereiteten Text auslassen, muß die Zunge vor Negativbegriffen hüten und blitzschnell einen Ausweg aus Blackout-Situationen finden ...

Wenn Sie häufig Vorträge halten oder Präsentationen geben, sollten Sie sich ruhig einmal ein Rhetorik-Seminar gönnen. Es wird Ihre Selbstsicherheit unbedingt erhöhen, wenn Sie sich einmal im Video erlebt haben. Sie werden sehen - So geht es fast allen Teilnehmern dieser Seminare! -, daß Sie gar nicht so schlecht wirken, wie Sie vielleicht gedacht haben. Auch die gelegentlichen Verstöße gegen Rhetorik- oder Verhaltensregeln sind gar nicht so störend wie Sie vermutet haben.

Versuchen Sie, Ihren Vortragsstil zu verbessern. Verabschieden Sie sich jedoch von dem Gedanken, Sie müßten ein perfekter Redner werden. Als Abteilungs- oder Projektleiter, als Vorstand oder Geschäftsführer, als Entwickler oder Forscher oder was immer Ihre Aufgabe ist haben Sie wichtigere Ziele vor Augen als die Perfektion der Rede und des öffentlichen Auftritts.

Bei Ihren Zuhörern kommen kleine rhetorische Schwächen und „falsche" Gesten etc. oft viel sympathischer an als aalglatter Perfektionismus.

Lesen Sie auch dieses Buch immer unter dem Aspekt: Wichtig, unwichtig, interessiert mich nicht. Hier und dort nehmen Sie einen Tip mit. Vieles sollte man mal gehört oder gelesen haben. Manches kann man ja mal ausprobieren. Anderes paßt auch gar nicht zum persönlichen Stil.

☛ Genau zwei Regeln gelten jedoch unbedingt auch für Sie, wenn Sie einen Vortrag halten oder etwas präsentieren:

Erste Regel: **Sprechen Sie verständlich!**

Ganz egal, wie wichtig Ihre Worte sind, wenn man sie nicht versteht oder nicht weiß, was damit gemeint ist, können Sie sie auch ungesagt sein lassen.

Zweite Regel: **Sprechen Sie so, daß man nicht vor Langeweile darüber einschläft!**

Auch hier gilt, daß Sie alles ungesagt sein lassen können, was Sie vor Schläfern vortragen.

Diese beiden Regeln sind unerläßlich, ansonsten wäre alles vergebliches Bemühen.

Zur ersten Regel: Sprechen Sie verständlich!

Hierbei unterscheiden Sie bitte: Akustik und Inhalt.

☛ Ist Ihre Stimme laut genug? Können auch bis zur letzten Sitzreihe alle Zuhörer Sie gut verstehen? Fragen Sie gleich zu Anfang möglichst eine bestimmte Person ganz hinten: „Können Sie mich verstehen?"

> Verlassen Sie sich nicht darauf, daß die Zuhörer sich von selbst melden, wenn sie nichts hören. Vielleicht haben Sie auch schon einmal erlebt, daß vorne ein ahnungsloser Redner sprach, während von hinten leise gezischt wurde: „Lauter!" Aus unerfindlichen Gründen kommt es fast nie vor, daß laut und deutlich „Lauter!" gerufen wird. Es wird immer so leise gezischt, daß der Redner es lange nicht wahrnimmt.

☛ Achten Sie darauf, daß Ihr Mund zu sehen ist. Sehr viele Menschen können nur dann gut verstehen, wenn sie gleichzeitig die Lippen sehen können. Halten Sie Ihr Manuskript nicht vor die untere Gesichtspartie, schieben Sie während des Vortrags keine Gegenstände in den Mund! Weder Brillenbügel, noch Schreibgeräte, Locken oder Zeigestockspitzen sollten Sie vorne kauen oder lutschen. Achten Sie einmal darauf, wie viele Redner das tun!

☛ Im Hinblick auf die inhaltliche Verständlichkeit wählen Sie bitte Ihre Worte genau aus. Je tiefer Sie selbst als Fachprofi in der Sache stecken, desto schwieriger kann es für Sie sein, sich so auszudrücken, daß auch wirklich jeder einzelne Zuhörer Sie begreift.

☛ Bedenken Sie bitte, daß Sie für alle Anwesenden sprechen und nicht nur für ein paar Spezialisten, denen Sie vielleicht imponieren möchten.

Besonders junge Experten glauben manchmal, sie müßten mit Fremdwörtern und Fachjargon um sich werfen, um ihre Kenntnisse zu demonstrieren. Diese Einstellung ist falsch. Sie ist kindlich: „Schaut her, wie fleißig ich gelernt habe!" Mit dieser Schulkind-Botschaft sprechen Sie das Unterbewußtsein Ihrer Zuhörer an, wenn Sie mit Fremdwörtern um sich werfen. Man wird Sie dafür nicht bewundern, sondern für „brav" und „fleißig" halten. Wollen Sie das?

☞ Zur Verständlichkeit gehören auch Einfachheit und Gliederung. Drücken Sie sich in kurzen Sätzen aus. Verzichten Sie auf Schachtelformulierungen und Einschübe wie zum Beispiel: „Der Rinderwahnsinn, den wir ja auch als BSE bezeichnen, wobei diese Abkürung eine höchst ungenaue, jedoch inzwischen überall eingebürgerte Formulierung..."

☞ Sprechen Sie in kurzen, klaren Sätzen. Machen Sie Pausen. Lesen Sie in den Augen Ihrer Zuhörer, ob man Ihnen noch folgt.

☞ Gliedern Sie Ihren Vortrag. Springen Sie nicht von Gedanken zu Gedanken. Die Gliederung müssen Sie vorab beim Entwurf des Manuskriptes entwickelt haben. Bauen Sie für den Vortrag Ihren Stichwortzettel so auf, daß Sie mit einem Blick die richtige Reihenfolge und die Wichtigkeiten erkennen.

Es hilft Ihren Zuhörern, wenn Sie zu Beginn sagen, wie Sie Ihren Vortrag gegliedert haben. Sie können zum Beispiel eine Folie mit einer Themenliste zeigen.

☞ Zum Schluß sollten Sie noch einmal den Kernsatz wiederholen. Das ist das Fazit Ihrer Rede. Das ist das, was von all den Ausführungen im Gedächtnis haften bleiben soll.

Zur zweiten Regel: Sprechen Sie so, daß man nicht vor Langeweile darüber einschläft.

Denken Sie beim Entwurf Ihres Manuskriptes nicht darüber nach, was „wichtig" ist, sondern in erster Linie:

* Was wollen meine Zuhörer erfahren?
* Was wird sie besonders interessieren?
* Welche persönliche Bedeutung hat das Thema für sie?
* Warum sitzen sie vor mir?

> In einem Unternehmen wurde das Rechnungswesen auf SAP umgestellt. Der Projektleiter ödete über mehrere Stunden in einer Betriebsversammlung seine Zuhörer mit technischen Details an. Er führte genau aus, welche Systemkomponenten installiert werden sollten, wie die Datenhaltung, die Sicherheit, die Zugriffsberechtigungen ... geregelt sein würden. Er hielt einen flammenden Vortrag über die Geschichte von SAP und die Bedeutung für die Zukunft ...
>
> Dabei saßen vor ihm Mitarbeiter, die im Grunde nur wissen wollten: Was bedeutet das für mich? Was muß ich in Zukunft anders machen? Welche zusätzlichen Komplikationen oder Vereinfachungen kommen auf mich zu? Welche Kompetenzen werden mir weggenommen? Was soll das Ganze eigentlich?

☛ Bedenken Sie bei jedem Ihrer Vorträge immer, daß das Thema für Sie eine völlig andere Bedeutung hat als für Ihre Zuhörer. Ihr Vortrag ist immer für Ihr Publikum und nicht für Sie!

☛ Gehen Sie von der Vorstellungswelt Ihrer Zuhörer aus. Sagen Sie ihnen, was das Thema mit ihnen zu tun hat. Bringen Sie konkrete Beispiele.

> Bei der Projektpräsentation im Rahmen der Umstrukturierung der Berliner Polizeibehörde begann der Vortragende mit folgenden Worten: „Stellen Sie sich einen Ihrer Beamten vor, wenn er morgens seinen Dienst beginnt..."
>
> Bereits dieser erste Satz weckte Interesse. Die Zuhörer - Führungskräfte der Polizei - hatten ein klares Bild vor Augen. Das ist ungleich spannender und nützlicher als eine wissenschaftliche Abhandlung über Betriebsorganisation oder Wirtschaftlichkeitsanalysen.

☛ Denken Sie beim Schreiben Ihres Manuskriptes nicht darüber nach, wie Sie sich als schlaues Kerlchen darstellen können. Denken Sie über folgendes nach:

- Wer sind meine Zuhörer? - Welche Bedeutung hat das Thema für sie persönlich?
- Warum sollen oder wollen sie sich das anhören?
- Wie muß ich es sagen, damit sie mir aufmerksam zuhören und nicht heimlich ein Nickerchen machen?

☛ Merke: Was die Zuhörer nicht verstehen und was sie nicht interessiert, braucht der Redner auch nicht zu sagen.

Das bedeutet nicht, daß man Ihnen immer zustimmen muß!

Das bedeutet aber auch nicht, daß es immer gefallen muß!

3.2 Redeanlaß - Redeform

Für den beruflichen Aufstieg sind Wissen, Engagement, Disziplin, Entscheidungsfähigkeit und eine kämpferische Natur sicherlich notwendig. Das allein reicht oft nicht. Auch die Fähigkeit des souveränen Auftritts, die Geschmeidigkeit des Verhaltens in jeder Situation und die überzeugende Rhetorik sind unbedingt wichtige Voraussetzungen. Es ist nun einmal so, daß wir Menschen wesentlich nach unseren sprachlichen Fähigkeiten be- und auch verurteilt werden. Wer sich nicht gut ausdrücken kann, wird schnell auch geistig unterschätzt. Hilflosigkeit im Ausdruck suggeriert Hilflosigkeit im Denken. Schwerfälliges Suchen nach Worten, mangelnde Schlagfertigkeit, ungeschicktes Plappern ... All das läßt Ihre Mitmenschen auf entsprechendes Denken schließen. Niemand kann in Ihren Kopf hineinschauen! Man kann nur Rückschlüsse ziehen aus dem, was Sie verbal von sich geben.

Wenn Sie zum Beispiel als Projekt- oder Abteilungsleiter herumstammeln und nach Worten ringen und sich dann womöglich noch im Ton vergreifen, dann hat das immer auch Konsequenzen für die Beurteilung Ihrer Leistungen, für die Einschätzung der Wichtigkeit Ihrer Aufgaben.

Auch Ihren Mitarbeitern ist ein rhetorisch hilfsloser Chef peinlich. Wenn sie sich für Sie schämen, weil Sie Präsentationen verderben, sich in Konferenzen mundtot machen lassen oder bei Vorträgen für peinliche Auftritte sorgen, dann hat das auch Konsequenzen für die Motivation Ihres Teams. Wer will denn einem Hilflosen unterstellt sein? Ganz schnell heißt es dann hinter Ihrem Rücken: „Unser Häuptling ist ein Greis, der sich nicht zu helfen weiß."

Perfekt formulierte Briefe, Gutachten, Protokolle oder Berichte kann Ihnen Ihre Sekretärin schreiben. Sagen Sie ihr die inhaltlichen Details, den Rest macht sie. Sollte die Sekretärin der Aufgabe nicht gewachsen sein, dann findet sich bestimmt ein Mitarbeiter als „Ghostwriter" für Sie. Für Ihre verbalen Äußerungen sind Sie selbst zuständig. Sie müssen nicht nur gut formulieren, schlagfertig antworten, geschliffen sprechen und überzeugend argumentieren können, sie brauchen auch ein Gespür für den richtigen Ton und das richtige Auftreten.

Die kleine Dankesrede zum fünfzigsten Geburtstag der Chef-Sekretärin darf sich nicht so anhören wie eine Verkaufspräsentation. Die netten Worte an die Mitarbeiter zur Weihnachtsfeier dürfen nicht an Gesamtstrafpredigten des Schulrektors erinnern. Kritikgespräche sind anders zu führen als Preisverhandlungen mit Kunden.

☛ Es geht immer um: **Was sage ich?** Und: **Wie sage ich es?** Und natürlich auch um: **Wem? Wo? Wann? Warum?**

An Zweier- und Gruppengespräche sind wir gewöhnt. Da findet man oft auch nicht immer den richtigen Ton und die passenden Worte, aber man steht bei weitem nicht so unter Streß wie bei öffentlichen Auftritten, bei Präsentationen und Vorträgen.

Wenn Sie allein vorne stehen, angestarrt von den Zuhörern, dann ist Ihnen klar, daß man nicht nur auf die Inhalte Ihrer Aussagen achtet. Man schaut an Ihnen rauf und runter, denkt über Sie nach und bildet sich ein Urteil. Sie wissen, daß der falsche Ton mit mangelnder Qualifikation oder Sensibilität gleichgesetzt wird, daß schlechte Haltung auf mangelndes Selbstbewußtsein schließen läßt, daß Vermeidung von Blickkontakt als Signal für Lüge oder Arroganz angesehen werden könnte ...

Wie wir wissen, ist es schon oft vorgekommen, daß Politiker ihre (Wahl-)Ziele nicht erreicht haben, weil sie sich nicht ausdrücken konnten, weil sie zum Beispiel hölzern wirkten, wenn sie jede Rede, jedes Interview im gleichen Leichenbitterton hinter sich brachten.

Wir kennen die Menschen, die sich selbst ungewollt mit dummer Wortwahl ein peinliches Denkmal gesetzt haben. Noch Jahre nach dem Zungenausrutscher werden sie mit „Dachlatten", „Saustall" oder „Peanuts" assoziiert. In gewissen Positionen kann man sich das vermutlich leisten. Können Sie das auch? Wollen Sie das?

In der Redekunst werden im wesentlichen unterschieden:

Dialektik

Dieser Begriff kommt aus dem Altgriechischen: „dialegomai / dialegesthai". Das bedeutet: sich unterreden / sich besprechen. Es geht um die Kunst der richtigen Fragestellung und des Antwortens.

> Das bekannteste Beispiel ist folgendes:
> Ein Kapuziner fragt seinen Abt: „Darf ich beim Beten rauchen?" Die Antwort: „Nein, mein Sohn. Wenn du mit Gott sprichst, sollst du dich nicht gleichzeitig mit weltlichen Genüssen beschäftigen."
> Ein klügerer Kapuziner fragt: „Vater, darf ich beim Rauchen beten?" Die Antwort: „Mein Sohn, es ist sehr lobenswert, wenn du beim Rauchen den Herrgott nicht vergißt."

So oder ähnlich wird dieses Beispiel gerne zitiert. Es macht deutlich, daß mit der richtigen Frage sehr wohl die gewünschte Antwort „herbeigezaubert" werden kann. Instinktiv übt sich jedes Kind in der Kunst, durch richtiges Fragen die richtigen Antworten von den Eltern zu bekommen. Verkäufer, Kriminalbeamte, Interviewer, Diplomaten etc. lernen diese Kunst gezielt in Seminaren.

Auch Sie brauchen für Ihre Verhandlungen, Konferenzen und Gespräche Fertigkeiten in dieser Richtung. Außerdem brauchen Sie umgekehrt die Fähigkeit, in den Fragen, die man Ihnen stellt, die möglichen Tücken und Fallstricke zu erkennen.

Rhetorik

Die Rhetorik ist die Lehre von den Grundsätzen der freien Rede, des Vortrags, des öffentlichen Auftritts vor Publikum. Hierbei geht um die richtige Komposition der Rede, um dramatische Höhepunkte und Gedankenführungen, um Ausstrahlung und die richtige Wortwahl.

In diesem Fall steht der Sprecher gleichsam zur Betrachtung und Beurteilung den Zuhörern „zur Verfügung". Die Zuhörer achten nicht nur auf die Inhalte. Sie bewerten auch die Glaubwürdigkeit, die Intelligenz etc. des Sprechenden. Der Vortragende selbst hat nur indirekte Möglichkeiten, seine (Aus-)Wirkungen auf das Denken und Handeln der Zuhörer zu überprüfen. Ein Wahlredner kann - vielleicht - an den Wahlergebnissen seinen Erfolg messen. Ein Produktpräsentator kann - mehr oder weniger zuverlässig - an den Verkaufszahlen sehen, ob er überzeugend oder nicht präsentiert hat.

Dialektische Rhetorik

In der dialektischen Rhetorik schließen sich beide Künste zusammen. Hierbei geht es um das sprachliche Verhalten einerseits und gleichzeitig um die Wirkung auf den anderen. Die Reaktion des anderen wird miteinbezogen in den weiteren Verlauf der „Redeführung".

Auch Sie werden bei Vorträgen und Präsentationen immer versuchen, die Wirkung auf ihre Zuhörer wahrzunehmen. Sie lesen in den Augen, Sie bitten um Fragen ... Darauf können Sie dann unmittelbar reagieren und mit den Zuhörern in einen Austausch von Gedanken und Meinungen treten.

Als Führungskraft werden Sie immer wieder rhetorisch gefordert. Man sagt, daß etwa siebzig bis achtzig Prozent der Arbeitszeit einer Führungskraft durch Besprechungen, Konferenzen, Meetings, Telefonate etc. belegt werden. Den geringsten Teil der Arbeitszeit verbringen Sie in „Stillarbeit" am Schreibtisch. Statt dessen befinden Sie sich ständig in einem dialektischen oder rhetorischen Kommunikationsprozeß. Man versucht, Sie zu überzeugen, und Sie sind bemüht, andere zu überzeugen. Sie müssen Ihre Ansichten und Argumente geschickt zum Ausdruck bringen oder auch geschickt verschleiern:

- Was will ich erreichen?
- Wie kann ich andere überzeugen?
- Wie sage ich es?
- Auf welche (Gegen-)Reaktionen muß ich mich einstellen?
- Wie verhalte ich mich bei Widerstand?

Gleichzeitig sind Sie damit beschäftigt, hinter und zwischen den Worten anderer den tieferen Sinn zu verstehen:

- Was sagt der andere?
- Was will der andere?
- Was bedeutet das für mich?
- Wie reagiere ich darauf?

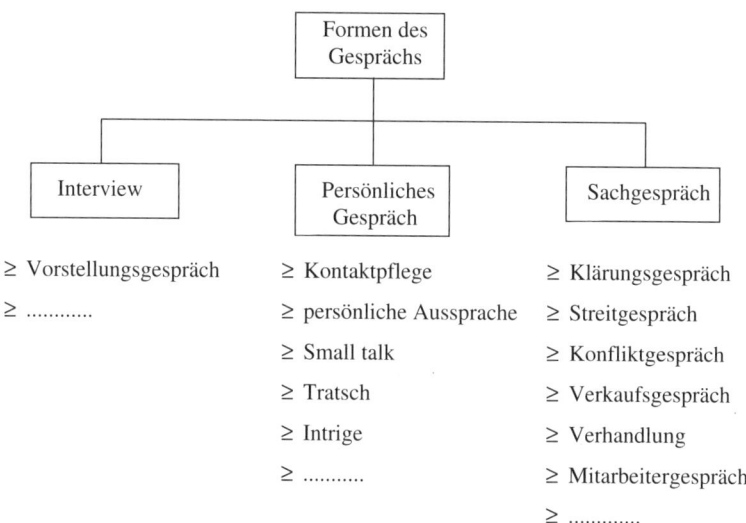

Abb. 2: Die Formen des Gesprächs

Als Führungskraft haben Sie mehr zu bedenken als „nur" sachliche Richtigkeit oder durchdachte Logik. Jede Führungskraft ist immer auch Stratege und Taktierer. Wer das nicht ist, erreicht keine Führungsposition oder endet auch in einer Führungsposition letztlich nur als „Edelsachbearbeiter". In jeder Kommunikationssituation haben Sie zu bedenken:

- Wie sorge ich für meine Interessen (bzw. die Interessen meines Bereiches)?
- Wie erhalte ich mir Anerkennung und Sympathie wichtiger Partner?
- Wie verschaffe ich mir Respekt?
- Wie motiviere ich meine Mitarbeiter?
- Wie arbeite ich am klügsten mit anderen zusammen?
- Wie setze ich am besten meine Ziele durch?

Die rhetorische Kommunikation unterscheidet verschiedene Formen des Gesprächs und verschiedene Formen der freien Rede.

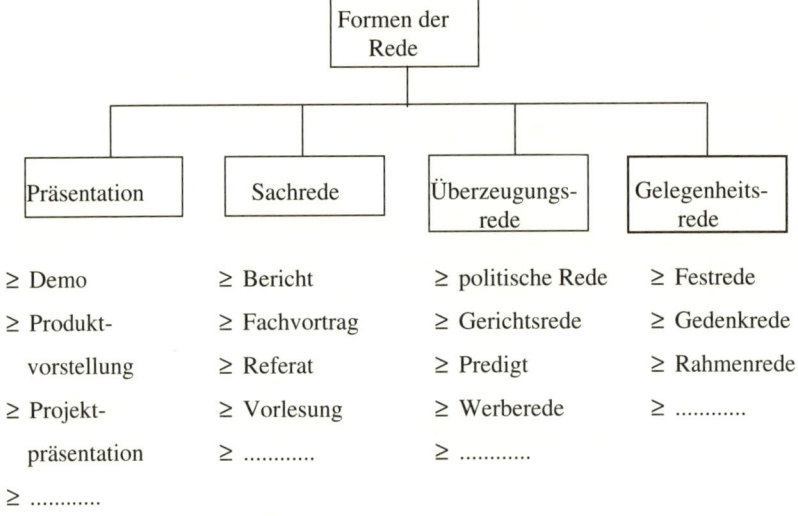

Abb. 3: Die Formen der Rede

☞ Egal, um welche der hier genannten Beispiele es geht, die Frage ist immer: Mit welchen Worten und in welchem Ton sage ich es? Außerdem: Mit wem kann ich worüber bis in welche Details reden?

☞ Deshalb ist es für Sie in den meisten Fällen viel wichtiger, über Ihre Gesprächspartner oder Zuhörer nachzudenken und erst in zweiter Linie über die sachlich-fachlichen Inhalte Ihrer Ausführungen. Wenn Sie diesen Aspekt unterschätzen, besteht die Gefahr, daß Sie schließlich an Ihren Gesprächspartnern oder Zuhörern vorbeireden.

3.3 Sprachspielereien und Redefiguren

Zur Vorbereitung Ihres Manuskriptes können Sie auf verschiedene stilistische Techniken zurückgreifen, um Ihre Ausführungen eleganter, verblüffender oder eindrucksvoller zu gestalten. Diese Techniken sollten Sie jedoch wie eine „Würze" verstehen: Nicht zu viel!

Suchen Sie sich das eine oder andere Beispiel heraus und formulieren Sie Ihre Aussagen entsprechend. Wenn Sie noch nicht geübt sind in der Erfindung und Anwendung von Redefiguren oder Sprach- und Wortspielereien, dann kann es sinnvoll sein, die vorbereiteten Beispiele wörtlich auf den Stichwortzettel zu übertragen. Dann haben Sie es beim Auftritt parat und suchen nicht im Gedächtnis nach der geplanten Formulierung.

☞ Typische Sprachspielereien und Redefiguren sind:

Wiederholung

Wiederholungen sollen besonders wichtige Dinge herausheben oder im Gedächtnis verankern. Man kann sie sofort anwenden oder erst am Ende der Ausführungen.

> Beispiel für eine sofortige Wiederholung: „Wir brauchen eine neue Strategie, wenn wir am Markt bestehen wollen. Wir müssen unbedingt eine neue Strategie haben!"

> Beispiel für eine Wiederholung am Ende: „Darum sage ich noch einmal: Greifen wir jetzt die Ideen auf, damit wir uns morgen nichts vorzuwerfen haben!"

Die Wiederholung am Ende soll häufig den Bogen zum Anfang der Ausführungen schließen. Sie ist nicht selten eine Aufforderung an die Zuhörer, etwas zu tun oder eine bestimmte Überzeugung mitzunehmen.

Bei unmittelbaren Wiederholungen kann man häufig beobachten, daß Zuhörer die Wichtigkeit erkennen und sich genau an der Stelle Notizen machen. Deshalb sollten Sie auch eine kleine Sprechpause machen. Das hebt die Wiederholung noch mehr hervor.

Achtung! Wenn Sie mit Ihren Wiederholungen übertreiben, könnte der Eindruck entstehen, daß Sie Ihren Vortrag künstlich in die Länge ziehen. Oder noch schlimmer: Ihre Zuhörer fühlen sich wie Klippschüler, denen der Lehrer das Wissen einhämmern muß.

Variationen

Bei Variationen handelt es sich um „diskrete" Wiederholungen. Sie sagen das gleiche mit anderen Worten. Der Vorteil ist, daß Sie damit den „Klippschul-Effekt" vermeiden und außerdem die Inhalte breiter darstellen können.

„Die Fehlzeiten sind seit Einführung des Verfahrens um 19,4 Prozent gesunken. Diese Reduzierung der Abwesenheiten von fast zwanzig Prozent gibt uns im nachhinein recht."

Inversion

Hierbei wird ein Satz einfach umgestellt. Das kann sehr verblüffend und damit auch besonders einprägsam sein.

> Das berühmteste Beispiel ist von John F. Kennedy: „Frage nicht, was dein Land für dich tun kann. Frage lieber, was du für dein Land tun kannst!"

> Ein anderes Beispiel brachte der Projektleiter eines TQM-Projektes (TQM: Total Quality Management): „Sie fragen mich, was der Aufwand für diese Qualitätsmaßnahmen kostet! Ich frage Sie: Was kostet es, keine Qulität zu haben?!"

Aufzählen

Fast immer sollten Sie Aufzählungen ankündigen und dann optisch unterstützen. Die optische Unterstützung kann zum Beispiel durch „Vorzählen" mit den Fingern geschehen.

> „Ich sehe in diesem Zusammenhang drei Probleme. Erstens: ..." Jetzt hält der Redner einen Finger hoch.

> „Vier Gründe sprechen für einen Betriebskindergarten. Erstens: ..." Dabei heftet der Redner ein Schaubild an die Wand.

Klimax

Hierbei geht es um eine Steigerung von Argumenten oder Fakten. Das wichtigste Argument muß zum Schluß kommen. Mindestens drei und maximal fünf Steigerungsstufen sollten Sie bieten. Dabei können Sie auch wieder - zum Beispiel mit den Fingern - die Aussagen optisch unterstützen.

> „Meine Damen und Herren, im Grunde geht es uns doch um drei Fragen: Was wollen wir? Was kostet das? Was bringt es uns?"

Antiklimax

Hier geht es um das „Herunterfahren" zum Tiefpunkt. Am Ende muß das Negative stehen.

> „Ich stimme meinem Vorredner zu, daß wir nicht wie gewohnt weitermachen sollten. In dem Zusammenhang sollten wir uns jedoch drei Fragen stellen: Paßt es in unsere Strategie? Lohnt es sich? Und ganz wichtig: Wie müssen wir dafür bluten?!"

Sie merken vermutlich, daß mit Klimax und Antiklimax auch manipuliert werden kann. Meistens ist es gut, die eigenen Standpunkte durch Klimax zu vertreten. Den Standpunkt des Gegners sollte man durch die Technik der Antiklimax beantworten.

Ironie

Ironie ist nur für Profis der Redekunst zu empfehlen! Seien Sie auch besonders vorsichtig damit, wenn Sie selbst emotional vom Thema betroffen sind. Dann schlägt Ironie schnell in bissigen Zynismus um. Das bringt Ihre Zuhörer gegen Sie auf. Man wird womöglich aus Mitleid zu Ihrem Gegner stehen; selbst dann, wenn Sie die besseren Argumente haben.

> Bei der Ironie gibt es eine Gefahr: Nicht jeder im Publikum versteht Ironie. Einen gibt es immer, der jedes Wort auf die Goldwaage legt und Ihre Worte stockernst aufnimmt. Zum Beispiel sollte in einer Unternehmensberatung der Vertrieb besser organisiert werden. Einer der Geschäftsführer sagte: „Wozu brauchen wir einen Vertrieb? Die Kunden, die uns suchen, die finden uns auch." Einige der Zuhörer waren entsetzt.

Dieses Beispiel zeigt auch die weitere Gefahr der Ironie: Wenn die Aussage knochentrocken aufgefaßt wird, dann kann sie dem Redner als Naivität angelastet werden. Auch bei der Unternehmensberatung gab es noch viel später Mitarbeiter, die dem betreffenden Geschäftsführer unterstellten, die modernen Marktanforderungen gar nicht begriffen zu haben.

Ironie kann auch leicht von den Zuhörern als Angriff aufgefaßt werden. Das führt zu Gegenangriffen gegen den Vortragenden.

> In einem Bauunternehmen sollten bessere Arbeitsschutzmaßnahmen die Unfallhäufigkeit senken. Der Projektleiter sagte in einer Betriebsversammlung: „Liebe Kollegen, Ihr fragt euch dauernd, ob unsere Renten eigentlich sicher sind. Fragt Euch lieber, ob Ihr das Rentenalter noch erreicht, wenn Ihr so weitermacht!"

> Der Projektleiter meinte es gut mit den Kollegen. Diese jedoch sahen sich „bedroht" und griffen den erschrockenen Mann heftig an.

Antithese

Mit dieser Technik können Sie erwartete Widerstände oder Einwände Ihrer Zuhörer vorwegnehmen. Dadurch verringern Sie für sich die Gefahr von Angriffen und möglichen Rechthabereien. Außerdem wirken Sie durch diese Technik wie ein neutraler Sachverständiger. Das macht es Ihnen am Ende leichter, schließlich doch noch Ihren Standpunkt „besser aussehen" zu lassen.

> „Einerseits hat die neue Außendienst den Vorteil, daß wir ... andererseits muß man jedoch auch bedenken ..."

Wenn Sie mit einer Antithese argumentieren, kann Ihnen von den Zuhörern niemand vorwerfen, die Dinge nicht vollständig betrachtet zu haben.

Parallelismus

Ähnlichkeiten zwischen verschiedenen Dingen können das Verständnis erleichtern. Sie können mit dieser Technik Neues mit Vertrautem verknüpfen und somit leichter vermitteln. Häufig gelingt durch Parallelismus auch eine bessere Anschaulichkeit für die Zuhörer.

„Im Grunde gehen wir bei unserem Projekt genauso vor, wie beim Hausbau.
Ganz am Anfang steht der Wunsch nach ...“

Auch diejenigen unter Ihren Zuhörern, die noch nicht gebaut haben, können
sich unter einem solchen Projekt etwas vorstellen. Das macht es ihnen leichter,
sich dann auch Ihr Projekt vorzustellen.

Kürzen

Aus vertrauten oder gewohnten Sätzen werden Wörter ausgelassen. Das läßt
aufhorchen, klingt häufig dynamischer und hilft Ihnen, Formalismen und Floskeln zu vermeiden.

„Danke.“ Statt: „Ich danke Ihnen ganz herzlich.“
„Vertrauen ist gut, Kontrolle besser.“ Statt: „Vertrauen ist gut, Kontrolle ist besser.“

Persönliche Anrede

Hiermit ist die Anrede einer Person aus dem Zuhörerkreis gemeint. Sie sprechen
eine bestimmte Person an und weisen vielleicht noch in die Richtung, damit bei
den Zuhörern kein Zweifel entsteht, wen genau Sie ansprechen.

„Wenn Sie (auf die Person zeigen) mitten im Winter Tomaten haben wollten, dann
würden Sie doch auch ...“

Achtung! Sprechen Sie nur eine Person an, der Sie deutlich ansehen, daß sie Ihnen gerade aufmerksam zuhört. Ein plötzlich angesprochener Träumer könnte
aufschrecken, den Zusammenhang nicht verstehen und sich von Ihnen getadelt
fühlen.

Sie sollten auch niemals plötzlich auf eine Person zeigen und eine Frage stellen:
„Was halten Sie denn für das dringendste Problem?“ Diese Vorgehensweise weckt
sofort Erinnerungen an tückische Lehrer! Nicht nur der Angesprochene wird Ihnen einen solchen „Überfall“ verübeln. Alle anderen Zuhörer sitzen auch plötzlich
kerzengerade und fürchten, das nächste Opfer zu sein.

Understatement

Diese Technik kann Bescheidenheit signalisieren oder auch ein Herunterspielen.
Bescheidenheit wird meistens gut aufgenommen. Herunterspielen von Problemen oder Unannehmlichkeiten kann die Zuhörer verärgern! In jedem Fall fördert das Understatement das Mitdenken. Was Sie auslassen, denken Ihre
Zuhörer sich hinzu.

„Im vergangenen Jahr konnten wir einige Kunden hinzugewinnen.“ Das klingt
bescheiden, wenn alle wissen, daß Sie überragenden Verkaufserfolg hatten.
„Die Umstellung wird einen gewissen Einfluß auch auf Ihre Bereiche haben.“ Das
kann verärgern, wenn jeder weiß, daß großer Aufwand und viel Streß zu erwarten
sind.

Anspielungen

Hierbei wird von einem gemeinsamen Wissen um bestimmte Sachverhalte ausgegangen. Anspielungen regen immer die Phantasie und das Mitdenken an. Die aktuelle Situation wird mit einer früheren verglichen. Achten Sie darauf, daß das Mitdenken Ihrer Zuhörer in Ihrem Interesse geschieht!

> „Wir wollen kein zweites Weimar erleben!" Oder: „Noch so eine 80%-Geschichte können wir uns nicht leisten." Jetzt wissen die Zuhörer, daß es um die Streiks ging nach Reduzierung der Lohnfortzahlungen im Krankheitsfall. Das bedeutet, daß für das aktuelle Projekt rechtzeitig die Zustimmung des Betriebsrats eingeholt werden soll.

Rhetorische Fragen

Rhetorische Fragen regen das Mitdenken an. Der Vortragende stellt die Frage, und automatisch denkt jeder Zuhörer sich die Antwort dazu.

> „Was sind denn wirklich unsere Ziele am Markt?!" Oder: „Was wollen wir? Wollen wir recht behalten oder das Problem lösen?!"

Seien Sie vorsichtig mit dieser Technik!

- Es gibt immer einen Witzbold, der tatsächlich eine Antwort in den Saal ruft. Wenn Sie Pech haben, rutscht Ihr Vortrag dann schnell in eine Lachnummer ab.
- Manche Menschen reagieren „allergisch" auf rhetorische Fragen. Sie haben irgendwann gelernt, daß es nicht fair ist, Fragen zu stellen, die nicht beantwortet werden sollen. Sie erkennen solche Fragen dann auch nicht in Ihrem Vortrag als „erlaubten" Kunstgriff.
- Rhetorische Fragen werden oft zur Manipulation mißbraucht. Auch das ist ein Grund, warum sie auf Widerstand stoßen können.

> „Wollen wir Qualität oder nicht?" Die Zuhörer wissen, daß sie auf eine solche Frage innerlich mit ja antworten müssen. Dadurch fühlen sie sich jedoch gezwungen, auch ja zu dem präsentierten Qualitätssicherungsverfahren sagen zu müssen. Politiker bedienen sich dieses Mittels häufig, und es macht sie nicht beliebter!

Das beste Stilmittel überhaupt ist das **Kürzen**. Verzichten Sie auf Phrasen, Floskeln, Füll- und Versatzstücke wie

- „Ich möchte mich ganz herzlich bei meinem Vorredner bedanken..."
- „Bevor ich zu meinem Thema komme, lassen Sie mich kurz..."
- „Langer Rede kurzer Sinn..."
- „Last but not least..."
- „Zu guter Letzt..."
- „Um nicht das Kind mit dem Bade auszuschütten..."
- „Man soll den Tag nicht vor dem Abend loben."

Pfiffiger ist es, wenn Sie solche ollen Kamellen ein wenig aufpeppen:

- „Um das Bad nicht übers Kind zu schütten ..."
- „Laßt uns den Tag loben, um den Abend kümmert sich die Konkurrenz."

Seien Sie bitte sparsam mit diesen Spielereien. Sie sollten auch nicht zu sehr an den Bartstoppeln herbeigezogen sein.

3.4 Je besser, desto besser

Abhängig vom Redeanlaß, vom Thema und von den Erwartungen der Zuhörer sollten Sie jeweils die entsprechende Redeform wählen. Dabei geht es um Stimmungen, Betonungen und die Art der Formulierungen.

Bei einer **Präsentation** stellen Sie zum Beispiel Ihre Ergebnisse oder die Ihrer Mitarbeiter vor. Sie präsentieren neue oder verbesserte Produkte, erklären Verfahrensweisen etc. Bei einer Präsentation machen Sie Ihren Zuhörern und Zuschauern neue Sachverhalte bekannt. In den meisten Fällen haben Präsentationen auch innerhalb des Unternehmens einen gewissen „verkäuferischen" Aspekt. Auch wenn Sie Ihre Projektergebnisse präsentieren, geht es Ihnen nicht nur um die wertfreie Darstellung von Leistung und aktuellem Arbeitsstand. Sie wollen auch für Ihr Projekt werben, Ihr Image verbessern und Zustimmung finden. In einer Präsentation muß außerdem immer etwas visuell präsentiert werden. Sie bringen Folien, Modelle, Poster oder andere Dinge zum Anschauen, Berühren oder Ausprobieren mit.

Bei einer **Sachrede** geht es häufig um das Informieren und Belehren der Zuhörer. Dabei ist es sehr wichtig, daß die Inhalte verständlich und einprägsam dargestellt werden. Persönliche Meinungen, Überzeugungen und Absichten treten in den Hintergrund. Wichtig ist, daß die Zusammenhänge klar werden. Das Wissen des Redners soll sich auf die Zuhörer übertragen. Die Sachrede richtet sich an den Verstand der Zuhörer. Dabei dürfen natürlich unterhaltsame Passagen helfen, die Inhalte interessant zu „verpacken".

Die **Überzeugungsrede** will Denken und Handeln der Zuhörer beeinflussen. Politiker wollen Wähler gewinnen, Verkäufer wollen potentielle Kunden zum Kaufen anregen, Prediger wollen bekehren, Anwälte wollen für ihre Mandanten ein möglichst gutes Urteil erreichen ... Überzeugungsreden sind meistens sehr viel weniger inhaltlich tiefgehend als Sachreden. Statt dessen sind die Methoden der Überzeugung, der Suggestion, der Manipulation und der Motivation, der Verlockung und der Drohung, der Schmeichelei und der Häme wichtig. Die Überzeugungsrede richtet sich meistens nur scheinbar an den Verstand. Tatsächlich versucht der Redner, bei seinen Zuhörern die Gefühle und das Unterbewußtsein anzusprechen.

Die **Gelegenheitsrede** soll Stimmungen produzieren oder widerspiegeln. Zum Tode des Firmengründers wird eine ernste Gedenkrede gehalten, zum Karneval wird der Vorstand durch den Kakao gezogen. Bei der Verabschiedung des Rentners kommt Wehmut auf, bei erfolgreichem Projektabschluß wird zufriedene Selbstbeweihräucherung betrieben. Die Inhalte, die Wortwahl und auch der Ton werden der jeweils gewünschten Stimmung angepaßt. Die Zuhörer kennen fast immer den Redeanlaß und wollen sich in der von ihnen erwarteten Stimmung durch den Redner bestätigt und auch gesteigert fühlen. Die Gelegenheitsrede richtet sich an die Gefühle. Verstand und Unterbewußtsein der Zuhörer sind eher unwichtig.

Wer sich in allen Redeformen gut ausdrücken kann, findet nicht nur als Redner oder Präsentator Anerkennung. Das allgemeine Ansehen steigt. Dabei steigt auch die Überzeugungskraft über den eigentlichen Redeanlaß hinaus. Wer sich einmal den Ruf eines guten Rhetorikers erworben hat, wird schnell auch als „guter Denker" und „guter Stratege" angesehen.

Tatsächlich sind Denk- und Redefähigkeit eng aneinander gekoppelt. Wer sich nicht gut ausdrücken kann, wird schnell unterschätzt und verliert auch an Selbstbewußtsein.

☛ Trainieren Sie Ihre rhetorischen Fähigkeiten. Dadurch trainieren Sie gleichzeitig Ihre geistige Wendigkeit, Ihre Schlagfertigkeit und Ihr Selbstbewußtsein.

☛ Sprachliche Gewandtheit, sicherer Ausdruck, angemessene Betonung, schnelle Reaktionen und treffsichere Formulierungen sind zum Teil „in die Wiege gelegt". Aber wie jede andere Begabung auch, müssen diese Fähigkeiten geübt werden. Wer kaum Begabung in dieser Hinsicht mitbekommen hat, wird vielleicht nie rhetorisch brillant, kann jedoch durch regelmäßiges Üben einen höheren Standard erreichen als Begabte ohne Training.

☛ Wichtig ist, daß man „es einfach tut". Üben Sie immer einmal wieder, eine freie Rede oder einen Vortrag zu halten. Fangen Sie gleich jetzt an! Halten Sie einen verständlichen und prägnanten Lehrvortrag zu einem der folgenden Themen:

– „Der Euro - Vor- und Nachteile einer gemeinsamen Währung."
– „Jobwechsel und Karriere - Was bringt es, wenn man sich beruflich verändert?"
– „PCs im Klassenzimmer - Wozu ist das gut?"
– „Die Schwächen der deutschen Wirtschaftspolitik - Wie könnte man das Beschäftigungsproblem in den Griff bekommen?"

☛ Eine gute Übung zum Lehrvortrag wäre auch eine Darstellung Ihres Bereichs. Was tun Sie und Ihre Mitarbeiter? Weswegen ist das, was Sie tun, von Vorteil?

Bei den folgenden Übungen geht es um Ihre Überzeugungskraft. Machen Sie sich los von dem, was Ihre persönliche Meinung zu dem jeweiligen Thema ist. Denken Sie kurz über das Thema nach, und finden Sie dann die Worte und den richtigen Ton, die einen Zuhörerkreis überzeugen müßten.

☛ Halten Sie engagierte Überzeugungsreden zu folgenden Themen:

– „Finger weg vom Urlaubsgeld!"
– „Die Werbung muß aus den öffentlich-rechtlichen Sendern verschwinden!"

- „Vorgesetzte sollten jährlich von ihren Mitarbeitern schriftlich beurteilt werden!"
- „An den Wahlen dürfen nur noch diejenigen teilnehmen, die durch einen Test ein politisches Mindestwissen nachgewiesen haben!"
- „Raucher, Trinker, Extremsportler müssen Risikozulagen zur Krankenkasse bezahlen!"
- „Jeder Arbeitgeber muß das Recht haben, auch ohne Begründung, seinen Mitarbeitern zu kündigen."

☛ Als nächste Übung sollten Sie in einem Vortrag gegen folgende Aussagen argumentieren:

- „Pauschalreisen sind die ideale Urlaubsart für hilflose und unselbständige Menschen."
- „Sozialleistungen fördern Dummheit und Schmarotzertum."
- „Jeder Bürger sollte mit dem fünfundsechzigsten Geburtstag seinen Führerschein abgeben müssen."
- „In Zeiten der Arbeitslosigkeit sollten Waren aus dem Ausland nur noch mit Sondergenehmigung angeboten werden."
- „Alkohol muß - wie jede andere gefährliche Droge auch - endlich verboten werden."

☛ Üben Sie spontan und ohne Manuskript. Reden Sie ganz einfach los. Wichtig ist, daß Sie laut sprechen. Gedankenübungen bringen nicht den gleichen Lerneffekt. Sprechen Sie laut ein imaginäres Publikum an. Reden und Vorträge können Sie ganz wunderbar im Auto üben. Niemand hört Sie, und Sie können nutzlose Warterei an den Ampeln und im Stau sinnvoll für Ihr „Hirn-Jogging" nutzen. Sie glauben nicht, wie schnell sich Ihr aktiver Wortschatz erweitert, wie schnell Ihre Sicherheit und Schlagfertigkeit im Reden wächst. Sie brauchen gar nicht unbedingt immer einen kompletten Vortrag zu halten. Beginnen Sie mit griffigen Einstiegsformulierungen und reden Sie weiter, bis der Redefluß Sie von einem Satz zum nächsten trägt.

☛ Ihre rhetorische und geistige Wendigkeit können Sie steigern, wenn Sie ganz bewußt bei „Meinungsthemen" einmal den einen und einmal den anderen Standpunkt vertreten. Halten Sie einen flammenden Vortrag gegen PCs im Kinderzimmer und dann wieder dafür. Versuchen Sie auch, Ihr imaginäres Publikum für die heutige Regierung zu begeistern. Danach halten Sie eine Wahlrede für die Opposition.

Wer geistig eher „einspurig" denkt, kann das nicht. „Ich kann immer nur das vortragen, was ich auch wirklich meine." So lautet die Ausrede der geistig Unbeweglichen. Sie tun so, als sei ihre Unfähigkeit ein Zeichen von „gutem Charakter" oder „Ehrlichkeit". Es handelt sich lediglich um die mangelnde Fähigkeit, Dinge auch einmal aus einem ungewohnten Blickwinkel zu betrachten. Solche Menschen können fast nie andere von ihrem eigenen Standpunkt überzeugen, weil sie sich nie in das Denken anderer hineinversetzen können.

Als Führungskraft brauchen Sie Überzeugungsfähigkeit. Die „Für-und-Wider-Übung" in der freien Rede ist ein gutes Training für Sie. Je besser Sie sich in verschiedene Ansichten und Vorstellungen hineindenken können, je besser Sie sich aus unterschiedlichen Blickwinkeln heraus geschmeidig ausdrücken können, desto besser können Sie in realen Situationen überzeugen.

3.5 Sprachcodes und Sprachbarrieren

Ein häufiges Problem bei Vorträgen und Präsentationen ist die unterschiedliche Sprache von Redner und Zuhörern. Man erlebt es immer wieder, wenn zum Beispiel Projekte präsentiert werden. Der Vortragende kennt sich im Thema wunderbar aus und benutzt ganz selbstverständlich Begriffe wie: „Phasenkonzept", „Meilenstein", „Monitoring", „Benchmarking", „Feasibility" etc. Die Zuhörer können gelegentlich aus dem Zusammenhang verstehen, was vermutlich gemeint ist. Dieses „innere Zusammenreimen" der Wortbedeutungen strengt jedoch an und lenkt vom eigentlichen Thema ab.

Der Vortragende selbst steckt tief in der Materie. Nicht selten läßt man auch ausgerechnet die Person präsentieren, die am meisten über das Fachgebiet weiß. Leider ist das dann auch die Person, die sich am wenigsten von den Fachbegriffen oder Abkürzungen des eigenen Wissensgebietes lösen kann.

Verkaufspräsentationen kennen das Problem der für die Zuhörer unverständlichen Fachsprache weniger. Verkäufer, die sich ihren potentiellen Kunden nicht verständlich machen können, überzeugen und verkaufen nicht. Sie scheitern entsprechend schnell in ihrem Beruf. Projekt- oder Abteilungsleiter, Forscher und Entwickler verkehren im Allgemeinen unter Fachkollegen. Dort kultivieren sie eine Sprache voller Begriffe und Abkürzungen, die für Außenstehende und Kollegen aus anderen Bereichen weitgehend rätselhaft bleibt.

> Wenn nun zum Beispiel im Unternehmen zu einer Präsentation eines DV-Projektes eingeladen wird, dann ist es nicht unüblich, daß durch die Präsentation die Stimmung zwischen Projektteam und zukünftigen Benutzern gereizt wird. Die Zuhörer fühlen sich von dem Gemisch aus deutsch-englischen Begriffen verwirrt. Sie erleben die Präsentation als arrogante Selbstdarstellung der „DV-Mafia". Die Projektmitglieder fühlen sich (zu recht!) unverstanden und betrachten die zukünftigen Benutzer ihrer Produkte als „Dummköpfe".

> „Das kapieren die sowieso nicht!" Mit diesen Worten marschierte der Leiter eines Projektes zur Einführung von SAP in seine Projektpräsentation. Wie sich herausstellte, behielt er recht. Lag es wirklich an der Dummheit der Zuhörer? Lag es an seiner eigenen Unfähigkeit, sich verständlich auszudrücken?

In vielen Unternehmen wird in Konferenzen, Vorträgen, Präsentationen aneinander vorbei geredet. Einerseits will man die abteilungsübergreifende Zusammenarbeit, andererseits entwickelt jeder Fachbereich seine eigene Sprache. Häufig werden dieselben Begriffe in verschiedenen Bereichen unterschiedlich gebraucht.

„Transaktionen" sind im Rechenzentrum etwas anderes als in der Finanzbuchhaltung. Und dort wird auch nicht das gleiche darunter verstanden, wie im Kreise der Betriebspsychologen.

Das deutsch-englische Kauderwelsch spaltet ältere und jüngere Mitarbeiter, oder solche, die in der Schule Russisch gelernt haben, von denen, die mit Englisch groß wurden.

Gelegentlich klafft zwischen dem Vortragenden und den Zuhörern ein wahrer Graben an Sprach- und Denkgewohnheiten.

Ein Berater einer Großbank versuchte einmal vergeblich, jungen Ärzten - potentiellen Kunden - plausibel zu machen, wie sie mit Hilfe seiner Bank trotz der aktuellen Misere im Gesundheitswesen Praxen aufbauen und finanziell absichern konnten. Leider hatte man einen der besten Bankprofis geschickt. Jede nur denkbare Frage der jungen Ärzte hätte er beantworten können. Es kam gar nicht zu einer Diskussion mit Fragen und Antworten. Da die Ärzte Medizin studiert und keine Banklehre absolviert hatten, verstanden sie vom Vortrag nur Bruchteile. Sie deckten sich mit Prospekten und Unterlagen ein und gingen später zur individuellen Beratung zu ihrer Standesbank. Dort wußte man: Ein Arzt ist ein Arzt und kein Banker. Also muß man zur sinnvollen Erklärung die Bankenbegriffe so übersetzen, daß sie ohne Banklehre verstanden werden.

Nicht nur unterschiedliche Fachsprachen, auch unterschiedliche Denkgewohnheiten können die Verständigung erschweren. Juristen neigen häufig dazu, jede Nebenbemerkung mit knochentrockener Ernsthaftigkeit auf die Goldwaage zu legen, wenn Kollegen doch nur mal „ins Unreine" formulieren oder die Dinge so ausdrücken, wie man das im Sprachgebrauch der Nicht-Juristen halt manchmal tut.

Ein von vielen Führungsseminaren durchpsychologisierter Jungmanager vermittelte einmal dem alten Hasen der Nachbarabteilung seine Zustimmung mit den Worten: „Ich bin da ganz bei Ihnen, Herr Müller." Dieser zuckte zurück und fragte sich noch Tage später: „Was will der von mir?"

Nicht nur unverständliche oder unterschiedlich gebrauchte Begriffe, auch bestimmte Redewendungen und Formulierungen können die beabsichtigte Wirkung einer Präsentation, eines Vortrags oder einer Unterredung zunichte machen.

Auch unterschiedliche Herkunft oder Bildungsunterschiede können zu Sprachbarrieren führen. Es muß nicht unbedingt unverständlich sein, was der Sprecher sagt. Es kann auch sein, daß er „unpassende" Begriffe gebraucht oder ein wenig die Grammatik verdreht. Und schon fällen die Zuhörer ihr Urteil: „Der Vortragende ist dumm." Danach lassen sie sich nur noch sehr schwer von seinen Ausführungen überzeugen.

In einem Vortrag sagte der Projektleiter: „Mit dieser neuen Software geht die Verarbeitung viel schneller wie mit der alten."
In einer Präsentation bezeichnete ein Projektmitglied seine Kollegen als „Mitarbeiter". Diese waren beleidigt. Der Vortragende weigerte sich jedoch zu begreifen, daß „Mitarbeiter" eine hierarchische Bezeichnung ist.

Wer statt „Unternehmen" an unpassender Stelle „Firma" sagt, kann sich ebenso unbeliebt machen, wie einer, der ahnungslos von „Posten" spricht, wenn „Position" üblicher gewesen wäre.

☛ Für Ihre Vorträge und Präsentationen bedeutet das:

1. *Verzichten Sie auf Fachbegriffe, Abkürzungen und Fremdwörter, wenn Sie damit rechnen müssen, daß nicht wirklich jeder Ihrer Zuhörer die Begriffe auf Anhieb versteht. Setzen Sie sich notfalls vorher hin und schreiben Sie die typischen Begriffe Ihres Sachgebietes auf. Schreiben Sie dann eine allgemeinverständliche Übersetzung daneben. Verwenden Sie anschließend im Vortrag die Übersetzung.*

Besonders junge Redner glauben manchmal, sie müßten mit Fach- und Fremdwörtern um sich werfen, um ihre Kompetenz zu beweisen. Das ist falsch. Damit beweist man lediglich eine kindliche Einstellung: „Alle sollen sehen, wie brav ich gelernt habe."

Verzichten Sie deshalb souverän darauf, solche „Intelligenzattrappen" zwischen sich selbst und Ihren Zuhörern als Barrieren aufzubauen.

Die Empfehlung lautet: Sprechen Sie „Tagesschau-Deutsch". Stellen Sie sich vor, Sie müßten im Fernsehen vortragen und wollten von einem möglichst großen Publikum verstanden werden. „Tagesschau-Deutsch" ist verständlich und trotzdem niveauvoll.

2. *Vergewissern Sie sich vorab über Sprachregelungen in Ihrem Zuhörerkreis. Orientieren Sie sich an der Sprache und den Ausdrucksweisen Ihrer Zuhörer.*

Dabei sollten Sie natürlich nicht übertreiben. Auf keinen Fall sollten Sie Ihren Vorurteilen freien Lauf lassen.

> Ein Vorstandsmitglied eines der großen Autohersteller glaubte einmal, sich vor seinen Arbeitern möglichst „volkstümlich" geben zu müssen. Er drückte sich plump und bis an die Grenzen des Ordinären aus. Seiner Meinung nach war das die Sprache der „Männer vom Band". Diese fühlten sich jedoch beleidigt.

3. *Unterschätzen Sie niemals die Intelligenz Ihrer Zuhörer!*

3.6 Ideen und Vorschläge überzeugend präsentieren

Es reicht nicht, gute Ideen zu haben, man muß auch Verbündete und Überzeugte dafür finden.

Leider ist es oft gar nicht leicht, die eigene Begeisterung für neue Ideen auch in den Mitmenschen zu wecken.

Folgende Gründe machen es unseren Mitmenschen oft schwer, sich von uns für Neues gewinnen zu lassen:

- Angst vor Neuem und vor Veränderungen
- Faulheit und Scheu vor Umstellungsaufwand
- Vorurteile, daß von anderen nichts Gutes kommen kann
- Dummheit und mangelnde Vorstellungskraft, um die Vorteile sehen zu können
- Traditionalismus
- Festkleben an Gewohnheiten
- Angst vor Risiken bei Veränderungen
- Feigheit vor der Meinung anderer
- Selbstzufriedenheit mit der bisherigen Arbeitsweise

Übrigens sind diese „Ideenkiller" auch dafür verantwortlich, daß nicht selten wir selbst uns ebenfalls gegen die kreativen Einfälle unserer Kollegen und Mitarbeiter wehren!

Setzen Sie Ihre Kreativität nicht nur dafür ein, neue Ideen zu entwickeln. Seien Sie auch kreativ im Hinblick auf die zu leistende Überzeugungsarbeit. Dazu gehört auch, daß Sie

- den richtigen Zeitpunkt zur Veröffentlichung treffen,
- die richtigen Personen in der richtigen Reihenfolge ansprechen,
- die überzeugendsten Argumente nennen,
- die möglichen Widerstände vorab erkennen und Antworten darauf parat haben,
- die anschaulichste und attraktivste Darstellung bei der Veröffentlichung wählen.

☛ Wenn Sie Ihre neuen Ideen und Vorschläge präsentieren, dann tun Sie das mit dem Ziel, Aufgeschlossenheit, Interesse und Zustimmung zu finden oder zu wecken.

Leider passieren hierbei häufig auch Verhaltens- oder Denkfehler mit fatalen Folgen für den Erfolg einer solchen Präsentation.

1. Fehler: Argumentation aus einer Position der (eingebildeten) Überlegenheit heraus

Hierbei geht der Vortragende davon aus, daß seine gute Idee ein Beweis für seine geistige, kreative oder sonstige Überlegenheit im Vergleich zu den Zuhörern ist. Mit einer gewissen Arroganz stellt er sich vor die Zuhörer und verlangt (!), daß diese gefälligst zuzustimmen haben. Wer nicht zustimmt, ist in den Augen der Vortragenden dumm, rückständig oder böswillig.

Abb. 4: Überlegenheitsverhalten

Es gibt drei typische Arten der Argumentation aus dem Gefühl der Überlegenheit heraus:

Abb. 5: Diktatorische Haltung

• *diktatorisch*

Der Vortrag ist durch einen gewissen Befehlston gekennzeichnet. Unterschwellig sind Drohungen herauszuhören für den Fall, daß die neue Idee nicht begeistert aufgenommen wird.

Abb. 6: Oberlehrerverhalten

• *oberlehrerhaft*

Der Vortrag erinnert an den Lehrerton aus der Schulzeit. Unterschwellig klingt die Botschaft mit, daß die Zuhörer dumm sind und sich gefälligst belehren lassen sollen von der klügeren Vortragsperson.

Abb. 7: Helferverhalten

• *aus einem Helfersyndrom heraus*

Der Vortrag hat einen „Mutti-Ton" oder erinnert an den „Guten Hirten". Die Zuhörer erhalten unterschwellig die Botschaft, daß man ihnen - nur zu ihrem Besten! - mit der neuen Idee oder dem Vorschlag „helfen" will. Der Vortragende tritt auf als die Person mit dem guten Herzen, die am besten weiß, was für die kleinen Dummerle im Publikum gut ist.

Alle drei Varianten der Argumentation gehen den Zuhörern auf die Nerven. Mehr oder weniger bewußt fühlen sie sich an Kindheit oder Schulzeit erinnert. Sie fühlen sich zu Unterlegenen degradiert.

Wenn Sie in dieser Form auftreten, müssen Sie damit rechnen, daß man Ihnen vielleicht während des Vortrags scheinbar zustimmt oder zumindest auf Widerstand verzichtet. Das heißt nicht, daß man Sie später tatsächlich unterstützen wird!

Genau wie Kinder heimlich ihre Eltern und Lehrer „hintergehen" und ihnen Streiche spielen, wird man später auch Ihre Ideen untergraben.

2. Fehler: Argumentation aus einer Position der (eingebildeten) Unterlegenheit heraus

Es gibt auch drei typische Arten der Argumentation aus dem Gefühl der Unterlegenheit heraus:

Abb. 8: Trotziges Verhalten

• *trotzig*

Der Vortrag hat den Ton eines ungezogenen Kindes: „Ich will aber!" Der Vortragende geht offensichtlich von vornherein davon aus, daß man seiner Idee Widerstand engegenbringt. Gleichzeitig erwartet er wohl, daß die Ablehner zwar stärker sind als er, jedoch eigentlich kein Recht dazu haben, ihm eine Ablehnung zukommen zu lassen. Das läßt ihn unbewußt in die Tonlage eines pubertierenden Familienrebellen zurückfallen.

Abb. 9: Naseweises Verhalten

• *naseweis*

Der Vortragende vermittelt unterschwellig die Botschaft mit: „Seht, was für ein
kluges Kerlchen ich bin!" Todernst und gespickt mit Fach- und Fremdwörtern
gibt er seine tolle Idee zur Kenntnis wie ein Kind seine gut gepaukte Hausarbeit
vorträgt. Mit glänzenden Augen wird danach auf Lob und Bewunderung gewar-
tet.

Abb. 10: Bettelndes Verlangen

• *bettelnd*

Hierbei wird ebenfalls eine kindliche Botschaft latent vermittelt: „Bitte, bitte,
laßt mich das Neue tun!" Der bettelnde Ton wird auch schnell quengelig und
jammernd. Unbewußt fühlen die Zuhörer sich an ihre eigenen Kinder erinnert,
wenn sie darauf drängen, abends noch ein Stündchen länger aufbleiben zu dürfen.

Alle drei Variationen der Argumentation aus dem Gefühl der Unterlegenheit heraus haben einen kindlichen Beigeschmack. Es schmeichelt vielleicht dem Publikum, dadurch in die Rolle der Überlegenen und der Entscheider gedrängt zu werden, aber es geht ihnen auch auf die Nerven. Außerdem fällt es immer schwer, die Idee eines Menschen für voll zu nehmen, der sich selbst erniedrigt.

Achten Sie bei Ihren Präsentationen und Ideenvorstellungen immer darauf, daß Sie einerseits Ihre Zuhörer als intelligente Mitmenschen für voll nehmen und gleichzeitig sich selbst als souveränen und intelligenten Denker präsentieren!

Verkünden Sie Ihre Ideen und Vorschläge nicht wie reichsgerichtliche Urteile mit garantiertem Wahrheitsgehalt. Machen Sie lieber deutlich, daß es sich um Ihre persönliche Meinung handelt.

Formulieren Sie nicht so:

– „Es ist doch wohl erwiesen, daß ...“
– „Tatsache ist ...“
– „Unumstößlich steht fest ...“

Diese Formulierungen rufen Widerstand hervor. Sie stellen sich damit als den Inhaber der absoluten Weisheit und Wahrheit hin. Kein Wunder, daß man im Publikum heftig darüber nachdenkt, was denn wohl gegen Ihre Argumente spricht.

Formulieren Sie so:

– „Ich schlage vor ...“
– „Ich gehe aus von ...“
– „Aus meiner Sicht liegen die Dinge wie folgt ...“
– „Ich glaube, daß ...“
– „Nach meinem Dafürhalten ...“
– „Meiner Ansicht nach ...“

Mit diesen Formulierungen vermitteln Sie deutlich die Botschaft, daß Sie zwar felsenfest von etwas überzeugt sind, sich selbst jedoch nicht für allwissend halten. Ihre Zuhörer werden angeregt, innerlich Ihre Gedankengänge mitzugehen. Man wird Ihnen vielleicht nicht auf Anhieb zustimmen, sondern noch Fragen und Einwände haben. Man wird jedoch nicht „aus Prinzip“ Widerstand leisten.

☛ Gehen Sie bei der Vorstellung Ihrer Ideen und Vorschläge nach folgenden Schritten vor:

– Sagen Sie klar und leicht verständlich, was Ihre Idee ist.
– Erklären Sie, wozu die Idee gut ist oder welches Problem Sie damit lösen wollen.
– Tragen Sie vor, warum Sie glauben, daß Ihre Idee so gut ist.
– Beschreiben Sie, wie Sie zu der Idee gekommen sind und wie Sie bereits ausprobiert haben, ob sie funktioniert.

- Sagen Sie offen, welche Kosten oder Aufwände für die Umsetzung zu erwarten sind.
- Schildern Sie anschaulich, wie man bei der Umsetzung vorgehen müßte.
- Sagen Sie klar, was Sie von Ihren Zuhörern in dieser Hinsicht erwarten.
- Nennen Sie die Erfolgskriterien und die Erfolgsfaktoren für Ihre Idee.
- Erkundigen Sie sich, ob Ihre Zuhörer noch Fragen zu der Sache haben.
- Laden Sie zu einer offenen Diskussion ein.

☛ Machen Sie deutlich, daß Sie gerne zusätzliche Anregungen aus dem Zuhörerkreis entgegennehmen und in Ihr Konzept einbauen wollen.

Wahrscheinlich kennen Sie den Slogan: „Betroffene zu Beteiligten machen". Sie werden sehen, daß Sie mehr Zustimmung und Unterstützung finden, wenn Sie andere an Ihren Ideen mitgestalten lassen, als wenn Sie sich anstellen wie eine Glucke, die ihr Ei unbedingt allein bebrüten will.

3.7 Patentrezept: Fünfsatz-Technik

In der Fachliteratur zum Thema Rhetorik wird häufig die „Fünfsatz-Technik" als Patentrezept zur Gliederung von Vorträgen, Reden, Ansprachen, Präsentationen und auch Predigten empfohlen. Tatsächlich können auch Sie nach der Technik vergleichsweise schnell Ihre Vorträge entwickeln. Die Gliederung gibt Ihnen auf Anhieb eine gelungene Struktur für die Inhalte, die Sie vermitteln wollen.

Es gibt verschiedene Modelle der Fünfsatz-Technik. Entscheiden Sie, welche jeweils für Ihr Anliegen die beste ist. Die sechs bekanntesten Modelle seien hier kurz vorgestellt.

Erstes Modell: Positive Argumentation

Dieses Modell bietet sich an, wenn Sie mit einer starken Gegenfraktion und heftiger Kritik aus den Zuhörerreihen rechnen müssen. Sie nehmen Ihren „Gegnern" von Anfang an viel Wind aus den Segeln. Sie stellen einfach Ihren Begründungen zunächst das voraus, was (vermutlich) an guten Argumenten von Ihren Gegnern für deren Meinung kommen würde. Dadurch haben Sie sich als fairer Redner gezeigt, der auch die Meinung Andersdenkender respektiert. Man wird (notgedrungen) Ihnen die gleiche Toleranz entgegenbringen. Außerdem sorgen Sie dafür, daß zuerst die Ansichten Ihrer Gegner und erst danach die Ihren zur Sprache kommen. Psychologisch wirkt dadurch der erste Teil sympathisch und der zweite überzeugender.

Dieses Modell beinhaltet folgende Gliederung:

1. Einstimmen auf das Thema,
2. Positive Darstellung der Ihnen bekannten Meinung Ihrer Gegner,
3. Positive Darstellung Ihrer Meinung,

4. (Scheinbar) objektive Abwägung der jeweiligen Vorteile beider Seiten. Die Vorteile der eigenen Meinung müssen dabei stets zuletzt genannt werden. Das prägt sich besser ein!
5. Schlußfolgerung: Ihre Meinung ist doch die bessere/richtigere.

Zweites Modell: Klassische Gliederung

Dieses Modell eignet sich für Vorträge vor bereits überzeugten Zuhörern. Im Grunde soll den Zuhörern bestätigt werden, daß sie die Dinge bereits richtig sehen. Gleichzeitig bekommen sie Argumente mit, falls sie später mit Außenstehenden noch über das Thema sprechen werden.

> Dieses Modell wird Pfarrern für die Predigt und Vertriebsleitern zur Einstimmung ihrer Verkäufer empfohlen. Die Gläubigen (nur die haben sich in der Kirche versammelt) bekommen in der Predigt noch einmal erklärt, warum sie auf dem richtigen Weg sind. Gleichzeitig erhalten sie Argumente für den Fall, daß sie später von Ungläubigen wankend gemacht werden sollten. Der Vertriebsleiter bereitet mit dieser Technik seine Verkäufer auf die zu erwartenden Einwände der Kunden vor.

1. Anlaß oder Thema der Rede darstellen,
2. Darstellen der ohnehin von allen geteilten Meinung,
3. Begründen, warum diese Meinung richtig ist,
4. Begründen, warum die Meinung Andersdenkender falsch ist,
5. Aufruf, wie man sich zu verhalten oder im Bedarfsfall Andersdenkenden gegenüber zu äußern hat.

Drittes Modell: Begründungskette

Nach diesem Modell folgt immer ein Argument logisch aus dem vorhergehenden. Bei dieser Technik kommen immer wieder Begriffe und Formulierungen vor wie: Darum, deshalb, folglich, weil, aus diesem Grunde ...

Die Begründungskette eignet sich gut für einen Vortrag, wenn Sie eine Gegenrede halten und die Argumente Ihres Vorredners oder Widersachers widerlegen und dabei bewußt in Konfrontation gehen wollen. Vom Aufbau her ist dieses Modell genau entgegengesetzt zum Modell der Positiven Argumentation.

1. Angriff gegen die Meinung des Gegners,
2. Begründung, warum die gegnerische Meinung falsch ist. Die Begründungskette muß jetzt von einer schrecklichen Aussage zur nächsten führen.
3. Vorstellen der eigenen Meinung,
4. Begründen, warum die eigene Meinung besser ist. Diese zweite Begründungskette führt jetzt von einer idealen Beweisführung zur nächsten.
5. Aufruf an das Publikum, sich jetzt richtig zu entscheiden.

Das Modell nach der Argumentation mit Begründungsketten wird vor Gericht von Staatsanwälten und Verteidigern gerne angewendet.

Viertes Modell: Deduktiver Aufbau

Hierbei wird das Besondere oder Spezielle aus dem Allgemeinen abgeleitet. Diese Technik können Sie zum Beispiel anwenden, wenn Sie mit Ihrem Vortrag gegen festgefahrene Meinungen oder Vorurteile angehen wollen.

1. Darstellung des Allgemeinen oder der üblichen Ansicht.

> „Man kann in der Öffentlichkeit immer wieder hören, daß das Fernsehen die Kinder verdirbt."
>
> „Im allgemeinen geht man davon aus, daß die hohen Lohnnebenkosten die wesentliche Ursache für unsere Probleme sind."

2. Kundgeben der eigenen Meinung zum Thema,
3. Begründen der Richtigkeit der eigenen Meinung,
4. Konkrete Beispiele als Beweise für die Richtigkeit der eigenen Meinung.

> „Wenn wir uns nun die Sendung mit der Maus vor Augen halten, dann ..."
>
> „Nehmen wir uns doch einmal ein Land mit geringen Lohnnebenkosten vor. Denken wir zum Beispiel an Polen, dann ..."

5. Zugespitzte Zusammenfassung der eigenen Meinung mit einer Aufforderung an die Zuhörer.

Fünftes Modell: Neutrale Argumentation

Hierbei werden (eventuell nur scheinbar) neutral verschiedene Vorschläge oder Meinungen gegenübergestellt und jeweils mit ihren positiven und negativen Aspekten ausgeführt.

Diese Technik wenden Sie an, wenn Sie tatsächlich neutral zum Thema stehen und durch Ihren Vortrag letztlich nur dafür sorgen wollen, daß die Zuhörer sich entscheiden.

Wenn Sie tatsächlich sehr wohl eine der Positionen favorisieren, sollten Sie diese Technik nur anwenden, wenn Sie ganz sicher sein können, daß sich unter Ihren Zuhörern niemand befindet, der Ihre wahre Meinung kennt. Ansonsten wird Ihr Manipulationsversuch schnell ruchbar.

Wenn Sie nur scheinbar neutral sind, dann sorgen Sie dafür, daß die von Ihnen favorisierte Position oder Meinung zuletzt - unmittelbar vor der Entscheidung - dargestellt wird.

1. Aufzählen der unterschiedlichen Positionen

> „Es gibt verschiedene Auffassungen darüber, wie wir unsere sinkenden Markterfolge wieder in den Griff bekommen können. Die eine Partei vertritt ... Hingegen steht die andere Partei auf dem Standpunkt ..."

2. Ankündigung der neutralen Würdigung aller Meinungen

> „Lassen Sie mich an dieser Stelle die unterschiedlichen Standpunkte betrachten."

3. Darstellung der einen Position

> „Die Befürworter der ... sehen die Dinge so, weil ..."

4. Darstellen der anderen Position

> „Hingegen kommen die Vertreter der Gegenpartei wie folgt zu ihrer Meinung ..."

5. Aufruf zur Entscheidung

Sechstes Modell: Überzeugen durch Beispiele

Diese Technik können Sie anwenden, wenn Sie Ihre Zuhörer von etwas überzeugen oder zu etwas veranlassen wollen, was sie vermutlich nicht ganz verstehen oder überblicken können oder wozu sie im Grunde keine Lust haben.

1. Darstellen, was von den Zuhörern erwartet wird

> „Heute will ich Sie, meine Damen und Herren, aufrufen, sich mit allen Ihren Mitarbeitern für die Einführung von TQM zu entscheiden und dann auch zu engagieren."

2. Beispiele zu möglichen Folgen, wenn man den Erwartungen nicht entspricht

> „Ich habe hier die Zahlen zusammengetragen zu den Schäden, die uns bisher durch Qualitätsmängel entstanden sind. Wenn wir unverändert so weiterarbeiten, dann sage ich für die kommenden fünf Jahre folgendes voraus: ..."

3. Beispiel zu den erstrebenswerten Folgen, wenn man den Aufforderungen nachkommt

> „Wenn wir uns jedoch aufraffen und uns mit aller Kraft für TQM einsetzen, dann ..."

4. Zusammenfassen der Argumente, warum die Erwartungen gerechtfertigt sind

> „Nach all dem möchte ich noch einmal auf die drei wichtigsten Argumente für TQM hinweisen. Erstens: ..."

5. Aufruf zur Tat

☞ Die Fünfsatz-Technik eignet sich hervorragend, wenn Sie nur wenig Zeit zur Vorbereitung haben und dennoch eine „knackige" und eher kurze Rede oder Ansprache halten wollen.

☞ Für ein längeres Referat oder eine ausführliche Präsentation brauchen Sie vermutlich eine detailliertere Gliederung.

3.8 „Können Sie mal kurz ein paar Worte dazu sagen?"

Fällt Ihnen auf der Stelle etwas ein, wenn Sie plötzlich um einen Stegreifvortrag gebeten werden? Die Sachzusammenhänge werden Ihnen sicherlich bekannt sein, sonst würde man Sie ja nicht um den Spontanvortrag bitten. Die Frage ist nur: Wie sollen Sie mal eben schnell sinnvoll die Dinge gliedern? Wie sollen Sie von einem vernünftigen Einleitungssatz zügig zu passenden Ausführungen und dann zu einem gelungenen Schluß kommen?

Zur Stegreifrede brauchen Sie eine gewisse Schlagfertigkeit. Sie müssen blitzschnell innerlich Ihren gesamten Vortrag komponieren und fast gleichzeitig bereits mit den ersten Sätzen an die Zuhörer beginnen. Wenn Ihnen das gelingt, wirken Sie fachlich kompetent und auch persönlich überzeugend und souverän. Wenn Sie jedoch erst einmal erschreckt die Zuhörer anstarren und dann herumstammeln und erst danach von einem mühselig zusammengestoppelten Satz zum nächsten kommen, dann wirken Sie womöglich hilflos oder gar einfältig.

Einen Vortrag sorgfältig ausarbeiten und tagelang üben, ist für manchen bereits anstrengend genug. Jedoch ohne jede Vorbereitung durch eine Rede zu faszinieren, das ist die Kunst!

Es gibt zwei gute Gliederungsmöglichkeiten für Stegreifreden. Beide sind einfach und können Ihnen schnell helfen, Ihre Aussagen sinnvoll zu gestalten.

Die erste Gliederung lautet: Bus

> **B** - behaupten
> **U** - untermauern
> **S** - Schluß

Gehen Sie so vor:

Stellen Sie an den Anfang eine Behauptung. Sagen Sie, was Sie zu dem Thema als These oder Kernaussage für richtig halten.

Untermauern Sie dann mit Begründungen, warum Sie Ihre Behauptung für richtig halten.

Schließen Sie mit einer kernigen Zusammenfassung oder mit einer Aufforderung oder mit einer Wiederholung der Behauptung ab.

> In einem Unternehmen wurde seit Wochen heiß diskutiert, ob man auch für den Innendienst leistungsabhängige Entgelte einführen sollte. Zwei Personen wurden um eine kurze Zusammenfassung ihrer Sichtweise gebeten. Die eine Person war gegen die Einführung leistungsabhängiger Entgelte, die andere dafür. Beide trugen nach dem „Bus-Modell" vor:
>
> *a) Gegenposition:*
> „Der Innendienst ist nun einmal nicht mit dem Außendienst zu vergleichen!
> Während sich für Außendienstmitarbeiter monatlich an den Verkaufszahlen ...
> (untermauern)
> Und darum bleibe ich dabei: Außen- und Innendienst sind zwei völlig verschiedene Welten und brauchen unterschiedliche Entgeltmodelle."
>
> *b) Für die Einführung leistungsabhängiger Entgelte:*
> „Auch im Innendienst muß es möglich sein, für mehr Leistung mehr Geld zu bekommen!
> Es kann doch nicht angehen, daß die Engagierten des Innendienstes keine Chance haben ... (untermauern)
> Meine Meinung ist, daß im Interesse der Kollegen auch des Innendienstes gelten muß: Mehr Leistung - mehr Geld!"

Die zweite Gliederung lautet: Win

W - war
I - ist
N - neu

Gehen Sie so vor:

Beschreiben Sie kurz, wie es früher war. Sagen Sie dann ein paar Worte zum Ist-Stand der Dinge, und führen Sie anschließend aus, wie es sich in Zukunft entwickeln wird.

> In einer Bank sollte einer der Manager kurz etwas zu der neuen Organisationsform sagen, nach der jedem Kunden immer ein fester Kundenberater zugeordnet sein sollte.
> *War:* „Bisher mußten unsere Kunden über eine Anlage mit Herrn X und über eine Baufinanzierung mit Frau Y reden. Wir haben von unseren Kunden verlangt, daß sie sich an unseren internen Strukturen orientieren ..."
> *Ist:* „Die Ansprüche am Markt haben sich heute geändert. Kein Kunde interessiert sich dafür, wie wir intern unsere Fachleute organisieren ..."
> *Neu:* „Grundsätzlich soll jeder unserer Kunden eine Vertrauensbeziehung zu einem ganz speziellen Berater aufbauen können. Diese Berater kennt seine Kunden und ..."

Sie sollten sich beide Gliederungen merken und im Einzelfall blitzschnell entscheiden, welche angebracht ist. Sollten Sie häufiger in die Situation kommen, schnell ein paar Sätze vortragen zu müssen, dann können Sie sich beide Gliederungen in die „Ideenablage" Ihres Terminkalenders eintragen. So haben Sie sie im Bedarfsfall schnell vor Augen.

Schlagfertige und spontane Menschen haben es natürlich leichter, auch bei Stegreifreden einen guten Eindruck zu machen. Auch, wenn Schlagfertigkeit nicht Ihre Stärke ist, können Sie etwas in dieser Richtung tun. Üben Sie!

☛ Greifen Sie sich immer einmal wieder ein Thema aus den Nachrichten oder aus einer Zeitung heraus und erfinden Sie schnell einen Minivortrag nach dem „Bus-" oder „Win-Konzept" dazu.

Probieren Sie es gleich mit folgenden Themen aus:

– Autobahnbau
– Geflügelzucht
– Rentensicherung
– Lean Management
– Jugendweihe
– Deutscher Bergbau

Sie werden merken, wie es Ihnen mit jeder Rede leichter fällt. Sie können es beim Autofahren oder in der Badewanne üben. Fragen Sie gerne auch Ihren Arzt oder Apotheker: Es ist ein sehr gesundes Hirntraining!

3.9 Motto, Slogan, Schlagwörter

Es hat etwas „Reißerisches", wenn Sie Ihrem Vortrag ein Motto geben oder an den Anfang einen Slogan stellen. Sie können auch Schlagwörter oder Schlagzeilen verwenden. Die Technik des reißerischen Anfangs bietet sich für Sie besonders dann an, wenn Sie Ihre Zuhörer durch Ihren Vortrag zu etwas veranlassen wollen. Wenn Sie zu einer bestimmten Handlung oder zu einem bestimmten Denken aufrufen wollen. Es bietet sich auch dann an, wenn Sie etwas - zum Beispiel ein bestimmtes Produkt oder Ihr Projekt - fest im Gedächtnis der Zuhörer verankern wollen.

Die Technik, mit einprägsamen Sprüchen oder verblüffenden Formulierungen zu arbeiten, ist sehr gebräuchlich. Viele Unternehmen haben sich Slogans geschaffen, die den Menschen immer wieder auf der Zunge liegen und somit an Produkte, Dienstleistungen oder Anbieter erinnern:

> „Pack den Tiger in den Tank!"
> „Man gönnt sich ja sonst nichts."
> „Wer wird denn gleich in die Luft gehen?"
> „Sie haben das Bild. Wir haben den Rahmen."
> „Ist die Katze gesund, freut sich der Mensch."

In manchen der Sprüche taucht der Name des Produktes oder des Unternehmens auf, das man sich unbedingt merken soll:

> „Ich trinke Jägermeister, weil ..."
> „Otto - finde ich gut."
> „Dash wäscht so weiß, weißer geht's nicht."
> „Persil bleibt Persil."
> „Nur wo intel dran steht, ist auch intel drin."
> „Katzen würden Whiskas kaufen."

Es gibt auch Wortschöpfungen mit dem sich zu merkenden Produkt als Teil:

> „Lenorgewissen"
> „Punica-Oase"

Es gibt auch Slogans, die nicht den Produkt- oder Unternehmensnamen enthalten und trotzdem als „Merker" wirksam sind:

> „Alle reden vom Wetter. Wir nicht."
> „Die längste Praline der Welt"
> „Dafür geh ich meilenweit."
> „Wäscht nicht sauber, sondern rein."
> „Schmilzt im Mund und nicht in der Hand."
> „Für die schönsten Wochen des Jahres."
> „Nichts ist unmöglich."

Manche Sprüche verblüffen uns und prägen sich dadurch ein:

> „Nur feiern müssen Sie noch selbst." (Party-Service)
> „Unsere Leistung ist unsere Werbung." (Spedition)

„Quadratisch, praktisch, gut." (Schokolade)
„Wir kaufen gut ein, damit Sie gut einkaufen." (Einkaufskette)

Man kann auch bekannte Sprichwörter oder Formulierungen werbewirksam anpassen:

„Ein Werner ein Wort." (Autohändler)
„Sich legen bringt Segen." (Matratzen)
„Autos made for Germany" (Japanische Autos)
„Je Fachinger - desto gesünder." (Mineralwasser)
„1000 und 1 Leckerbissen" (Arabischer Party-Service)

Aktuelle Formulierungen werden auch gerne aufgegriffen:

„Die Mutter aller Kaffeebohnen" (nach dem Golfkrieg, der zur „Mutter aller Kriege" werden sollte laut Saddam Hussein).
„Wenn Sie Ihr Geld auf die Bank bringen, bekommen Sie Peanuts. Entscheiden Sie sich für Kokosnüsse." (Als Anspielung auf den Banker, der sich versehentlich in die Herzen der Deutschen geplappert hat.)

Lautmalereien können sich fast wie Ohrwürmer festsetzen:

„Das einzig wahre Warsteiner"
„Dermatologisch logisch" (Seife)

Auch Reime wirken schnell wie Ohrwürmer:

„Zum Schluß bleibt uns zu sagen nur: Triumph krönt die Figur."

Bei manchen Werbesprüchen ist irgendwann gar nicht mehr klar, wofür sie eigentlich werben sollten:

„Es gibt viel zu tun. Packen wir´s an." ESSO oder CDU?
„unkaputtbar" Fensterglas, Spielzeug, Getränk?
„Wichtig ist nicht, wer den schönsten Po hat. Sondern, welcher Po es am schönsten hat." Jeans, Zäpfchen, Toilettenpapier, Unterhosen?

Für viele Produkte oder auch Unternehmen ist ein bestimmtes Image oder eine bestimmte Assoziation wichtig. Überlegen Sie, ob das auch für Ihren Vortrag oder Ihre Präsentation relevant sein kann:

Wissenschaftlichkeit

Wichtig bei: Medikamenten, Zahncreme, technischen Produkten, Reinigungsmittel, neuen Lebensmitteln, Hundefutter, Kosmetik etc.

Wissenschaftlichkeit wird zum Beispiel durch Formeln oder Abkürzungen vermittelt: Vogelfutter mit Jod-S-11-Körnchen, Seife mit pH-Werten etc. Eine andere Möglichkeit ist, dem Schauspieler des Werbespots für Zahncreme einen „Doktorkittel" anzuziehen.

Dynamik

Wichtig bei: Turnschuhen, Sportgeräten, Schokoriegeln oder Milchprodukten für Kinder, Stärkungsmitteln für ältere Menschen, Autos für „Jungdynamiker" etc.

Dynamik wird durch bestimmte Begriffe vermittelt: „Leistung braucht Calcium."
„Die Kraft der zwei Herzen"

Liebe

Wichtig bei Produkten, die von hingebungsvollen Hausfrauen gekauft werden
sollen: Wollwaschmittel („streichelweich"), Spülmittel (für „Streichelhände"),
Süßigkeiten (mit hohem Nährwert für die Kinder), Kaffee (damit auch die
Schwiegermutter beeindruckt ist).

> Hierbei wird assoziiert, daß der Gebrauch der Produkte entweder ein Beweis für
> die eigene Liebe zu den Angehörigen ist oder die Voraussetzung, daß man selbst
> geliebt wird von den Angehörigen: „Es gibt viele gute Gründe für eine gesunde Er-
> nährung. Ihre Familie ist einer davon." Die Botschaft lautet: Entweder, man kauft
> diese Margarine oder man liebt seine Familie wohl nicht ausreichend.

Heimatgefühl

Wichtig bei der Vermarktung von Produkten aus einer bestimmten Region:

> „Aus deutschen Landen, frisch auf den Tisch." „So delikat nach schweizer Art",
> „Das Bier aus Bayern"

Tradition

Wichtig bei „alten" Produkten, die man nicht als „modern" oder Ergebnis neue-
ster Forschungen verkaufen kann: Bonbons, die schon Opa als kleiner Junge ge-
lutscht hat. Waschmittel, das schon damals wunderbar weiß gewaschen hat.

Tradition wird mit bestimmten Begriffen und Formulierungen vermittelt:

> „Da weiß man, was man hat." „Werthers echte", „Persil bleibt Persil." Beständig-
> keit und Zuverlässigkeit sind die Botschaften.

Luxus

Wichtig bei Edelprodukten, die man nicht unbedingt braucht oder deren Zweck
man auch mit billigeren Alternativen erreichen könnte. Auch Geschenkartikel,
Schmuck, teure Süßigkeiten und Alkoholika werden als Produkte verkauft, die
sich nicht jeder leisten kann:

> „Zu wissen es ist Platin" „Genießen Sie es - auf höchstem Niveau." (Autos), „Es
> war schon immer etwas teurer, einen besonderen Geschmack zu haben." „Für das
> edelste Gemüse die Königin der Saucen."

Die Botschaft dieser Slogans ist immer, daß man sich natürlich billigere Dinge
kaufen kann, damit allerdings dann auch zu den „stillosen" Menschen gehört
oder zu den armen Schluckern, die auf den „billigen Jakob" angewiesen sind.

Sparsamkeit

Wichtig bei Produkten, die man über den Preis verkaufen will: „Und keinen Pfennig zubezahlt." Hierbei wird assoziiert, daß nur die Dummen für solche Dinge viel Geld ausgeben. Die Klugen kaufen zum „klugen Preis".

Bodenständige Qualität

Wichtig bei Handwerks- oder Servicebetrieben oder deren Angeboten. „...Qualität für gutes Sehen." (Brillengläser)

Sehnsucht nach einem schöneren Leben oder nach Absicherung

Wichtig bei Produkten, deren „Wert" man nicht sofort bekommt (Beispiel: Lebensversicherung, Bausparvertrag, Kredite) oder die man gar nicht braucht. „Wir schaffen Raum zum Leben." „Mit dem Alter kommt die Ruhe. - Oder das Geld." „Spielraum braucht Freiraum"

Die meisten der hier erwähnten Sprüche kennen Sie aus dem Fernsehen oder aus den Reklameseiten der Zeitungen. Fast nie stehen die Sprüche allein. Sie sind meistens mit Bildern und/oder kleinen Szenen und/oder Melodien kombiniert.

Man kann sich natürlich schaudernd abwenden und diese Sprüche als „dummes Gewäsch" abtun. Stimmt. Mehr steckt auch oft nicht dahinter.

> Und dennoch: Diese Sprüche prägen sich uns ein. Wir erinnern uns an die Botschaft, an die Produkte oder an das Unternehmen. Außerdem - ob wir wollen oder nicht - beeinflussen sie sehr wohl auch unser Denken und Verhalten. Auch die wackere Hausfrau, die bewußt nicht Lenor kauft, weil sie sich vom „Lenorgewissen" beleidigt fühlt, wird in ihrem Kaufverhalten durch die Werbung gesteuert. Das gleiche gilt für diejenigen, die tagelang zwanghaft „Nichts ist unmöglich" im Hirn summen hörten und aus Verärgerung niemals ein solches Auto kaufen werden.

Wenn Ihr Vortrag mehr ist als eine trockene Darstellung von Fakten, sondern zum Beispiel auch werben und Sympathie finden oder beeinflussen soll, dann kann es für Sie sinnvoll sein, sich einen Slogan oder ein Motto oder eine Schlagzeile auszudenken. Überreizen Sie jedoch nicht Ihre Zuhörer. Die sind durch die tägliche Werbeflut ebenso genervt wie Sie!

> Zum Beispiel wählte ein Projektleiter für seinen Vortrag den Spruch: „SAP, denn unsere Zeit ist knapp." Es ging darum, für die Einführung der Software von SAP zu werben. Er verblüffte seine Zuhörer damit, die Kombination S-A-P nicht als einzelne Buchstaben, sondern zusammenhängend auszusprechen. Gleichzeitig war die Botschaft enthalten: „Wir müssen SAP einführen, weil uns sonst die Verwaltung über den Kopf wächst."

☛ Wenn Sie für Ihren Vortrag oder Ihre Präsentation einen Slogan suchen, dann überlegen Sie zunächst:

- Was wollen Sie erreichen?
- Was sollen Ihre Zuhörer sich merken?

- Wozu sollen Ihre Zuhörer veranlaßt werden?
- Was ist die Kernaussage Ihrer Ausführungen?
- Was sollen Ihre Zuhörer assoziieren?

☞ Sammeln Sie einmal bewußt beim Fernsehen oder beim Lesen in Zeitschriften griffige Sprüche der Werbung.

- Was hat Ihnen gefallen?
- Was hat sich durch geistreiche Formulierung aus dem Einerlei herausgehoben?
- Was prägt sich gut ein?
- Was ist ein wenig witzig und doch nicht plump?
- Mit welchen sprachlichen Tricks wurde gearbeitet: Lautmalerei, Reim?

☞ Entwickeln Sie selbst mindestens fünf Slogans für Ihren Vortrag. Legen Sie sich nicht zu früh auf einen fest. Fragen Sie Kollegen oder Angehörige, welchen sie am besten finden.

☞ Denken Sie daran: „In der Kürze liegt die Würze!"

☞ Im Vortrag sollten Sie Ihren Slogan am Anfang und am Ende anbringen. Sprechen Sie ihn nicht nur aus, zeigen Sie ihn auch optisch. Seien Sie dabei bitte nicht stockernst. Es ist letztlich doch „nur" eine Werbebotschaft und keine wissenschaftliche Aussage.

3.10 Es darf gelacht werden – muß aber nicht

Sie werden sich vor Ihren Vorträgen sicherlich überlegen, wie Sie bei den Zuhörern eine positive Stimmung erzeugen können.

„Lacher" des Publikums gelten in vielen Fernsehshows als Erfolg. Gilt das auch für Sie und Ihre Veranstaltung?

Eines der wichtigsten Qualitätsmerkmale für gelungene Vorträge und Präsentationen lautet: „Gut informiert und gut unterhalten." Das bedeutet, daß Vorträge oder Präsentationen dann gut ankommen und sich den Zuhörern einprägen, wenn sie inhaltlich aufschlußreich und wichtig sind und gleichzeitig so gestaltet werden, daß niemand vor Langeweile darüber einschläft.

Müssen Sie sich deshalb vor Ihrem Publikum zum „Clown" oder „Witzeerzähler" machen? Bedeutet „gut unterhalten" auch „viel gelacht"? Können Sie nicht erwarten, daß erwachsene Menschen sich ein sachliches Thema auch in sachlicher Stimmung anhören?

Grundsätzlich gilt für jeden Vortrag, jede Präsentation, jede Rede oder jedes Referat, daß zwei Dimensionen zu beachten sind:

1. Der sachliche Inhalt

Der Inhalt muß in seiner Aussage stimmen.
Der Inhalt muß für die Zuhörer wichtig sein.
Die Vortragsweise muß inhaltlich verständlich sein.

2. Der „Unterhaltungswert"

Die Zuhörer sollen mit Interesse den Ausführungen folgen können.
Die Zuhörer sollen zum Mitdenken angeregt werden.
Die Zuhörer sollen sich in der Veranstaltung wohl fühlen.
Die Zuhörer sollen ohne Qual wach bleiben können.

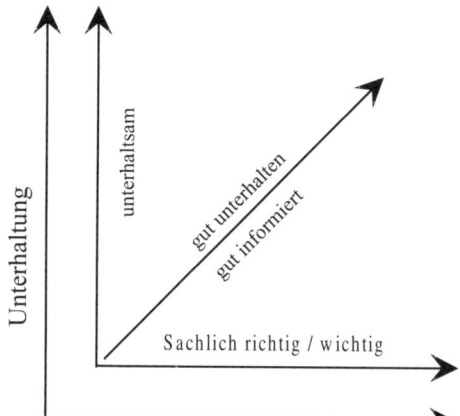

Abb. 11: Dimensionen des Vortrags

Wenn Sie Ihr Augenmerk ausschließlich auf die sachlichen Inhalte richten, besteht die Gefahr, daß Ihr Vortrag langweilig und öde wird. Sie vermitteln womöglich auch als Persönlichkeit den Eindruck, ein „knochentrockener und langweiliger" Mensch zu sein. Man kann auch von Ihnen denken, daß Sie so trocken vortragen, weil Sie sich selbst weder für das Thema, noch für die Zuhörer interessieren.

Das vom Fernsehen und Radio verwöhnte Publikum erwartet auch von Ihnen, daß Sie flüssig, spannend und unterhaltsam sprechen. Niemand kann oder mag sich über längere Zeit auf einen Redner konzentrieren, der sich nicht die Mühe gibt, seinen Zuhörern über den Sachinhalt hinaus auch emotional positiv entgegenzukommen.

Wenn Sie Ihr Augenmerk ausschließlich auf die gute Unterhaltung des Publikums legen, kann es passieren, daß man Ihnen während Ihrer Ausführungen noch zulacht, daß man Ihnen gebannt zuhört und mit Spannung Ihrer „Show" folgt. Am Ende jedoch erinnert man sich nicht mehr an Ihre Botschaft oder an Ihre Kernaussage. Man vergißt Ihre Inhalte. Sie und Ihre „Show" reihen sich im Gedächtnis der Zuhörer ähnlich wie die im Grunde hohlen Unterhaltungssendungen im Fernsehen ein. Man erinnert sich, daß es ganz lustig war, weiß aber nicht mehr, worum es ging und schämt sich ein wenig dafür, sich dem niveaulosen Klimbim hingegeben zu haben. Auch Sie werden im Grunde als „Clown", „Blender" oder „Schaumschläger" verachtet.

Sie sehen, daß eine zu starke Orientierung in die eine oder andere Richtung immer falsch ist. Sie machen keinen guten Eindruck, und Ihr Vortrag wird inhaltlich unterschätzt oder ignoriert. Fazit: Seien Sie unterhaltsam und humorvoll, degradieren Sie sich jedoch nicht selbst zum Witzchenmacher.

Was trägt zur gelungenen Unterhaltung in Ihrem Vortrag bei?

Persönliche Ausstrahlung

Man spricht von „Charisma", wenn eine Persönlichkeit andere allein durch ihre Ausstrahlung fasziniert. Charisma ist vermutlich weitgehend angeboren. Man kann ein wenig nachtrainieren im Hinblick auf Ausstrahlung und Wirkung, aber solche Trainings bringen meistens nicht viel.

> Man hat es zum Beispiel einmal mit einem extrem trockenen Kanzlerkandidaten versucht. Die intensivsten Übungen haben nichts genutzt.

Visualisierung und Veranschaulichung

Farbige Darstellungen, Modelle oder praktische Beispiele aus der Welt der Zuhörer halten das Interesse wach. Die Augen bekommen als zusätzliches Sinnesorgan neben den Ohren auch etwas geboten. Beispiele aus der eigenen Erfahrungswelt regen zum Mitdenken an.

Einbeziehung der Zuhörer

Ob man spontane Diskussionen zuläßt, oder auch einmal den einen oder anderen Zuhörer persönlich anspricht, muß im Einzelfall entschieden werden. Wichtig ist, daß die Zuhörer aus der trägen Haltung des reinen Konsumierens herausgeholt werden.

☛ Achtung! Auf keinen Fall darf ein Zuhörer durch plötzliche persönliche Ansprache in Verlegenheit gebracht werden!

Spannungsbogen

Der Spannungsbogen hält ebenfalls wach. Wenn Sie am Anfang neugierig machen, wird man Ihnen zuhören. Kündigen Sie am Anfang etwas Interessantes an. Oder stellen Sie am Anfang eine provozierende Behauptung auf, die Sie dann mit Ihren weiteren Ausführungen begründen werden.

Humor

„Wer lacht, schläft nicht." So lautet die alte Regel aller Moderatoren und Redner. Lachende Menschen haben aufgepaßt. Da Lachen Spaß macht, werden die Lacher anschließend vermutlich noch besser zuhören. Sie erwarten weitere humorvolle Einlagen. Niemand will das Vergnügen des nächsten Spaßes verpassen.

Außerdem werden Sie schnell feststellen, daß bei lachenden Menschen (natürlich nicht bei gehässig oder zynisch lachenden) die Stimmung steigt. Man lacht über Ihren Humor und damit ja auch mit Ihnen und Ihnen entgegen. Ihre Sympathie steigt.

☞ Es gibt **fünf Grundtypen** des Vortrags, der Präsentation oder der Rede im Hinblick auf die Orientierung an Sachinhalt und/oder Unterhaltungswert.

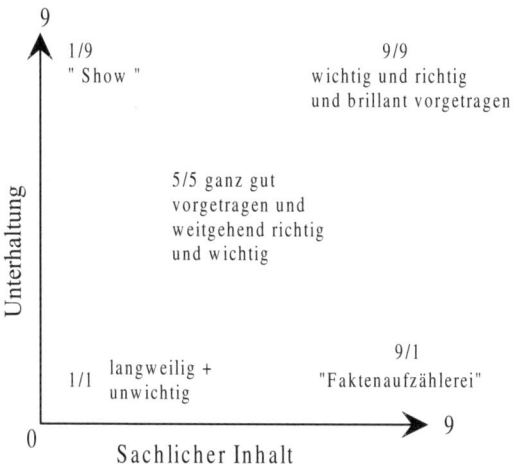

Abb. 12: Grundtypen des Vortrags

1/1-Vorträge sind reine Zeitverschwendung

Im Grunde handelt es sich um eine Form der Leistungsverweigerung des Vortragenden. Nicht nur sind die Inhalte bedeutungslos, es ist auch im Stil öde und sinnlos.

9/1-Vorträge sind wichtig aber langweilig

Leider werden im beruflichen Umfeld - zum Beispiel bei Projektpräsentationen - häufig derartige Vorträge gehalten. Die Inhalte mögen wichtig sein, aber vor Langeweile können die Zuhörer kaum wach bleiben. Sie trösten sich mit dem Gedanken, daß sie am Ende Unterlagen zum Nachlesen erhalten werden.

Solche Vorträge sind immer das Resultat, wenn man ausgerechnet die Person vortragen läßt, die am meisten über das betreffende Fachgebiet weiß, die jedoch keine Lust oder keine Begabung hat, auf das Publikum Rücksicht zu nehmen.

1/9-Vorträge sind unterhaltsam, jedoch inhaltlich unbedeutend

Wenn es sich um einen Stimmungsvortrag - zum Beispiel zur Jubiläumsfeier - handelt, mag es angehen, das Publikum ohne wichtige Inhalte zu unterhalten. Wenn es sich jedoch um eine „Show" zur Selbstdarstellung des Redners handelt, kann es einem nur leid tun um die bezahlte Arbeitszeit. Solche Vorträge gehören in die Kneipe, zum Karneval oder in ähnliche Veranstaltungen.

5/5-Vorträge sind mäßig wichtig und mäßig gut gehalten

Ein Mittelmaß wird immerhin erreicht. Leider kann man nicht immer mehr erwarten. Diese Art Vorträge sind häufig Pflichtübungen leidlich guter Redner. Man stellt sich halt vor die Leute und sagt, was zu sagen ist. Die Aussagen reißen niemanden vom Hocker, und der Redner beeindruckt niemanden mit seiner Ausstrahlung oder Kompetenz.

9/9-Vorträge sind Spitzenleistungen

Die Inhalte sind passend zum Publikum ausgewählt - oder umgekehrt. Der Vortragende selbst legt sich ins Zeug und beeindruckt durch brillante Rhetorik ohne Übertreibung oder Blendwerk. Nach der Veranstaltung sind die Zuhörer zufrieden, ihre Zeit und ihre Konzentration gut genutzt zu haben.

Streben Sie immer 9/9-Vorträge an. Bemühen Sie sich um einen möglichst interessanten und unterhaltsamen Stil, aber verlieren Sie nicht zu viele Worte. Muntern Sie durch humorvolle Einschübe auf. Lockern Sie die Stimmung, aber vergessen Sie niemals, daß Sie Inhalte zu vermitteln haben und nicht der Unterhaltungs-Clown sind!

☛ Fünf Regeln, wie Sie **nicht** auftreten sollten, um humorvoll zu wirken:

1. Seien Sie nicht witziger als zu Ihrer Persönlichkeit paßt.

Kopieren Sie niemals die Gags anderer Redner. Erzählen Sie keine lustigen Geschichten, die anderen gut gelungen sind.

Es ist absolut peinlich, wenn die Zuhörer merken, daß vor ihnen eine Person steht, die verzweifelt witzig und spritzig sein möchte.

2. Machen Sie niemals witzige oder gar zynische Bemerkungen über Abwesende.

Ganz automatisch fragen sich mindestens einige der Zuhörer: „Wie redet er dann später über uns?"

3. Verzichten Sie auf alte Witze.

Verschonen Sie Ihr Publikum mit Gags aus Heinz Erhard-Filmen oder aus der Werbung. Nichts gegen solche Witze, aber von Ihnen wirken sie geklaut. Und das sind sie auch. Außerdem ist es für das Publikum quälend, wenn man aus Mitleid mit einem hilflosen Redner mitlachen muß, dessen Witze man schon vorher x-mal gehört hat.

4. Geben Sie keine witzigen Pauschalurteile ab.

Machen Sie sich nicht lustig über bestimmte Personengruppen, Völker, Nationen, Berufszweige etc. Wenn Sie zum Beispiel in Ihrer Projektpräsentation eine witzige Bemerkung über die zukünftigen Benutzer des Projektproduktes machen, mögen vielleicht einige Ihrer Zuhörer spontan lachen. Dennoch stehen Sie als gehässige Person da. Das gleiche gilt für abfällige Witzchen über „die Buchhalter" „die Politiker" „die Rentner" „die Polen" „die Handelsvertreter" „die Beamten" ...

5. Machen Sie keine Witzchen auf Kosten von Anwesenden.

Bedenken Sie auch, daß manche Menschen so empfindlich sein können, daß sie sogar harmlose Bemerkungen als Angriff auffassen. Sehr viele Menschen reagieren höchst sensibel, wenn sie andere lachen sehen, und die Ursache des Lachens hat mit ihnen selbst zu tun.

☛ Die **fünf Goldenen Regeln** für den Humor im Vortrag sind:

1. Der Witz muß überraschend sein.

Man darf es Ihnen nicht vorher anmerken, wie Sie zu einem Witz „Anlauf" nehmen. Das wirkt immer peinlich und gezwungen. Ein Witz muß schnell kommen, auf Anhieb verständlich sein und darf nicht zu einer Applauspause führen. Sprechen Sie nach einer humorvollen Bemerkung zügig weiter. Wenn Sie nach einem Witz pausieren, wirkt es wie bei einer Büttenrede als müsse das Orchester mit einem Fanfarenstoß auch dem letzten Trottel klarmachen: „Lachen!"

2. Der Witz muß intelligent sein.

Verzichten Sie auf plumpe Effekthascherei und darauf, daß jeder den Witz versteht. Es reicht, wenn die Mehrheit durch blitzschnelles Mitdenken die Pointe erfaßt. Je intelligenter Ihre humorvollen Bemerkungen sind, desto größere Chancen haben Sie, später damit zitiert zu werden. Sie gelten dann als geistreich.

3. Der Witz muß den Vortrag weiterbringen.

Verzichten Sie auf Humor als „Auflockerung" oder „Abwechslung" vom Stoff. Jede Ihrer witzigen Bemerkungen muß Bezug zum Thema haben und zum Beispiel etwas verdeutlichen oder in anderem Licht beleuchten. Machen Sie sich jedoch nicht durch unzusammenhängende Späßchen zu Ihrem eigenen Pausen-Clown.

4. Der Witz ist für die Zuhörer und nicht für den Vortragenden.

Lachen Sie nicht selber mit.

5. Ein Scherz muß kurz sein.

Fangen Sie keine Witzeerzählerei an. Das paßt eher in einen bunten Abend, wenn der Reihe nach jeder einmal die anderen zum Lachen bringen soll. In einem Vortrag sind witzige Bemerkungen oder Wortspielereien eher angebracht.

☞ Zum Thema „Humor im Vortrag" sollten Sie sich **drei Warnungen** zu Herzen nehmen:

1. Bereiten Sie keine Gags oder Witzchen für bestimmte Stellen in Ihrem Vortrag vor. Verwenden Sie keine Witz-Folien, lustigen Poster oder Kopien von Loriot, Asterix, Otto etc.

Sie können nicht vorher wissen, ob in der aktuellen Situation die Stimmung entsprechend locker ist. Sie wirken mit solchen „festinstallierten Lustigkeiten" eher peinlich steif als humorvoll und locker. Außerdem ist in den meisten Fällen dem Publikum jedes der gängigen „lustigen Bilder" und jeder der üblichen „auflokkernden Bemerkungen" bekannt. Es ödet an!

2. Verzichten Sie unbedingt auch auf spontane Gags oder Witze, wenn Sie nicht ganz sicher sein können, daß sie gut ankommen. In jedem Publikum sitzen mindestens eine Mimose und ein Nervenbündel. Zu leicht fühlt sich jemand beleidigt oder verhöhnt.

3. Wenn Sie einen Gag oder Witz von sich gegeben haben und nicht sofort ein Lachen zurückbekommen, dann gehen Sie sofort mit Ihrem Vortrag weiter. Kaum etwas ist so peinlich wie ein Redner, der womöglich auf das Lachen wartet oder gar den Gag wiederholt! Ein Witz muß sofort einschlagen oder läuft auf Sand!

Humor muß gekonnt angebracht oder lieber weggelassen werden. Durch „guten" Humor können Sie eine angenehme Stimmung und eine Aktivierung der Zuhörer errreichen. Wer mit Ihnen lacht, wird auch Ihre Aussagen positiv aufnehmen. Wer jedoch über Sie lacht, wird auch Ihre ernstgemeinten Aussagen nicht ernst nehmen können. Wer aus Mitleid lacht, weil er Ihr verzweifeltes Bemühen um Humor und Lockerheit sieht, der ist zwar im Moment nett zu Ihnen, wird Sie jedoch letztlich verachten.

Seien Sie humorvoll, aber nur dann, wenn es wirklich zu Ihrer Persönlichkeit paßt, wenn Sie auch im täglichen Umgang ein humorvoller Mensch sind. „Bühnenhumor" ist nur etwas für Profis!

4 Rede, Vortrag, Präsentation - was gut „rüberkommt"

4.1 Das Wichtige zuerst oder zuletzt?

Diese Frage stellen sich viele Vortragende bei der Vorbereitung ihres Manuskriptes. Die klare Antwort ist: Sowohl als auch!

☛ **Merke:** „Der erste Eindruck entscheidet, der letzte bleibt."

Wenn Sie mit unwichtigen Dingen beginnen, verlieren die Zuhörer das Interesse. Sie schlafen ein oder beschäftigen sich mit anderen Gedanken. Sie hören dann vermutlich auch zum Schluß das Wichtige nicht mehr. Fangen Sie also unbedingt mit Wichtigem an: Der erste Eindruck entscheidet, ob man Ihnen überhaupt mit Interesse zuhören mag.

Hören Sie auch mit Wichtigem - möglichst mit der Kernaussage - auf. Der letzte Eindruck ist der, der sich im Gedächtnis verankert.

Dennoch können und sollen Sie Steigerungen und Spannungsbögen in Ihren Vortrag oder Ihre Präsentation einbauen. Sie müssen nicht gleich alle Karten auf den Tisch legen.

Es gibt verschiedene Techniken, mit einem **„wichtigen Anfang"** zu beginnen und dennoch die Neugier und die Aufmerksamkeit zu erhalten.

• *Erste Möglichkeit:*

Fangen Sie mit einer Provokation an und führen Sie dann aus, wie Sie zu Ihrer Behauptung gekommen sind.

> „Qualität ist überflüssiger Schnickschnack! - Meine Damen und Herren, lassen Sie mich Ihnen erklären, wie ich zu dieser Erkenntnis gekommen bin ..."
> Der Schlußsatz könnte sein: „Lassen Sie uns endlich aufhören, die Nippel zu vergolden! Konzentrieren wir uns lieber wieder auf das, was unsere Kunden von uns erwarten: Brauchbare und bezahlbare Produkte!"

• *Zweite Möglichkeit:*

Fangen Sie mit einem Versprechen an und führen Sie dann aus, wie Sie es erfüllen wollen.

> Ich werde Ihnen sagen, wie Sie in nur zwei Jahren um mindestens 16% Ihren Umsatz steigern können ..."
> Am Schluß erinnern Sie noch einmal an das Versprechen: „Wenn Sie meinen Vorschlägen folgen, dann - und das habe ich Ihnen fest versprochen - werden Sie heute in zwei Jahren eine Umsatzsteigerung von mindestens 16% zu verzeichnen haben."

• *Dritte Möglichkeit:*

Fangen Sie mit einem Geheimnis oder einem Problem an, und lösen Sie dann dieses auf oder erklären Sie, wie man es lösen kann.

> „Meine Damen und Herren, vermutlich haben Sie sich bisher auf unseren Datenschutz verlassen. Es tut mir leid, wenn ich Ihnen heute ein paar Illusionen rauben muß ..." Lüften Sie im Verlauf Ihrer Ausführungen das Geheimnis.
> Am Schluß rufen Sie Ihre Zuhörer dazu auf, alles zu tun, damit die Probleme (hier: des Datenschutzes) gelöst werden.

☞ Die Frage für Sie ist nicht, ob das „Wichtige" vorne oder hinten im Manuskript stehen soll. Fragen Sie sich:

• Wie wecke ich das Interesse meiner Zuhörer?
• Wie halte ich das Interesse wach?
• Wie gebe ich prägnant meine Botschaft so weiter, daß sie nicht schon beim Verlassen des Vortragsraums vergessen ist?

4.2 Gut ist, was gefällt

Wann ist ein Vortrag „gut"? Klare Antwort. Wenn er den Zuhörern gefällt. Leider gehen immer noch einige Vortragende davon aus, daß im Zweifel nur sie selbst beurteilen können, ob ihr Vortrag gut war. Wenn das Publikum protestiert oder Langeweile zeigt, dann stellt sich der beleidigte Redner einfach auf den Standpunkt: „Die Leute sind zu dumm, meine Ausführungen richtig zu verstehen."

Diesen arroganten Standpunkt werden Sie hoffentlich nicht vertreten!

> Wer beurteilt, ob ein Krimi spannend ist? Der Autor oder der Leser?
> Wer beurteilt, ob das Essen schmeckt? Der Koch oder der Esser?
> Stellen Sie sich vor, Sie gehen in ein Restaurant und merken, daß das Essen nichts taugt. Würden Sie sich ernsthaft erst einmal beim Koch nach der Qualität erkundigen oder sicher und souverän selbst entscheiden, daß es schlecht war?

☞ Qualität wird immer vom Konsumenten beurteilt, niemals vom Hersteller! Das gilt auch für Ihre Vorträge.

Was sind die **Qualitätskriterien** eines Vortrags, einer Rede, einer Präsentation oder eines Referates?

In erster Linie natürlich die Verständlichkeit und die Wichtigkeit für die Leute, die man dazu veranlaßt hat, es sich (freiwillig oder gezwungenermaßen) anzuhören. Gleich das nächste Kriterium ist natürlich: Interessant oder langweilig vorgetragen.

Bedenken Sie bitte, daß niemals nur rein neutral Ihr Vortrag bewertet wird. Man wird immer auch Sie beurteilen! Die Qualität Ihrer Vorträge sind stets auch ein Prüfstein Ihrer Kompetenz und Ihres Ansehens bei Vorgesetzten, Kollegen, Geschäftspartnern, Mitarbeitern etc.

Wer überzeugend auftritt und Inhalte vermitteln kann, findet Anerkennung und tut sich sehr viel leichter mit dem persönlichen Erfolg als solche, denen das nicht gelingt.

Arbeiten Sie unbedingt an der ständigen Verbesserung Ihrer Vorträge und Ihrer Redetechnik. Achten Sie auch bei anderen bewußt darauf: Was kommt an? Was macht sich gut? Was ist nicht so überzeugend?

Daß Sie nur korrekt recherchierte Inhalte darstellen, steht außer Frage. Daß Sie sich bei der Auswahl der Inhalte an den Interessen und Erwartungen der Zuhörer orientieren, ist ebenfalls selbstverständlich. Und Sie wissen auch, daß es nicht Ihre pädagogische Aufgabe ist, darüber zu entscheiden, was die Zuhörer für wichtig und interessant zu halten haben.

Jedoch weitgehend unabhängig von den Inhalten sollten Sie durch technische Qualität Ihre Souveränität, Ihre Redegewandtheit und Ihre faszinierende Ausstrahlung zeigen.

☞ Auf folgende sechs **Qualitätskriterien** achten mehr oder weniger bewußt Ihre Zuhörer:

1. Persönliches Auftreten

Noch bevor Sie mit Ihren ersten Worten beginnen, haben sich Ihre Zuhörer bereits einen Eindruck von Ihrer Ausstrahlung gemacht. Ihre Kleidung, Ihre Haltung, Ihr Gesichtsausdruck und nicht zuletzt auch die Art, wie Sie zum Rednerpult gegangen, gehetzt oder geschlichen sind, machen einen guten oder schlechten Eindruck.

Ergänzt wird dieser Eindruck am Ende auch durch Ihre Art, sich zu verabschieden und das Rednerpult wieder zu verlassen: zögernd, selbstbewußt, fluchtartig ...?

2. Schallform

„Der Ton macht die Musik." Das bezieht sich nicht nur auf unterschwellig mitschwingende Emotionen oder andere Botschaften. Allein Ihre Stimme weckt Assoziationen: schrill, piepsig, dumpf, heiser, zu leise, zu laut, hinterm Bart vorgenuschelt, Fistelstimme, stotternd, sich überschlagend, zum Satzende ohne Luft ...? Dazu kommen „Nebentöne" wie: schulmeisterlich, predigend, dämonisch, aggressiv, bittend, Kinderfunkton, arrogant ...?

3. Sprachstil

Der Sprachstil wird - zu recht - auch als Hinweis auf den Denkstil angesehen. Wenn Sie sich klar und präzise ausdrücken können, vermutet man auch einen klar denkenden Geist. Wenn Sie sich umständlich durch Endlossätze wurmen, vermutet man ein knubbeliges Chaosgehirn.

Sprechen Sie niemals verschraubt, ordinär, kindlich, mit veralteten Redewendungen, mit Gewaltausdrücken ...

Vermeiden Sie möglichst auch ungewollte Heiterkeitserfolge: „Der Komet hatte einen großen Schwanz." „Die Kasse zahlt nicht mehr, wenn sich jemand auf die Brille setzt." „Wichtig ist, was hinten rauskommt."

4. Anschaulichkeit

Knochentrockene Fakten müssen anschaulich dargestellt werden. Sprechen Sie so, daß sich Ihre Zuhörer ein Bild machen können. Öde Korrektheit verleiht Ihnen schnell ein lächerliches „Buchhalter-Image". Bringen Sie Beispiele und anschauliche Vergleiche.

5. Spannungsbogen

Halten Sie das Interesse der Zuhörer wach. Wecken Sie Neugier und setzen Sie Höhepunkte. Es muß immer spannend sein, wie die Sache wohl weitergeht, was noch kommt.

6. Medieneinsatz

Nutzen Sie die richtigen Medien und machen Sie sich mit deren Umgang vertraut. Sorgen Sie dafür, daß man von allen Plätzen aus gut sehen und hören kann. Stellen Sie sich nicht selbst vor Ihre Darstellungen oder Projektionen. Kämpfen Sie nicht verzweifelt mit Mikro oder Projektor herum. Stochern Sie nicht mit dem Zeigestock durch die Luft und knallen Sie nicht unter Getöse Ihre Stecknadeln in die Pinnwand ...!

☛ Tun Sie so, als würden Sie nie etwas anderes tun, als mit Lust und Freude vor Zuhörern kluge Dinge souverän vorzutragen! Genau wie bei einem Seiltänzer gilt auch für Sie: Niemand sollte Ihnen die Anstrengung eines Vortrags ansehen oder anhören können.

Leider ist es so, daß guter Vortragsstil oft kaum bemerkt wird. Sollten Sie jedoch in einem der obigen sechs Kriterien versagen, wird das sofort negativ zur Kenntnis genommen. Darüber unterhalten sich die Zuhörer im Nachhinein oft viel intensiver als über die von Ihnen so sorgfältig vorbereiteten Inhalte. Ungerecht aber wahr.

4.3 Die Komposition muß stimmen

Für Stegreifreden und Spontanvorträge sollten Sie zu den bewährten Kurzgliederungen greifen, die an anderer Stelle beschrieben sind. Wenn Sie jedoch Zeit haben, Ihren Vortrag oder Ihre Präsentation gründlich vorzubereiten, dann ist eine sorgfältig durchdachte Gliederung die beste Grundlage.

Der **erste Schritt** vor der Gliederung ist die **Stoffsammlung**. Je mehr Sie haben, desto besser. Verfallen Sie aber bitte nicht in den Fehler mancher Referenten, die dann gerne alles vortragen möchten, was sie selbst zum Thema wissen oder zusammengetragen haben!

☞ „Weniger ist mehr!"

Sortieren Sie Ihre Stoffsammlung nach Themen und Unterthemen. Definieren Sie Ihre Kernaussage und prüfen Sie, was von Ihrer Stoffsammlung die Kernaussage stützt und was nur noch Füller wären.

Erst danach gliedern Sie.

Teilen Sie zunächst grob nach Einleitung, Hauptteil und Schluß ein.

Ihre kernigen oder reißerischen oder spannenden Einleitungssätze können Sie ganz zuletzt entwickeln. Das gleiche gilt für den Schlußsatz.

Der **Hauptteil** sollte immer zuerst entwickelt werden. Wenn der Teil steht, werden Einleitung und Schluß endgültig darum herum komponiert.

Nehmen Sie sich demnach die Stoffsammlung zum Hauptteil vor und gliedern Sie. Achten Sie darauf, daß niemals Themen und Unterthemen gemischt werden! Für Ihre Zuhörer - die Ihren Vortrag ja nur flüchtig über die Ohren und visuellen Medien aufnehmen - ist es unmöglich, vermischt präsentierte Inhalte innerlich zu sortieren.

☞ Gliedern Sie zunächst wie folgt:

Einleitung:	(später)
Hauptteil:	Themenkreis A
	– Problem / Anliegen
	– Ursache / Lösung / Vorschlag
	– Argumente
	– Fazit / Beweis
	– Zustimmung abfragen
	Themenkreis B
	– (s.o.)
	Themenkreis C
	– (s.o.)
Schluß:	(später)

☞ Überlegen Sie genau, in welcher Reihenfolge die Themenkreise angesprochen werden sollen. Lieber das schwierige Thema zuerst? Vorteil: Alle sind noch fit und können gründlich darüber nachdenken. Oder sollten Sie zuerst ein einfaches Thema wählen? Vorteil: Wenn schnell ein Thema erledigt ist, steigt die Motivation der Zuhörer.

Wenn der Hauptteil sauber durchgegliedert ist, dann planen Sie, wie Sie mit einer gelungenen Einleitung Interesse und Aufmerksamkeit wecken. Danach formulieren Sie die Kernbotschaft oder den Aufruf zur Tat oder was immer am Schluß im Gedächtnis haften bleiben soll.

Wenn Sie damit fertig sind, schreiben Sie Ihr Manuskript und entwickeln die visuellen Medien und die Unterlagen für Ihre Zuhörer.

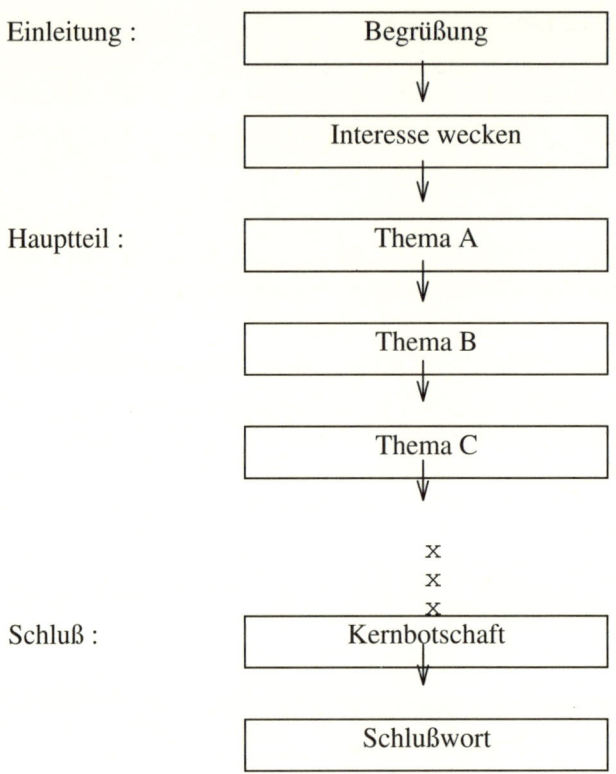

Abb. 13: Gliederung eines Vortrags

4.4 „Meine sehr verehrten Damen und Herren ..."

Die Begrüßung steht ganz am Anfang Ihres Auftritts vor dem Publikum. Obwohl Sie noch nichts zum Thema sagen, haben die Zuhörer sich bereits einen ersten Eindruck von Ihnen gemacht. An Ihrer Körperhaltung, Ihrem Gesichtsausdruck, Ihrer Kleidung und auch an der Art Ihres „Auftritts" zum Rednerpult hat man bereits zu erkennen versucht, ob Sie intelligent, sympathisch und dynamisch wirken oder: dumm, unsympathisch und lahm!

Ihre Begrüßung fängt nicht erst mit Ihren ersten Worten an, sondern bereits dann, wenn die Zuhörer auf Sie aufmerksam werden.

Die Begrüßung ist mehr als nur eine Höflichkeitsfloskel. Sie haben die Chance, einen guten Eindruck zu machen und einen angenehmen Kontakt mit Ihren Zuhörern aufzunehmen. Natürlich haben Sie auch die Chance zum Gegenteil!

Je nach Anlaß oder Bekanntheitsgrad sollten Sie Ihre Begrüßung eher persönlich-nett oder sachlich-neutral halten.

☞ Gehen Sie so vor:

- Nehmen Sie Blickkontakt mit Ihren Zuhörern auf. Schauen Sie nicht ganz allgemein in die Runde, sondern schauen Sie einzelnen Personen in die Augen. Bei großem Publikum achten Sie bitte auf gleichmäßige Verteilung des Blickkontakts in alle Richtungen und von der ersten bis zur letzten Reihe. Natürlich können Sie nicht jedem einzelnen in die Augen sehen. Wenn Sie jedoch einzelne anschauen, beziehen immer mehrere Personen den Blick auf sich selbst. Denken Sie jedoch daran, daß man an Ihren Augen erkennen kann, ob Sie konkreten Blickkontakt aufgenommen haben oder nur allgemein in die Runde schauen.

- Verzichten Sie auf Räuspern, Hüsteln oder andere Zeichen der Nervosität. Sorgen Sie dafür, daß Sie mit „froschfreiem" Hals vor Ihre Zuhörer treten.

- Nesteln Sie nicht in Ihrem Manuskript herum und erwecken Sie bitte nicht den Eindruck, Sie müßten auch noch die Begrüßungsworte dort ablesen! Das Mindeste, was man von einem erwachsenen Menschen erwartet, ist die Fähigkeit, konzeptfrei Guten Tag zu sagen!

- Sprechen Sie Ihre Begrüßungssätze mit ruhiger Stimme, lächeln Sie, und schauen Sie dabei in die Gesichter.

- Machen Sie anschließend eine kurze Pause.

- Danach sprechen Sie mit verstärkter Stimme Ihre Einstiegssätze. Die Verstärkung der Stimme ist das Signal, daß es nun mit Ihrem Vortrag losgeht.

Was erwarten Ihre Zuhörer eigentlich von der Begrüßung?

- Sie wollen Ihre persönliche und menschlich entgegenkommende Zuwendung. Deshalb sollten Sie lächeln und Blickkontakt aufnehmen.

- Sie wollen Ihren Namen wissen und vielleicht auch ein paar Details (aber nicht Ihr ganzes beeindruckend heldenhaftes Leben!) über Sie hören. Nennen Sie immer Ihren Vor- und Familiennamen. Sagen Sie niemals „Herr" oder „Frau", „der" oder „die"!

  „Ich bin Herr Müller aus Gelsenkirchen..." Das hört sich an wie im Kinderfunk!
  „Ich bin die Irene Meier und möchte Ihnen ..." Auch das ist Kinderfunk!

Verzichten Sie auch auf die Nennung von akademischen Titeln.

  „Mein Name ist Doktor Elke Wagner." Das wirkt so, als seien Sie die erste Akademikerin der Familie Wagner und noch immer mordsstolz darauf. Wenn Sie sich unbedingt lächerlich machen wollen, stellen Sie sich mit folgenden Worten vor: „Ich Doktor Josef Gruber, aber sagen Sie ruhig Herr Gruber zu mir."

Nennen Sie nicht nur Ihren Namen, zeigen Sie ihn auch. Projezieren Sie ihn mit dem Tageslichtprojektor an die Wand oder schreiben Sie ihn für alle sichtbar auf oder stellen Sie ein Namensschild vor sich. Wenn Sie Ihren Namen vorher aufgeschrieben haben und zur Begrüßung nur noch zeigen, sollten akademische Titel enthalten sein. Wenn Sie den Namen erst mit der Begrüßung aufschreiben, sollten Sie Titel weglassen.

Wenn Sie Details über sich selbst sagen möchten, dann begrenzen Sie diese auf kurze Hinweise zu Ihren Erfahrungen zum Thema und eventuell auch noch, in wessen Interesse (z.B. im Namen der Geschäftsleitung) Sie auftreten. Nur in sehr seltenen Fällen ist es angebracht, auch noch zu erzählen, ob Sie verheiratet sind, Kinder haben, Tulpen züchten oder Porsche fahren.

☛ Klären Sie gleich nach den Begrüßungssätzen, ob man Sie auch in der letzten Reihe noch gut verstehen und sehen kann. Verlassen Sie sich niemals darauf, daß die Zuhörer sich selbständig melden, wenn Ihre Stimme nicht bis nach hinten durchdringt.

Fragen Sie ganz einfach: „Können Sie mich alle gut verstehen?"

Was soll man zur Begrüßung sagen?

Guten Tag allein reicht oft nicht aus. Kniefällige Danksagungen für das zahlreiche Erscheinen hören sich meistens dumm an.

☛ Hier ein paar Formulierungsvorschläge:

– „Meine Damen und Herren, ich begrüße Sie ganz herzlich zu ...“
– „Guten Tag, meine Damen und Herren. Ich freue mich, Sie heute begrüßen zu können zu ...“
– „Meine Damen und Herren, willkommen zu ...“

☛ Verzichten Sie auf unterwürfige Formulierungen wie: „Meine Damen und Herren, darf ich Sie begrüßen ...?" Ist das schon Begrüßung oder erst noch die Bitte um das Recht, begrüßen zu dürfen?

Auch das ist nicht gut: „Meine Damen und Herren, ich darf Sie heute begrüßen zu ...“ Automatisch fragt sich mancher im Zuhörerkreis: Wer hat das erlaubt?

> Verzichten Sie möglichst auch auf Sonderbegrüßungen von bestimmten Zuhörern. Denken Sie immer an die (wahre oder unwahre) Geschichte über einen unserer ehemaligen Bundespräsidenten. Der soll gesagt haben: „Meine Damen und Herren, liebe Neger." Eine solche Formulierung würde Ihnen vermutlich nicht passieren. Vielleicht könnte Ihnen jedoch folgendes unterlaufen: „Meine Damen und Herren, liebe Behinderte..."

Nur das wäre sinnvoll: „Meine Damen und Herren, liebe Kinder."

Auch wenn Sie alt genug sind, sich noch an unseren Kaiser Wilhelm zu erinnern, sollten Sie auf spezielle Kniefälle vor anwesender Prominenz verzichten: „Guten Tag, meine Damen und Herren, ganz besonders möchte ich Sie, Herr Generaldirektor Wunderbein, begrüßen..." Wenn Sie das noch mit einer Verbeugung in Richtung des Generaldirektors kombinieren, wird Ihr Untertanengeist unübersehbar. Wollen Sie das?

☛ Stellen Sie sich vor Ihr Publikum. Bringen Sie ohne Standes- und Rangunterschiede allen Ihre freundliche Zuwendung entgegen. Heißen Sie die Zuhörer willkommen und fangen Sie an.

4.5 Der erste Eindruck entscheidet

Der erste Eindruck entscheidet, ob man Ihnen mit Interesse und Wohlwollen zuhört oder gleich in den üblichen Zuhörerschlaf sinkt.

☛ Grundsätzlich besteht jeder Vortrag und jede Präsentation aus vier Teilen:

1. Begrüßung

Kontaktaufnahme und „aufwärmen"

2. Einleitung

Aufmerksamkeit erregen, Interesse wecken, neugierig machen

3. Hauptteil

Fakten und Meinungen vermitteln, Interesse halten, Mitdenken anregen, überzeugen

4. Schluß

Zur Tat aufrufen, Kernaussagen verankern, positive Abschlußstimmung schaffen

Gleich nach der Begrüßung erwarten Ihre Zuhörer von Ihnen einen interessanten Einstieg in das Thema. Wie oben bereits gesagt, können Sie mit einer Provokation, mit einem Versprechen oder einem Geheimnis anfangen. Das regt die Neugier an, und man fragt sich: Was kommt jetzt?

Sie können auch mit einer Anekdote oder einem Witz anfangen. Doch, Vorsicht! Verplaudern Sie sich nicht in weitschweifigen Albernheiten. Erzählen Sie keine Witze mit Bart, und machen Sie keine witzigen Bemerkungen auf Kosten von An- oder Abwesenden.

Der Versuch, humorvoll zu sein, geht oft daneben. Wenn Sie nicht wirklich gut sind, wirken Sie womöglich wie ein Pausenclown oder wie ein Verklemmter, der auch „mal einen Gag probiert".

Sie können etwas Nettes über die Zuhörer, über die Stadt oder den Ort des Vortrags sagen. Doch, Vorsicht! Vermeiden Sie unbedingt den Anschein der Anbiederei.

Sie können damit beginnen, Ihre Freude darüber zu äußern, daß Sie heute und hier zu diesem Thema sprechen dürfen. Aber auch hierbei ist Vorsicht geboten. Lassen Sie nicht Ihre Zuhörer darüber spekulieren, ob die Veranstaltung nur Ihrem Vergnügen dient und ob man sie - die Zuhörer - nur als Statisten für Sie hergebeten hat.

Seien Sie grundsätzlich sehr kritisch mit Einstiegen, die inhaltlich nichts mit dem Thema zu tun haben, sondern nur „gute Stimmung" verbreiten sollen. Vor allem bei ernsten Themen und wichtigen Veranstaltungen sind solche „Unterhaltungs- einlagen" oft eher negativ zu sehen.

Anders ist das natürlich bei Stimmungsreden wie zum Beispiel zum Geburtstag des Chefs oder bei der Weihnachtsfeier.

☞ Wählen Sie aus den folgenden **Einstiegsmöglichkeiten** das aus, was zu Ihrem Thema, zu Ihrer Persönlichkeit und zu Ihren Zuhörern paßt:

1. Rhetorische Frage

„Wollen wir eigentlich noch am Markt bestehen? Wenn ich manchmal sehe, wie wir mit unseren besten Kunden umgehen ..."
„Wozu machen wir eigentlich dieses Projekt? Könnten wir uns die ganze Arbeit und die Kosten nicht sparen?"
„Müssen wir überhaupt darüber nachdenken, warum wir im Vergleich zu anderen Unternehmen den höchsten Krankenstand haben?"
„Soll es uns im nächsten Jahrzehnt noch schlechter gehen? Wollen wir das wirk- lich?"

2. Verblüffende oder provozierende Behauptung

„Alles, was wir bisher zur Kundenorientierung gemacht haben, war offensichtlich sinnlos."
„Man kann Mitarbeiter nicht motivieren. Also: Raus mit den Peitschen!"

3. Verblüffende oder provozierende Selbstoffenbarung

„Dem heutigen Vortrag habe ich drei Monate meines Lebens geopfert."
„Eigentlich traue ich mich gar nicht, mit meinem Anliegen zu Ihnen zu kommen."

4. Versprechungen oder Ankündigungen

„Heute werden Sie erfahren, warum Ihre bisherigen Versuche zur Umsatzsteige- rung nichts gefruchtet haben."
„Mit dem, was ich Ihnen zu sagen habe, können Sie morgen schon doppelt soviel verdienen wie bisher."
„Ich habe für jeden von Ihnen mindestens drei gute Ratschläge. Hören Sie also ge- nau zu!"
„Was ich Ihnen heute zu sagen habe, kann Ihr Leben verändern."

5. Hinweis auf ein Geheimnis

„Wer weiß denn überhaupt, wie die Zusammenhänge in unserer Verwaltung sind?"
„Die wenigsten von uns wissen, was mit dem Erstarken der asiatischen Märkte noch auf uns zukommt."
„Bei den heutigen Umweltgesetzen blickt doch keiner mehr durch."

6. Hinweis auf Probleme und drohende Gefahren

„Statistisch gesehen, müßte der nächste Flugzeugabsturz nächste Woche passieren und eine unserer Maschinen betreffen."

„Jeder vierte in unserer Runde wird - das sagt jedenfalls die Statistik - an Krebs erkranken."

„Man muß heute davon ausgehen, daß in jedem deutschen Großunternehmen mindestens drei Anhänger einer gefährlichen Sekte unerkannt ihr Unwesen treiben."

„Sieben Unfälle hatten unsere Fahrer im Laufe des letzten Jahres. Dieses Jahr sind es bereits fünf. Dabei ist die Zeit von Glatteis und Nebel noch nicht einmal angebrochen!"

7. Einbeziehen eines aktuellen Ereignisses

„Heute ist unser Bundeskanzler mit einer Maschine nach Syrien geflogen, deren Sitze mit unserem neuen Stoff bezogen sind."

„Unsere Bundesliga hat das Spiel verloren. Wir nicht! Im Vergleich zum Wettbewerb ..."

„Die Überflutungen am Rhein haben gezeigt, daß auch durch modernste Technik die Natur nicht völlig in den Griff zu bekommen ist. Das heißt auch für unseren Katastrophenschutz ..."

8. Zitat, Sprichwort oder Aphorismus

„Ohne Fleiß kein Preis. - Trotzdem sollten wir über Konzepte zur Arbeitserleichterung nachdenken ..."

„Die Kunst der Personalführung besteht darin, den Leuten so in den Hintern zu treten, daß sie sich befördert fühlen. - Fragen wir uns also, wie wir die Leistungen unserer Mitarbeiter steigern können..." (Besonders gelungener Einstieg vor Personal- und Betriebsräten)

„In der Politik ist ein Dementi bereits ein halbes Geständnis. - Wenn ich jetzt sage, daß in unserem Unternehmen jeder einzelne Arbeitsplatz sicher ist, dann ..."

9. Bildliches Beispiel

„Nach einem Jahr fangen die meisten Kinder an zu laufen. Mit vier Jahren kennen sechzig Prozent mindestens drei Computerspiele und fünf Markenjeans. Mit sieben Jahren haben neunzig Prozent Karies."

„Mit den Steinen, die wir letztes Jahr verbaut haben, könnten wir einen Radweg von Aurich nach Kairo pflastern."

10. Rückblick oder Ausblick

„Vor mehr als hundert Jahren hat unser Firmengründer bereits ..."

„Als ich Sie letztes Jahr zur Aktion Umweltschutz aufrief, da habe ich mir nicht träumen lassen ..."

„Es sind nur noch 456 Tage bis zur Eröffnung der Ausstellung."

„Wenn sich eines Tages jeder Chinese einen Urlaub in Europa leisten kann, dann müssen unsere Fremdenverkehrsämter ..."

☞ Wichtig ist, daß Sie zügig zum Thema kommen. Je länger Sie herumreden und „Einstimmung" betreiben, desto größer die Gefahr, daß die Zuhörer ein Nickerchen machen und dann auch nicht mehr aufwachen, wenn Sie zu Ihrer Kernaussage kommen.

4.6 Der letzte Eindruck bleibt

Was Sie am Schluß Ihres Vortrags oder Ihrer Präsentation sagen und zeigen, bleibt am längsten im Gedächtnis Ihrer Zuhörer haften. Sorgen Sie deshalb dafür, daß noch einmal Ihre Kernbotschaft ganz deutlich „rüberkommt". Je knapper und griffiger Sie diese formulieren, desto leichter zu merken.

Es können auch folgende Elemente an den Schluß eines Vortrags gehören:

• Zusammenfassung

Hierbei sollten Sie den Eindruck eines Klippschul-Lehrers vermeiden. Ihre Zuhörer sollen nicht das Gefühl haben, von Ihnen für begriffsstutzig gehalten zu werden und deshalb alles zweimal anhören zu müssen!

Es ist auch sehr langweilig, wenn der Vortragende am Ende – wenn man hofft, daß endlich die Pause anfängt – plötzlich wieder von vorne anfängt!

Ihre Zusammenfassung muß sehr kurz sein. Zwei bis drei Sätze dürfen es maximal werden.

• Prognose

Vielleicht kann es sinnvoll sein, zum Schluß der Ausführungen einen Ausblick zu geben, wie es weitergehen wird.

– Was wird nach dieser Veranstaltung folgen?
– Was wird sich entwickeln, wenn die vorgetragenen Theorien in die Praxis umgesetzt werden?
– Womit ist in der Zukunft zu rechnen?
– Was wird in der nächsten Zeit auf die Betroffenen und Beteiligten zukommen?

• Aufgaben verteilen

Vielleicht müssen nach Ihrem Vortrag konkrete Aufgaben an Anwesende verteilt werden. Achten Sie darauf, daß solche Vereinbarungen unbedingt im Protokoll festgehalten werden!

• Verabschiedung

Verzichten Sie auf die üblichen Dankesfloskeln. Das wirkt schnell unterwürfig. Außerdem könnten ausführliche Danksagungen in den Zuhörern den Verdacht wekken, Ihnen sei selbst bewußt, daß Ihr Vortrag eine Zumutung war. Wollen Sie das?

4.7 Zehn Goldene Regeln für Sie

Wie bereits gesagt, kommt es nicht nur darauf an, was Sie vortragen, sondern auch, wie Sie es tun. Nicht selten prägen Auftritt, Verhalten und Gesamteindruck des Redners sich viel mehr ein als die Inhalte. Nicht selten verhindern störende Einflüsse auch, daß die Zuhörer sich auf die ihnen präsentierten Inhalte konzentrieren können oder wollen.

Orientieren Sie sich an folgenden zehn „Goldenen Regeln":

1. Bereiten Sie sich so gut vor, daß Sie auch im Krisen- und Notfall souverän die Sache im Griff behalten können.
2. Probieren Sie alle Geräte und Medien vorher aus.
3. Machen Sie eine Generalprobe und prüfen Sie dabei:
   – ob Ihnen die Formulierungen wirklich gut von den Lippen kommen
   – ob Sie die Medien sicher handhaben können
   – ob Ihre Zeitschätzung im Hinblick auf die Vortragsdauer stimmt.
4. Verhalten Sie sich natürlich. Vermeiden Sie auf jeden Fall „lustige Auflockerungen", die gar nicht zu Ihrer Persönlichkeit passen.
5. Fangen Sie forsch mit einem guten Eindruck an.
6. Unterstützen Sie Ihre verbalen Botschaften immer auch durch visuelle Medien.
7. Sorgen Sie am Schluß dafür, daß Ihre Kernaussage noch einmal klar vermittelt wird.
8. Halten Sie immer Blickkontakt zu allen Zuhörern.
9. Sichern Sie gleich zu Beginn, ob man von allen Plätzen aus gut hören und sehen kann.
10. Denken Sie an den Merksatz von Martin Luther: „Tritt forsch auf. Machs Maul auf. Hör bald auf."

Ihre Zuhörer werden es Ihnen danken.

5 Die Augen hören mit - Visualisierung

5.1 Damit sie sich ein Bild machen können

Wenn Sie einen Vortrag oder eine Präsentation vorbereiten, dann schreiben Sie vermutlich mit großer Sorgfalt Ihr Manuskript. Sie überlegen genau, was Sie zu sagen haben und wie Sie es formulieren wollen. Sie ändern und optimieren Ihre Kernsätze, Erklärungen, Argumente und Beweisführungen bis Sie schließlich sicher sein können, daß jedes Ihrer Worte auf der Goldwaage Bestand hätte.

Und dann stehen Sie vor den Zuhörern, konzentrieren sich voll auf Ihr ausgearbeitetes Konzept und bemühen sich mit aller Macht, nur ja keine der wichtigen Aussagen zu vergessen, nur ja nichts auszulassen oder falsch zu formulieren.

Was Sie sich vielleicht gar nicht bewußt machen, ist, daß unter Ihren Zuhörern kaum jemand wirklich auf jedes Ihrer Worte achtet. Die meisten lassen vergleichsweise entspannt Ihre Worte an sich vorüberziehen. Viele hören nur scheinbar zu, sondern träumen nebenher oder gehen den sonderbarsten Gedanken nach wie zum Beispiel:

> „Hoffentlich gibt es in der Pause Kekse."
> „Es ist viel zu warm hier."
> „Da vorne sitzt Maier, der macht sich schon wieder an den Vorstand ran."
> „Hoffentlich komme ich in der Pause rechtzeitig zur Parkuhr."

Während Sie sich vorne um jede einzelne Ihrer Aussagen bemühen, sitzen vor Ihnen Menschen, die ihre Augen hierhin und dorthin wandern lassen oder glasig ins Nichts starren; die mit ihren Gedanken immer wieder ganz woanders sind.

Auch die Zuhörer, die aufmerksam Ihren Worten folgen, sind bald überfordert. In schöner Gleichmäßigkeit rieselt der Redefluß auf sie nieder. Während der eine Satz noch in den Ohren nachklingt und im Bewußtsein analysiert wird, folgen bereits der nächste und der übernächste. Die werden dann nicht mehr bewußt wahrgenommen. Bis der einzelne Zuhörer wieder neue Informationen aufnehmen kann, ist Ihr Vortrag schon wieder ein ganzes Stück weiter. So entstehen bei jedem Ihrer Zuhörer ganz individuelle Lücken in der inhaltlichen Aufnahme.

Mancher kann nicht wirklich aufmerksam auf das hören, was Sie sagen. Manchen erregt das Thema emotional. Dann vermischen sich Gefühle der Zustimmung oder Abneigung mit den sachlichen Inhalten. Andere unterstellen Ihnen bestimmte Ansichten und wittern hinter Ihren Aussagen gewisse Nebenbedeutungen. Auch dann kann die Aufmerksamkeit nachlassen. Man mißversteht Sie, unterstellt Ihnen ganz andere Aussagen als Sie - Ihrer eigenen Meinung nach - von sich gegeben haben ...

Niemals werden Ihre Vorträge oder Präsentationen von den Zuhörern genauso sorgfältig aufgenommen, wie Sie sie geplant, geübt und dann zu Gehör gegeben haben.

Was glauben Sie, könnte ein beliebiger Zuhörer antworten, würde man ihn unmittelbar nach Ihren Ausführungen fragen, was ihm eigentlich vorgetragen wurde? Die meisten Ihrer scheinbar eben noch andächtig lauschenden Zuhörer haben bereits beim Verlassen des Vortragssaales kaum noch eine Vorstellung von dem, was sie soeben im Detail gehört haben.

Ein Großteil Ihres Vortrags wurde gar nicht bewußt wahrgenommen. Das meiste ist bereits bei Ihrem Abschlußwort vergessen. Das wenige, was die Zuhörer aus ihrem Gedächtnis noch abrufen können, ist zum Teil falsch verstanden oder falsch gedeutet worden.

Lohnt es sich überhaupt, Vorträge zu halten, wenn sowieso nur Bruchteile aufgenommen werden?

☛ Bieten Sie immer auch den Augen Ihrer Zuhörer etwas zur Unterstützung der Informationsaufnahme! Damit erreichen Sie viel mehr Aufmerksamkeit, Sie verringern die Gefahr von Mißverständnissen und verankern Ihre Aussagen besser im Gedächtnis des Publikums. Wenn die Zuhörer während Ihrer Worte gleichzeitig anschauliche Darstellungen betrachten können, neigen sie weniger dazu, die Blicke schweifen und die Gedanken wandern zu lassen. Außerdem können sie akustische Informationen viel besser intellektuell verstehen, wenn sie gleichzeitig optische Hilfe erhalten.

☛ Visualisieren Sie, um die Aufmerksamkeit voll auf Ihr Thema zu lenken und um das Verständnis zu erleichtern. Außerdem bleiben Dinge, die man gesehen hat, viel länger im Gedächtnis haften als solche, die man nur gehört hat.

Die folgenden Zahlen sollen verdeutlichen, daß wir Menschen in erster Linie „Augentiere" sind. Machen Sie deshalb aus Ihren Zuhörern immer auch Zuschauer!

Menschen nehmen Informationen und Eindrücke über ihre Sinne auf:

ca. 1 %	schmecken
ca. 1,5 %	tasten
ca. 2,5 %	riechen
ca. 11 %	hören
ca. 83 %	sehen

Menschen können aufgenommene Informationen und Eindrücke auch über kurze Zeit nur begrenzt im Gedächtnis behalten:

ca. 10 %	des Gehörten
ca. 20 %	des Gesehenen
ca. 50 %	des Gehörten und Gesehenen
ca. 70 %	des selbst Ausgesprochenen
ca. 90 %	des selbst Ausgeführten

Wenn Sie sich diese Zahlen anschauen, dann wird Ihnen klar, warum Sie immer zu Ihren Worten auch etwas zeigen sollten. Besonders bei Präsentationen sollten Sie jede Gelegenheit nutzen, das Publikum durch Modelle oder Übungen auch zu aktivieren. Zumindest sollte die Chance der Diskussion gegeben sein.

☞ Es macht Ihren Zuhörern übrigens auch viel mehr Spaß, **Bilder** anzuschauen, als nur trockene Fakten aufzunehmen. Die fast kindliche Freude an Bildern behalten wir Menschen ein Leben lang bei. Jede Zeitung und jede Werbeschrift macht sich diese Erkenntnis zunutze. Die meisten von uns mögen im Zweifel lieber vor dem Fernseher als vor dem Radio sitzen! Zeitschriften mit Bildern werden mehr gelesen als solche mit ellenlangen Texten. Diese werden vielleicht aus Gewohnheit aus intellektuellem Anspruch heraus gekauft, jedoch oft gar nicht gelesen. Keine Zeit, keine Zeit! Die gleichen Leute finden dann jedoch ausreichend Zeit, gemütlich durch die Bilder einer Werbeschrift für neue Autos oder Golfer-Mode zu schauen. Wir Erwachsenen lieben das „Bildergucken" genauso wie die Kinder!

Bilder oder Grafiken sollen anschaulich, aber auch optisch ansprechend sein. Das hat mit reiner „Dekoration" nichts zu tun. Ansprechend gestaltete Visualisierungen unterstützen die - oft unbewußte - Entscheidung der Zuhörer:

Interessiert mich. - Interessiert mich nicht.
Gefällt mir. - Gefällt mir nicht.
Ich stimme zu. - Ich lehne ab.

☞ Zusammenfassend seien hier **die neun guten Gründe** für eine visuelle Unterstützung grundsätzlich aller Vorträge zusammengestellt:

1. Das gleichzeitig optisch und akustisch Aufgenommene bleibt im Gedächtnis besser haften.
2. Verbal schwer zu beschreibende Sachverhalte lassen sich oft durch bildliche Darstellungen besser vermitteln.
3. Durch gemeinsam betrachtete Bebilderungen ist leichter gesichert, daß auch wirklich bei allen Zuhörern innerlich die gleiche Vorstellung und das gleiche Verständnis vom Sachverhalt entsteht.
4. Kopien der visuellen Medien können den Teilnehmern einer Veranstaltung als Protokolle und Gedächtnisstützen mitgegeben werden. Dadurch wird auch die Chance erhöht, daß Zuhörer im nachhinein Außenstehenden das richtige „Bild" von der Veranstaltung geben.
5. Visuelle Darstellungen vermindern den Redeaufwand. Weitschweifige Schilderungen von Details können vermieden werden. Kurze Vorträge bleiben länger haften als lange.
6. Durch optische Darstellungen können Schwerpunkte und Wichtigkeiten deutlicher und einprägsamer herausgestellt werden.
7. Visualisierte Aussagen machen Inhalte konkreter diskutierbar. Das gemeinsame Problemverständnis wird gefördert.

8. Die Vorbereitung der visuellen Darstellungen zwingt den Vortragenden zur Selektion zwischen wesentlichen und unwesentlichen Informationen. Die Gefahr der Weitschweifigkeit wird verringert.

9. Die visuellen Darstellungen sind dem Vortragenden oft selbst eine Hilfe, den roten Faden nicht zu verlieren oder beim Blackout schnell wieder den Anschluß zu finden.

Abb. 14: Distanz zwischen Vortragenden und Medium

☞ Damit Ihre visuellen Hilfsmittel auch tatsächlich die gewünschte Wirkung erreichen, sollten Sie sich an folgenden **Grundregeln** orientieren:

1. Alle Bilder und Grafiken müssen unbedingt einfach aufbereitet sein. Darstellungsart, Symbole, Abkürzungen und Fachbegriffe müssen der Zielgruppe auf Anhieb verständlich und möglichst aus der Erfahrung her vertraut sein.

2. Das Dargestellte muß nicht selbsterklärend sein. Es kann und soll den Zuhörern durch die Ausführungen des Vortragenden erläutert werden.
   Hilfreich ist es meistens, wenn die Zuhörer während des Vortrags bereits eine Kopie der Darstellungen vor sich liegen haben. Sie können dann beim Zuhören Notizen in ihre Kopien einfügen: Mitarbeiten als Verstärkung des Aufgenommenen!

3. Es sollten nicht zu viele Details auf einer Darstellung gezeigt werden. Im Zweifel lieber ein Bild oder eine Grafik mehr, als zu viel auf einer einzelnen Darstellung. Dennoch sollte die Anzahl der Darstellungen begrenzt sein. Sieben Overhead-Folien sagen mehr als dreißig!

4. Es sollten möglichst mehrere Medien zum Einsatz kommen: Folien und Flip-Chart, Tafel und dreidimensionales Modell etc.

5. Die bildlichen Darstellungen müssen immer das zeigen, was für die Zuhörer interessant und wichtig ist. Sie sind nicht für den Vortragenden selbst!
6. Es muß während der Ausführungen immer klar sein, über welche Darstellung - und darauf zu welchem Detail - der Vortragende gerade spricht.

☛ Besonders der letzte Hinweis ist wichtig. Zeigen Sie während Ihrer Ausführungen immer wieder auf die Darstellung. Weisen Sie mit dem Zeigestock auf die Stelle, die Sie gerade erläutern. Es sieht unprofessionell aus und ödet an, wenn der Redner beim Vortrag stur ins Publikum schaut, als habe er mit den Postern oder Projektionen an der Wand hinter ihm nichts zu tun.

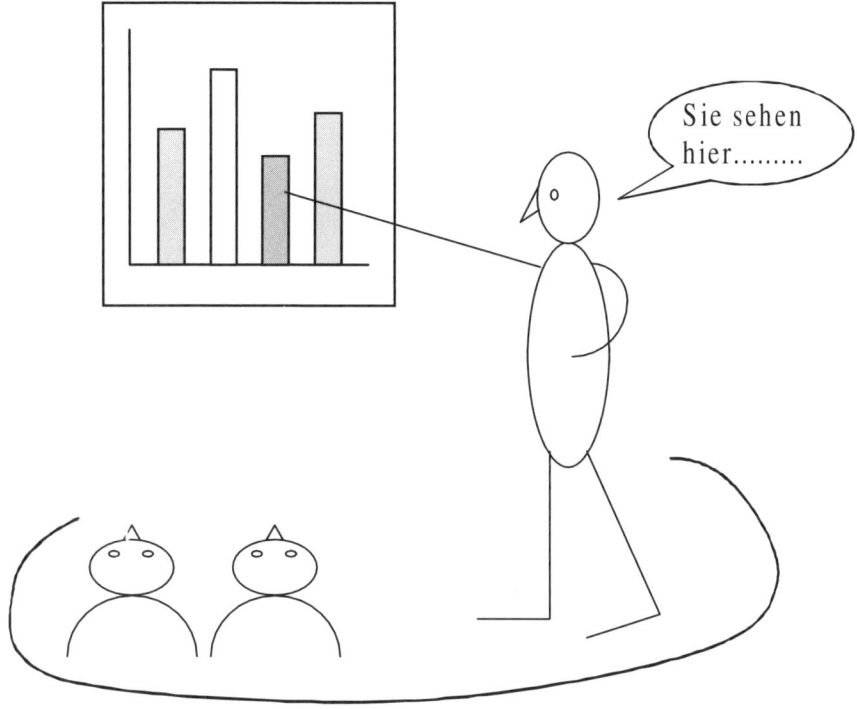

Abb. 15: Verweis auf Visualisierung

Besonders bei **Overhead-Folien** werden häufig nicht Bilder oder Grafiken visualisiert, sondern Aussagen an die Wand projeziert. Die Folien enthalten in Kurzform (Merksätze oder Stichworte) die Kernaussagen des Vortrags. In diesem Fall muß unbedingt die typische Lesekurve beachtet werden. Dieser gewohnten Lesekurve folgen die Augen der meisten Menschen ganz automatisch.

Achten Sie darauf, daß die richtigen Wörter an der richtigen Stelle stehen!

Die Probleme der   Der Erfolg der Benutzer

    Benutzer und   führt sofort zur ....

    ihrer Führungskräfte

    können belasten

die Kosten des Projekts werden

durch den Nutzen

vermutlich ....

Abb. 16: Text und Bild

☛ Wenn Bild und Text kombiniert werden, werden die Augen immer zuerst zum Bild gezogen.

Die Bilder sollen nicht nur zur Dekoration eingefügt werden. Dennoch sind sie ansprechend zu gestalten. Vom Inhalt der Bilder her sind bestimmte Darstellungen anziehender als andere. In der Regel gilt:

- Farbige Bilder sind anziehender als schwarz-weiße.
- Darstellungen von Aktionen interessieren mehr als solche von statischen Dingen.
- Menschen sind interessanter als Dinge.
- Gruppenbilder ziehen die Augen stärker an als Bilder von Einzelpersonen.
- Porträts werden intensiver betrachtet als Ganzaufnahmen.
- Innerhalb eines Porträts ziehen die Augen der gezeigten Person die Blicke am meisten an.
- Was links steht, wirkt stärker als die Darstellungen rechts.
- Was rechts steht, wird jedoch zuerst angeschaut.

Ein wichtiges Gestaltungselement ist die **Überschrift**. Hier scheiden sich gelegentlich die Geister. Manche Vortragenden legen Wert darauf, daß die Überschrift die Kernaussage der gesamten Darstellung enthalten muß. Die Gefahr ist dann, daß die Überschrift viel zu lang und bombastisch daherkommt und oft auch den Rest der Darstellung überflüssig macht.

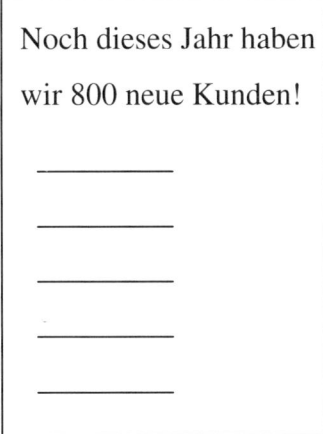

Abb. 17: Überschrift

Andere Vortragende benutzen die Überschrift als Gliederungsinstrument. Zum Beispiel tragen dann alle Folien zu einem Thema die gleiche Überschrift. Die Gefahr dabei ist, daß die Zuhörer bei der zweiten Folie erkannt haben, daß in der Überschrift nichts Neues steht. Dann schauen sie bei der dritten gar nicht mehr hin.

Abb. 18: Stets gleiche Überschrift

Ob Sie die Überschrift oben oder unten anbringen, kann von den Standards Ihres Unternehmens abhängen. Oben wirkt sie tatsächlich als Überschrift oder Motto. Unten wirkt sie eher als Zusammenfassung oder Fazit. Die Aufmerksamkeit Ihrer Zuhörer können Sie am leichtesten dadurch auf die Überschrift lenken, wenn Sie sie gelegentlich abwechselnd oben oder unten anbringen. Mit dieser Technik provozieren Sie jedoch eventuell Streit mit Ordnungsfanatikern im Sekretariat.

Ein beliebtes Streitthema ist auch immer die Frage, ob Vortragsfolien senkrecht oder waagerecht zu gestalten sind. Bei den waagerechten Folien müssen die Zuhörer ihre Kopien von unten nach oben weiterblättern. Bei senkrechten Folien blättert man wie gewohnt von rechts nach links.

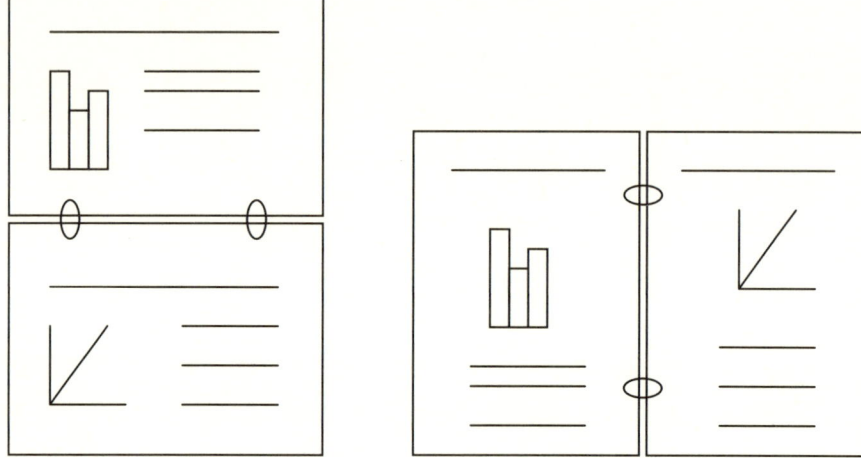

Abb. 19: Quer- oder Längsformat

Gegen Ende der siebziger Jahre kam die Mode mit den waagerechten Folien auf und hat sich in den Köpfen älterer Redner bis heute gehalten. Aus irgendwelchen Gründe müsse das unbedingt so sein. Auch die heftigsten Verfechter der waagerechten Folien können nicht erklären, welchen tiefenpsychologischen oder kosmetischen Grund es für ihre Vorliebe geben könnte. Vielleicht ist es ihnen einfach ein persönliches Anliegen, daß sich ihre Zuhörerunterlagen von den Formaten üblicher Lesestoffe (Bücher, Zeitungen) unterscheiden? Vielleicht macht es ihnen Spaß, während des Vortrags immer wieder zu beobachten, wie ihre Zuhörer beim Hochblättern Gefahr laufen, ihre Getränke umzustoßen?

Machen Sie es, wie Sie wollen oder wie man es Ihnen in Ihrem Unternehmen vorschreibt. Es ist sowieso piepegal.

5.2 Zahlen und Werte

In Ihren Vorträgen wird es immer wieder auch um Zahlen, Werte und Größen gehen. Was hundert Kilometer sind, kann sich jeder Ihrer Zuhörer vorstellen. Man weiß auch, wieviel hundert Gramm sind.

Manchmal ist es jedoch anschaulicher, wenn Sie Ihren Zahlen Bezugsgrößen mitgeben.

Wenn Sie zum Beispiel ein neues tragbares Gerät (Radio, PC etc.) in einer Verkaufspräsentation vorstellen, dann können Sie sagen: „Es wiegt sechs Kilogramm." Das ist natürlich nicht so einprägsam wie: „Es wiegt sechs Kilogramm, soviel wie eine sportliche Katze."
Ein anderes Beispiel für eine Bezugsgröße: „Es ist so schwer wie acht Tafeln Schokolade: achthundert Gramm."

Diese Bezugsgrößen sind mehr als reine Spielerei. Sie regen sofort die Phantasie der Zuhörer an. Diese nehmen im Geiste eine Katze auf den Arm oder halten Schokoladen in der Hand.

Manchmal müssen Sie auch Ihre Zahlen „verharmlosen".

Ein gutes Beispiel haben Sie vielleicht schon im Werbefernsehen erlebt: Ein Marmeladenhersteller verkauft seine überdurchschnittlich teuren Marmeladen mit dem Hinweis, daß es nur zwei Pfennig pro Tag mehr kostet, ein besonders leckeres Frühstück zu genießen. Für die Konsumenten sind zwei Pfennig am Tag fast nichts. Würde man ihnen jedoch sagen: „Kaufen Sie unsere Marmelade! Sie kostet nur sechzig Pfennig mehr als die von der Konkurrenz!", dann besteht die große Chance, daß die Konsumenten aus Geiz die billigere Variante vorziehen.
Proteste gegen den Bau von Kampfflugzeugen waren vor einigen Jahren ebenfalls mit veranschaulichten Zahlen untermauert. Man prangerte nicht nur die Kosten von Millionen und Millarden an, sondern rechnete den Bürgern vor, wieviele Schulen man für das Geld eines einzigen Kampffliegers hätte bauen können.

Hier weitere Beispiele für veranschaulichte Zahlen:

„Wir haben in unserer Stadt sechstausend Kunden." Das sagt den Zuhörern wenig. Besser wirkt: „Wir haben in dieser Stadt sechstausend Kunden. Das ist im Durchschnitt aus jeder dritten Familie eine Person."
„Wir verkaufen von diesem Produkt etwa sechzehntausend im Jahr." Ist das viel oder wenig? Besser: „Von den achtundvierzigtausend jährlich in der Bundesrepublik verkauften Produkten dieser Art ist jedes dritte von uns."
„In jedem siebten Auto auf unseren Straßen sind die Fußmatten aus unserem Hause."
„Unser Unternehmen beschäftigt weltweit fünfundzwanzigtausend Mitarbeiter. Das entspricht der Einwohnerzahl Ihrer Stadt Cloppenburg."
„Mit dieser verkleinerten Badewanne sparen Sie soviel Wasser, wie für zehn Toilettenspülungen gebraucht werden."

☞ Nennen Sie Ihre Zahlen nicht nur. Schreiben Sie sie auf und verbinden Sie sie mit Bezugsgrößen aus der Vorstellungswelt Ihrer Zuhörer.

5.3 Farben und Formen

Setzen Sie bei Ihren Visualisierungen bewußt Farben und Formen ein. Dabei sollten Sie die „Botschaften an das Unbewußte" berücksichtigen. Farben und Formen sollen nicht nur der Verschönerung und der Auflockerung dienen. Setzen Sie sie bewußt ein, um Ihren Vortrag oder Ihre Präsentation nach den drei wichtigsten Komponenten der Gestaltung zu optimieren.

Erste Komponente: Sachlichkeit

Die Zuhörer wollen einen anspruchsvollen Vortrag mit sachlich richtigen Inhalten. Sie wollen nicht manipuliert und nicht geblendet werden. Bei allem Vergnügen an gekonnten „Show-Effekten" erwarten die Zuhörer dennoch, daß sich ihre Aufmerksamkeit lohnt. Niemand will die Zeit mit hohlen Inhalten vergeuden.

Nicht selten ist auch eine wissenschaftliche Komponente gefragt. Man will nur Dinge hören, die fundiert und korrekt erforscht und geprüft sind.

Die Zuhörer wollen auch intellektuell angesprochen und ernst genommen werden. Dafür steht ebenfalls der Punkt der Sachlichkeit.

Wenn dieser Bestandteil fehlt oder den Zuhörern nicht deutlich wird, entsteht womöglich der Eindruck von leerem Gerede oder Dummheit des Vortragenden.

Den Eindruck von Sachlichkeit, Wissenschaftlichkeit, Seriosität und Ernsthaftigkeit können Sie visuell durch folgende Elemente fördern:

- Listen und Aufzählungen
- Statistiken und Grafiken
- Zahlen und Formeln
- Sonderzeichen wie: %, &, §, #

Blau ist auf Folien oder Schautafeln die Farbe kühler Sachlichkeit.

Zweite Komponente: Dynamik

Die Zuhörer erwarten Spannung und mitreißende Dynamik. Sie wollen nicht mit öden Aufzählungen oder mit trockenem Herunterbeten von Fakten gelangweilt werden. Sie wollen auch sehen, daß auf Seiten des Vortragenden Engagement für die Sache investiert wird.

Wenn keine Dynamik deutlich wird, wirken der Vortrag öde und der Redner lahm. Die Zuhörer verdösen die Aufführungen und fühlen sich verärgert, weil man sie langweilt.

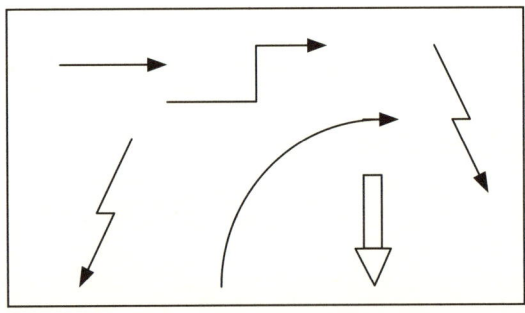

Abb. 20: Pfeile bringen Dynamik

Den Eindruck von Dynamik, Lebhaftigkeit, Bewegung und Kraft können Sie visuell durch folgende Elemente fördern:

- große Schrift und kurze Sätze
- griffige und knappe Formulierungen und Schlagworte
- Pfeile bringen Richtung und Bewegung in die Darstellung:

Rot ist die Farbe der Dynamik. Verwenden Sie sie jedoch sparsam. Sie können einzelne Begriffe rot unterstreichen oder durch rote Pfeile Verbindungen zwischen einzelnen Elementen herstellen.

Dritte Komponente: Sympathie

Die Zuhörer reagieren auch emotional. Sie entscheiden bewußt oder unbewußt immer auch, ob sie etwas mögen oder nicht, ob sie neben dem Verstand auch ihr Herz der Sache öffnen.

Die Zuhörer erwarten vom Vortragenden Zuwendung und freundliche Ausstrahlung. Gleichzeitig sprechen sie auch positiv auf sympathische Dinge an, die sie mit den Augen aufnehmen.

Wenn der Vortragende zum Beispiel für den Umweltschutz werben will, dann sollte er das lieber mit möglichen Gefahren für die Eichhörnchen tun, als mit der Warnung vor einem möglichen Aussterben der Kreuzspinne. Rein sachlich betrachtet, ist das eine Tier so wichtig für die Natur wie das andere, aber dann doch nicht so sympathisch.

Den Eindruck von Sympathie, Zuwendung, Freundlichkeit und emotionaler Wärme können Sie visuell durch folgende Elemente fördern:

- runde Formen wie Kreise, Ovale etc.
- bildliche Darstellungen

Bei bildlichen Darstellungen gilt: Planzen wirken sympathischer als leblose Gegenstände, Blumen mehr als Bäume, Tiere mehr als Pflanzen, Kinder mehr als Erwachsene, Gesichter mehr als ganze Körper.

Grün ist die Farbe der Natur und des Lebens. Daher ist Grün auch die Farbe der Sympathie. Sie sollten jedoch keine Texte in Grün schreiben. Das kann für etliche Personen aus dem Publikum unlesbar sein. Sie sollten in bildlichen Darstellungen die Farbe Grün verwenden oder mit Grün einzelne Begriffe unterstreichen oder bestimmte Aussagen markieren.

Gelb wirkt, wenn es klar und ohne jede Verschmuddelung ist, ebenfalls sympathisch und freundlich. Es sollte sich um frisches Zitronegelb handeln. Damit können Sie Dias und Folien gestalten.

Das gleiche gilt für **Orange**, wenn es so klar und frisch wie die Farbe der Apfelsine daherkommt. Orange in der Tönung der Straßenreinigung wirkt abstoßend.

Schwierig sind Farben wie **Braun, Lila, Rosa** und alle **Mischtöne.** Sie wirken eventuell schmuddelig oder lassen etwas assoziieren, was nicht zu Ihrem Vortrag gehört.

☛ Als Vortragender werden Sie im Einzelfall entscheiden müssen, ob die Komponente der Sachlichkeit, die der Dynamik oder die der Sympathie am stärksten zum Tragen kommen sollte. Wollen Sie zum Beispiel neue Technologien oder Forschungsergebnisse vorstellen, dann ist Sachlichkeit vermutlich die wichtigste Orientierung. Wollen Sie jedoch zum Beispiel Ihre Vertriebskollegen dazu begeistern, mit Feuereifer den Markt mit neuen Produkten zu bearbeiten, dann kann die Dynamik das wichtigste Element sein. Wollen Sie zum Beispiel Ihre Kunden durch eine Veranstaltung enger an Ihr Unternehmen binden, dann ist Sympathie vermutlich der Hauptpunkt.

☛ Grundsätzlich muß jeder Vortrag und jede Präsentation alle drei Komponenten enthalten. Bedenken Sie bitte auch, daß Ihre Visualisierungen nicht allein für sich, sondern in Kombination mit Ihrer Persönlichkeit wirken.

Wenn Sie ein eher energisch und schwungvoll auftretender Vortragender sind, dann kann es sinnvoll sein, in den Visualisierungen eher die beiden Komponenten Sachlichkeit und Sympathie zu betonen.

Wirken Sie persönlich in Ihrer Ausstrahlung eher kühl-distanziert und womöglich ein wenig steif, dann sollten wenigstens Ihre Visualisierungen Kraft und Dynamik zeigen.

Sind Sie eine Persönlichkeit mit warmer und liebevoller Ausstrahlung, dann kann das in Verbindung mit zuviel bildlicher Darstellung leicht auch naiv wirken.

Achten Sie doch auch einmal bewußt auf die Werbung im Fernsehen oder in anderen Medien. Auch dort finden Sie immer wieder die drei genannten Komponenten.

> „Pack den Tiger in den Tank." Dieser Slogan steht für die Dynamik eines kraftvollen Raubtieres und gleichzeitig für die Sympathie einer Schmusekatze.
> Seifen oder Schönheitscremes werden mit chemischen Abkürzungen und geheimnisvollen Formeln vermarktet. PH-Werte oder Jk-17-Faktoren geben dem Produkt einen Anstrich von wissenschaftlicher Forschung.
> Zigaretten werden mit einem lieben Kamel als Sympathieträger verbunden oder auch mit dynamisch-herben Männern voller Abenteuerlust.

☛ Darüber hinaus gibt es noch andere Komponenten wie Sex-Appeal, Humor, Geheimnisvolles, Überraschung .... Aber die drei wichtigsten sind tatsächlich: **Sachlichkeit, Dynamik und Sympathie.** Damit gewinnen Sie Glaubwürdigkeit, Interesse und Akzeptanz bei Ihren öffentlichen Auftritten.

5.4 Folien - Das ist der Standard

Präsentationen und Vorträge werden heute fast standardmäßig mit Folien und Overheadprojektor visuell unterstützt. Vorteilhaft ist die Tatsache, daß man praktisch überall Leinwand und Projektor zur Verfügung hat. Besonders, wenn der gleiche Vortrag mehrmals gehalten werden soll, kann man am leichtesten mit einem Satz Folien zu den verschiedenen Tagungsorten reisen.

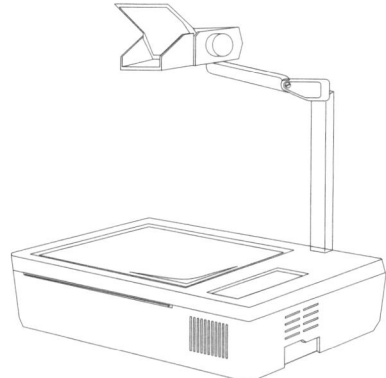

Abb. 21: Overheadprojektor oder Tageslichtprojektor

Mit Folien sind Sie auch immer flexibel. Sie können vorsichtshalter Reserveunterlagen bereithalten, die Sie bei speziellen Fragen auf den Projektor legen. Sie können ganz einfach einmal die eine oder andere Seite auslassen oder spontan die Reihenfolge des Vortrags ändern.

Ein weiterer Vorteil ist, daß man die Folien gleich als Kopien für die Zuhörer anfertigen und vor Ort austeilen kann. Die Zuhörer können Ihren Ausführungen entspannt und ohne Mitschreibestreß zuhören, weil sie vom ersten Moment an sicher sind, am Ende alles schriftlich unter dem Arm nach Hause tragen zu können. Oft ist es auch hilfreich, wenn Ihre Zuhörer ihre Notizen gleich dort eintragen können, wo sie laut Ihrem Vortrag hingehören.

☞ **Hierzu ein wichtiger Hinweis:** Wenn Sie Ihren Zuhörern Kopien während des Vortrags zur Verfügung stellen, dann müssen die verteilten Unterlagen das identische Abbild der Folien sein! Nur kleinste Unterschiede verführen sofort zum beliebten Spiel: „Suche die zehn Unterschiede"! Sie sollten auch darauf achten, daß dann die Reihenfolge der Papierunterlagen mit der Ihrer Vortragsfolien übereinstimmt. Andernfalls hat man immer mindestens einen Zuhörer, der plötzlich merkt, daß er vor sich etwas anderes liegen hat, als an die Wand projeziert wurde. Schon geht die Blätterei los. Dann wird auch noch der Nachbar gefragt: „Wo sind wir?" Oder: „Fehlt da ein Blatt?" Das schreckt den Nachbarn aus seinem Vortragsnickerchen... Und schon haben Sie einen Unruheherd im Publikum.

Noch ein Vorteil der Folien liegt darin, daß Sie spontan während Ihrer Ausführungen mit einem *Folienstift* Markierungen, Unterstreichungen und Ergänzungen einfügen können. Das macht Ihren Vortrag lebendiger und interessanter.

Benutzen Sie für diesen Zweck *wasserlösliche Stifte*. Dann können Sie die Folien
später wieder im Originalzustand benutzen.

Sollten Sie Ihre Folien durch *Plastikhüllen* schützen wollen, so achten Sie bitte
darauf, daß die Hüllen dafür geeignet sind! Daß die Hüllen glasklar durchsichtig
und nicht etwa milchig-riffelig sein müssen, dürfte klar sein. Wissen Sie auch,
daß es Hüllen gibt, die durch ihre „Chemie" das Kunststück beherrschen, die
Buchstaben von den Folien zu lösen? Da hat schon mancher Referent fassungs-
los auf den Salat von verrutschten Wörtern gestarrt.

Noch ein Tip: Lassen Sie doch einmal an einem heißen Sommertag Ihre Folien
im Kofferraum Ihres Autos schmurgeln. Sie werden staunen!

Besonders vorteilhaft sind *Spezialhüllen mit ausklappbaren Rändern*. Diese verdecken beim Vortrag den hellen Hintergrund neben Ihren Folien. Falls Sie mit
diesen Spezialhüllen arbeiten wollen, sollten Sie unbedingt vorher ein paarmal
die Handgriffe des Ausklappens und Auflegens und des Folienwechsels üben.
Wenn der Referent mit nervös zitternden und feuchten Fingern herumnestelt,
sieht es recht unprofessionell aus und macht die Zuhörer auch noch kribbelig.

Wenn Sie die Spezialhüllen benutzen, dann achten Sie bitte auch darauf, daß Sie
die Folien pingelig genau so auflegen, daß tatsächlich keine Lichtränder mehr
oben oder unten zu sehen sind.

☛ Wenn Sie mit *Folien und Overheadprojektor* arbeiten wollen, brauchen Sie
folgende Ausrüstung:

- Overheadprojektor und Leinwand oder weiße Wand
- Ersatzglühlampen und manchmal eine Verlängerungsschnur
- Foliensatz und Kopien für die Teilnehmer der Veranstaltung
- leere Ersatzfolien und wasserlösliche oder -feste Folienstifte
- Zeigestock, falls Sie etwas an der Wand zeigen wollen
- Zeigestäbchen, falls Sie auf der Folie selbst zeigen

Wenn Sie im Vortragsraum sind, sollten Sie vorab kontrollieren:

- Funktionieren beide Glühlampen?
- Steht der Projektor so, wie Sie ihn brauchen? Für Rechtshänder ist es meistens bequemer, ihn rechts zu haben. Linkshänder stellen ihn links von sich.

- Können Sie Ihre Vorlagen so neben dem Projektor ablegen, daß Sie nicht
  über den Apparat greifen müssen?
- Bläst der Lüfter Ihnen womöglich die Vorlagen hoch?
- Ist das Kabel am Boden festgeklebt und farbig (z.B. helles Klebeband) markiert?

- Läßt sich die Projektion oben und unten scharf stellen?
- Kann man von der letzten Reihe aus die Inhalte noch gut erkennen oder lesen?

Da Folienvorträge zum Standard geworden sind, verursacht heute oft schon die Ankündigung eines Vortrags bei den eingeladenen Zuhörern Schaudern. Einfach unerträglich sind Vorträge mit Referenten, die Wort für Wort - womöglich noch langsam! - ihre Folien vorlesen. Die Zuhörer haben beim Auflegen blitzschnell den gesamten Inhalt erfaßt. Und dann müssen sie erdulden, wie ihnen von oben links bis unten rechts in schleppender Langsamkeit jedes einzelne Wort vorgelesen wird. Furchtbar!

☛ Schreiben Sie **keine Aufsätze, sondern Stichworte** auf Ihre Folien. Zeigen Sie Grafiken und Schaubilder. Legen Sie jeweils die Folie auf. Weisen Sie auf die Stelle, um die es gerade geht. Dann sprechen Sie über die Sache. Lesen Sie niemals vor, was die Zuhörer selbst lesen können! Im Grunde können Sie immer davon ausgehen, daß Sie weder vor Blinden noch vor Analphabeten auftreten.

Es gab in den siebziger Jahren einmal die ganz strenge Vorschrift, daß niemals Folien abgedeckt werden dürfen. Das sei unzulässiges Verstecken von Informationen. Diese Regel können Sie heute vergessen. Wenn Sie auf Ihrer Folie zum Beispiel mehrere Zeilen mit Informationen haben, dann dürfen Sie selbstverständlich zunächst das abdecken, was in Ihrem Vortrag noch nicht an der Reihe ist. Durch das Abdecken konzentrieren Sie die Aufmerksamkeit auf den Teil, der gerade von Ihnen behandelt wird.

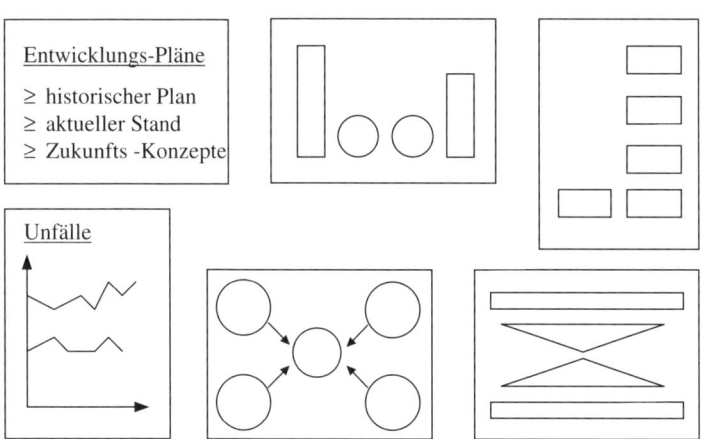

Abb. 22: Gestaltung der Folien

Sollten Sie befürchten, daß sich ein paar Gouvernanten oder Kniggeapostel unter den Zuhörern befinden, dann sagen Sie einfach: „Ich weiß, man soll nicht abdekken, aber ich tue es jetzt mal bewußt." Die Gouvernanten werden natürlich empört bleiben (so verbringen die ohnehin ihr ganzes Leben.), aber Sie nehmen ihnen den Wind aus den Segeln, wenn es später in der Pause darum geht, über Ihre angeblichen Rhetorikfehler herzuziehen.

Wie gesagt, gibt es auch immer noch heftige Verfechter der waagerechten Folien. Machen Sie es, wie es für Ihren Vortrag am besten ist.

☞ Und noch ein paar Tips für den Umgang mit Folien und Overheadprojektor:

1. Putzen Sie die Linse und die Glasscheibe, und vermeiden Sie auf beiden Fingerabdrücke oder andere Flecken.
2. Lassen Sie keine Scheinwerfer oder Deckenleuchten auf die Leinwand strahlen.
3. Verdunkeln Sie nicht den Zuhörerraum (Einschlafgefahr!), sondern nur ganz vorne die Fenster neben Ihnen.
4. Zeigen Sie numerische Werte in Diagrammen und Schaubildern, nicht in Zahlenkolonnen oder Tabellen.
5. Kolorieren Sie Schwarzweißfolien vorher.
6. Schreiben Sie in großen Druckbuchstaben mit Groß- und Kleinschreibung.
7. Fragen Sie gleich zu Anfang, ob alle gut erkennen können, was Sie zeigen.
8. Falls Sie nicht auf der Leinwand, sondern auf der Folie zeigen, sollten Sie sich vergewissern, daß Ihre Schulter keinen Schatten auf die Projektionsfläche wirft.
9. Halten Sie Papiertücher und Lösungsmittel für Notfälle bereit, falls Sie Markierungen oder ähnliches abwischen wollen.
10. Schalten Sie das Gerät erst ein, wenn Sie es brauchen.
11. Schalten Sie Geräte mit langen Aufheizzeiten nicht während des Vortrags aus. Decken Sie statt dessen bei Folienpausen die Glasscheibe mit einer Pappe ab.
12. Zeigen Sie niemals mehr als eine Folie pro Minute.
13. Verzichten Sie auf „lustige" Folien. Solche Versuche von geplantem Humor wirken fast immer peinlich.

5.5 Dias – Im Dunkeln schläft es sich am besten

Vermutlich kennen Sie aus eigener Erfahrung das typische Problem aller Diavorträge: Der abgedunkelte Raum schläfert die Zuhörer ein. Bei langsam steigenden Temperaturen wird es dann von Bild zu Bild gemütlicher. Der Vortragende redet vor sich hin. Da er keinen Augenkontakt mit den Zuhörern aufnehmen kann, hat er keine Ahnung, ob überhaupt noch jemand wach ist, ob sich noch irgendwer für seine Worte interessiert.

Sollten Sie deshalb konsequent auf Diavorträge verzichten?

Leider geht es oft nicht ohne. Wenn Sie zum Beispiel Fotos von einer Produktionsstätte in China oder vom praktischen Einsatz einer neuen Landmaschine zeigen wollen, dann müssen Sie notgedrungen Dias anfertigen lassen.

Zur Ausrüstung für einen Diavortrag gehören:

1. Dias

Sie lassen sich gut in speziellen Diakästen mit herausnehmbaren Magazinen aufbewahren. Prüfen Sie bitte vor jedem Vortrag noch einmal, ob die Reihenfolge stimmt, und ob auch alle Bilder senkrecht stehen.

Wenn Sie an bestimmten Stellen Lücken lassen wollen, sollten Sie Blinddias einfügen. Es ist für die Zuhörer eine Zumutung, wenn zwischen den Bildern plötzlich die grelle leere Projektionsfläche blendet.

Man kann Dias auch in Diapositivtaschen aufbewahren. Diese werden in Ringbüchern abgelegt. Das hat für Sie den Vorteil, daß Sie alle Bilder gleichzeitig vor Augen haben, wenn Sie Ihren Vortrag vorbereiten. Zur Vorführung müssen Sie sie natürlich ins Magazin umstecken.

2. Diaprojektor

Die Projektoren sind heute so perfekt und transportsicher, daß außer dem Lämpchen (Ersatzlampe!) nichts mehr kaputtgehen kann. Verwenden Sie unbedingt Ihre eigene Ausrüstung. Da Diaprojektoren so selten gebraucht werden, stehen sie oft monatelang herum. Irgendwann hat mal irgendwer das Gerät irgendwohin gestellt. Wenn Sie es brauchen, ist es dann nicht mehr aufzufinden. Vielleicht hat man auch die Lampe inzwischen anderweitig verwendet oder das Kabel verschleppt.

Verlassen Sie sich niemals auf die Zusage: „Ja, wir haben ein Gerät. Das können Sie nehmen." Wenn Sie Pech haben, kramt man Ihnen ein Uraltmodell hervor. Dann paßt Ihr Magazin nicht hinein, oder Sie haben plötzlich mit technischen Problemen zu kämpfen, von denen Sie als Kind zum letzten Mal gehört haben: Das Gerät darf nicht heiß werden, es darf nicht schräg stehen, beim Magazinwechsel verklemmen sich die letzten Bilder, der Motor rasselt ...

Kaufen Sie sich lieber Ihr eigenes Gerät mit Autofocus und zusätzlicher Steuerung. Mit einer solchen Steuerung können Sie gezielt zu bestimmten Bildern wechseln und somit Ihren Vortrag flexibel gestalten.

3. Leinwand

Sie können Ihre Bilder auf die weiße Wand projizieren. Besser wirkt es allerdings, wenn Sie eine Leinwand benutzen. Die Farben kommen ganz anders heraus.

Es gibt heute Leinwände mit Beschichtungen, die eine Projektion bei Tageslicht erlauben. Prüfen Sie vorher, ob Ihr Projektor dafür lichtstark genug ist.

4. Zeiger

Niemals stellen Sie sich im Dunkeln neben Ihr Bild und werfen mit Finger und Arm riesige Schatten, um auf bestimmte Stellen zu zeigen. Kaufen Sie einen Lichtzeiger. Dieser wirft einen leuchtenden Punkt auf die Stelle, auf die Sie besonders hinweisen wollen.

Üben Sie vorher den Umgang mit dem Lichtzeiger! Es gibt immer wieder Vortragende, die Probleme damit haben, den Lichtpunkt schnell und gezielt zu werfen. Es nervt, wenn der Punkt immer wieder wild auf dem Bild hin- und herflitzt, bis er endlich sein Ziel gefunden hat.

Sollten Sie zu den zittrigen Menschen gehören, dann lassen Sie bitte nur kurz den Lichtpunkt die gemeinte Stelle anzeigen. Knipsen Sie dann das Lämpchen aus. Es stört nämlich auch, wenn man beim Betrachten ständig von dem hopsenden Punkt hypnotisiert wird.

Die **drei großen Plagen** der Dia-Show sind:

1. Handgestrickte Vorträge

Wir alle fürchten die schrecklichen Abende, die wir im stickigen Dunkel zwischen Schrankwand und Videoanlage von Nachbarn und Verwandten absitzen müssen, wenn man uns zur Bewunderung die Urlaubsdias oder die von der Taufe der Enkelin vorführt. Manche Bilder sind verwackelt, bei manchen ragt von links der Daumen des Fotografen als Schatten hinein, bei anderen fragt sich der Vorführer plötzlich selbst, ob es wohl seitenverkehrt ins Magazin geraten ist ... Außerdem befindet sich mindestens auf jedem zweiten Bild die Begleitperson des Fotografen.

> Ähnlich fürchterlich sind die Diavorführungen reiselustiger Lehrer oder ebenso kommunikationsfreudiger Menschen, die nach jedem Urlaub von Volkshochschulen über Pfarrgemeindehäuser zu Kneipenhinterzimmern touren und ihre Dias als Lehrvorträge präsentieren: „Reise ins Traumland - Australien" Oder: „Der Ruf des Sandes - Mit dem Jeep durch die Sahara." Oder: „Der mit den Wolken tanzt - Eine Reise in den Regenwald."

Wenn Sie nicht ganz sicher sind, daß Sie hochprofessionell mit Ihren Dias auftreten können, dann lassen Sie es lieber sein.

2. Automatische Vorträge

Automatische Diavorträge sollten überhaupt nur als Strafmaßnahmen erlaubt sein! Sie sind immer katastrophal!

> Der Vortragende steckt seine 289 Bilder in die Magazine, stellt den Bildwechseltakt ein, und los geht es. Klick-Klack, Klick-Klack ... Ein Bild nach dem anderen hämmert auf die Augennerven ein. Wenn dann noch vom Recorder der konservierte Vortrag dröhnt, ist es perfekt.

Der einzige Vorteil automatischer Diavorträge ist, daß der Vorführer mit seinem Publikum gemeinsam schlafen kann.

3. Die Dinge, die nicht mehr aufs Bild gepaßt haben

Es treibt immer wieder Diavorführer dazu, ihrem Publikum auch noch zu erklären, was leider nicht mehr mit aufs Bild gekommen ist.

> Das hört sich dann so an: „Hier sehen Sie die neue Fabrik am Stadtrand von Nairobi. Direkt daneben, das können Sie hier leider nicht mehr sehen, ist die Autobahnauffahrt. Die Straßenführung verläuft etwa hier. Dahinter kommt sofort das Zementwerk. Und da geht es auch schon gleich mit den ersten Berghöhen los ...“ Mit seinem Zeiger bewegt sich der Vortragende inzwischen zwei Meter vom Dia entfernt auf der dunklen Wand.

Lassen Sie das!

Was auf dem Bild nicht drauf ist, ist nicht drauf. Erklären Sie nur das, was zu sehen ist. Schweigen Sie eisern über das, was man sehen könnte, wenn es zu sehen wäre.

☛ Trotzdem hat der Diavortrag durchaus auch seine **Vorteile**.

1. Starke Wirkung

Wenn es Ihnen gelingt, Ihr Publikum vor dem Einschlafen zu bewahren, dann hat kaum ein anderes Medium eine vergleichbar starke Wirkung. Der dunkle Raum, die leuchtenden Bilder, der Moment der Spannung beim Bildwechsel ... Es kommt ganz schnell die fast kindliche Freude am „Bildergucken“ wieder hoch.

Dias werden sehr viel intensiver erinnert als Folien.

2. Gute optische Darstellung

Auf dem Dia sind Kontraste und Farben deutlich zu erkennen. Auch Details auf Fotos lassen sich vergrößert gut darstellen.

3. Reale Anschauungen

Das Dia kann von realen Schauplätzen, von „echten“ Dingen berichten. Man muß nicht im Geiste von Abstraktionen oder Grafiken übertragen, sondern sieht gleich das „richtige“ Bild.

☛ Wählen Sie Ihre Dias mit großer Sorgfalt aus. Verzichten Sie lieber auf das eine oder andere Bild.

1. Aussage und Bild gehören zusammen

Was Ihr Publikum sieht und hört muß zusammenpassen. Es muß immer klar sein, wie sich Bild und Wort aufeinander beziehen. Das Dia macht Ihre Aussage anschaulich. Ihre Worte erläutern die Darstellung. Niemals darf ein Bild als reine „Dekoration“ verwendet werden.

2. Weniger ist mehr

Zeigen Sie nicht alle Bilder, die Sie haben. Trennen Sie sich auch von besonders „künstlerischen". Fragen Sie sich bei jedem einzelnen: „Was sagt es, was die anderen Bilder nicht sagen?" Zeigen Sie nicht mehrere Bilder, die alle das gleiche zum Ausdruck bringen.

3. Zeigen Sie eindeutige Dias

Wenn zu viel auf einmal zu sehen ist, können die Zuhörer vom eigentlichen Thema abgelenkt werden. Es muß immer genau klar sein, was die Aussage eines Bildes ist.

4. Das Bild muß stimmen

Ganz „wahr" kann eine Abbildung nie sein. Auswahl des dargestellten Objektes, Perspektive etc. verändern immer auch die Realität. Schauen Sie sich einmal bewußt Fotos von Elendsvierteln in Rio oder New York an. Sie wirken häufig „romantisch" und geben damit ein völlig falsches Bild von der Realität. Ähnlich ist es mit Fotos von Straßenbettlern der Hamburger Innenstadt.

Das Problem mit Fotos ist häufig, daß sie viel „schöner" sind als die Realität. Wenn sie dann auch noch als Dias an die Wand projeziert werden, steigert sich die „Fälschung" zusätzlich.

Verzichten Sie im Zweifel lieber auf Ästhetik. Zeigen Sie die Realität so „wahr" wie möglich. Sie sind es Ihren Zuhörern schuldig. Manchmal muß man sogar retuschieren und ändern, damit die Aussage des Bildes stimmt.

5. Die Reihenfolge der Dias muß gut geplant sein

Manche Bilder sind so aussagestark, daß sie uns gefangennehmen. Sie verfolgen uns bis in die Träume. Wenn Sie ein sehr starkes Bild gleich an den Anfang stellen, verlieren Sie für den Rest des Vortrags die Aufmerksamkeit.

Andere Bilder sind öde und inhaltsleer. Wenn Sie mit langweiligen Bildern beginnen, verliert Ihr Publikum das Interesse.

An den Anfang gehören die Bilder, die neugierig machen. Ans Ende gehören diejenigen, die Ihre Kernaussage des Vortrags im Gedächtnis verankern.

6. Die Dauer der Projektion muß gut überlegt sein

Je mehr zu sehen ist, desto mehr Zeit zur Betrachtung muß zur Verfügung stehen. Bilder, die schnell zu erfassen sind, dürfen nicht zu lange zu sehen sein. Wenn Sie viel Redezeit für ein Bild brauchen, kann es manchmal gut sein, den gleichen Gegenstand aus einer anderen Persektive auf einem nächsten Bild zu zeigen. Wenn Sie sehr viel Redezeit brauchen, dann können Sie zwischen den beiden Bildern abwechseln.

Das dürfen Sie allerdings pro Vortrag nur mit einem oder maximal zwei abgebildeten Gegenständen machen. Sonst wird auch das zu langweilig.

7. Abwechslung hält wach

Wechseln Sie ab zwischen Nahaufnahmen und Gesamtansichten, zwischen Fotos und Grafiken, zwischen lebhaften und ruhigen Bildern. Variieren Sie die Betrachtungszeiten. Wechseln Sie auch bei Ihrem Vortrag. Sagen Sie einmal mehr und einmal weniger pro Bild. Lassen Sie auch einmal ein Bild unkommentiert betrachten. Sie müssen nicht ständig „Hintergrundgeräusche" mit Ihrer Stimme produzieren.

Um Ihren Vortrag abzurunden, kann es manchmal sinnvoll sein, am Schluß noch einmal das erste Bild zu zeigen.

☛ Ein Diavortrag darf niemals länger als fünfundvierzig Minuten dauern. Wenn Sie mit der Zeit nicht auskommen, machen Sie bitte unbedingt eine Pause. Öffnen Sie die Fenster, lassen Sie das Publikum sich die Beine vertreten und mit Getränken erfrischen.

Bevor Sie nach der Pause wieder den Raum verdunkeln, sollten Sie durch Diskussionsführung die Teilnehmer der Veranstaltung aktivieren.

Diavorträge sind fast immer einschläfernd. Das hat nichts mit „Disziplinlosigkeit" zu tun. Die wenigsten Erwachsenen können über längere Zeit hellwach und regungslos im abgedunkelten Raum sitzen und zuhören.

Haben Sie Mitleid mit Ihren Zuhörern und Zuschauern!

5.6 Flip-Chart - Der Kampf mit dem Papier

Flip-Charts gehören heute zur Standardausrüstung in jedem Konferenzhotel und in den Besprechungsräumen der Unternehmen.

Doch Vorsicht! Flip-Charts können tückisch sein!

> Auch Sie müssen womöglich damit rechnen, daß Ihnen ein wackelig aufgestelltes oder veraltetes Modell plötzlich polternd zu Boden fällt. Sie wären auch nicht der erste Referent, der bei einem unbedachten Schritt über die Beine des Gestells stolpert und damit ungewollt zur Unterhaltung der Zuhörer beiträgt. Vielleicht verletzen Sie sich auch die Finger, wenn Sie versuchen, den Papierblock am Flip-Chart zu wechseln. Obwohl es längst Modelle gibt, bei denen das Papierwechseln mit einem Handgriff zu machen ist, schaffen sich immer noch viele Hotels die gefährlichsten Fingerklemmen an, die man sich nur vorstellen kann.

Das Flip-Chart ist in seiner Anwendung mit der traditionellen Wandtafel verwandt.

Zur Ausrüstung gehört der Ständer mit einer Haltevorrichtung für den etwa 70 bis 100 cm großen Papierblock.

Es ist besonders gut für die Arbeit mit kleinen Gruppen und für die Präsentation vor bis zu zwanzig Personen geeignet. Das Papier wird mit dicken Filzstiften beschrieben. Durch Farben können die Darstellungen optisch sehr gut aufbereitet werden.

Für Ihre Vorträge oder Präsentationen mit dem Flip-Chart sollten Sie zumindest teilweise die Darstellungen vorbereiten. Sie können dann von Papier zu Papier weiterblättern und spontan Änderungen oder Ergänzungen mit farbigen Stiften einfügen. Das macht Ihren Vortrag lebendig und flexibel.

Abb. 23: Flip-Chart

☛ Das Flip-Chart bietet ganz bestimmte **Vorteile:**

1. Anders als bei der Tafel müssen Sie beim Flip-Chart nicht alles selber schreiben oder zeichnen. Sie können einen Großteil der Vorbereitungen delegieren.

Wenn Ihre Handschrift nicht sehr leserlich ist, kann jemand mit „schöner" Schrift die Blätter vorbereiten.

Sie können vorab oder während des Vortrags Bilder, Kärtchen, Grafiken und ähnliches auf das Papier kleben.

2. Anders als beim Folienvortrag müssen die besprochenen Blätter des Flip-Charts nicht aus dem Blickfeld der Zuhörer verschwinden. Sie können sie als Poster mit Kreppband an der Wand befestigen. So bleiben sie weiterhin sichtbar. Am Ende haben die Zuhörer alle visuellen Darstellungen gleichzeitig vor Augen.

3. Moderne Gestelle sind heute so leicht transportierbar, daß Sie sich leicht Ihr Flip-Chart selbst überall hin mitnehmen können. Sie sind dann auch im Vortrag flexibel, wenn Sie es zur Präsentation näher zum Publikum stellen und später wieder in eine Ecke verbannen.

Sie können es auch bei einer Kombination von Präsentation und Gruppenarbeit einsetzen. Jede Gruppe entwickelt dann auf jeweils einem eigenen Flip-Chart ihre Ergebnisse und kann sie anschließend darauf dem Plenum präsentieren.

☛ Mögliche **Nachteile** des Flip-Charts sind:

- Sie können - anders als bei Folien - Ihre Visualisierungen nicht einfach für die Zuhörer als Dokumentation kopieren.
- Für einen Zuhörerkreis von mehr als zwanzig Personen ist die Darstellungsfläche zu klein.
- In einem engen Konferenzraum können die Beine des Gestells zur Stolperfalle werden.
- Bei häufigen Vorträgen mit immer wieder neu zu beschreibenden Blättern kann das viele Papier auf die Dauer recht teuer werden.

☛ Beherzigen Sie ein paar **Tips** für die Präsentation oder den Vortrag mit einem Flip-Chart:

1. Bereiten Sie Ihre Darstellungen möglichst vor. Vielleicht sind Sie während der Veranstaltung nervös und verschreiben sich oder können plötzlich den Platz nicht mehr richtig einschätzen. Dann kommen schnell recht unprofessionelle Poster zustande.

   Zeichnen Sie Grafiken zum Beispiel dünn mit Bleistift vor. Dann können Sie diese mit dicken Stiften vor den Zuhörern schrittweise fertigstellen.

2. Nehmen Sie dicke Stifte mit kräftigen Farben. Werfen Sie leere Stifte weg. Nicht jeder kann die blassen Linien sich leerender Stifte sehen.

3. Bedenken Sie, daß Farbenblinde Rot und Grün häufig nicht unterscheiden können. Grün ist überhaupt die Farbe, die man schon aus geringem Abstand nicht mehr gut lesen kann. Schreiben sollten Sie möglichst mit Blau oder Schwarz. Mit Rot oder Grün können Sie markieren, dekorieren oder herausheben.

4. Falls das Karomuster auf den leeren Blättern sehr kräftig aufgedruckt ist, sollten Sie lieber die Rückseiten benutzen. Es ist für sehschwache Personen oft nicht leicht, Schriften auf dick kariertem Papier zu lesen.

5. Nehmen Sie immer Ihre eigenen Stifte mit. Mit hoher Wahrscheinlichkeit sind die Stifte, die andere Ihnen zur Verfügung stellen, ausgetrocknet.

6. Überprüfen Sie in Hotel- oder Konferenzräumen immer, ob das Gestell fest und sicher verschraubt und das Brett gut befestigt sind. Es macht sich nicht sehr gut, wenn plötzlich hinter Ihnen alles zusammenkracht oder wenn einem Zuhörer in der ersten Reihe das Brett auf die Füße knallt.

Eine interessante Erfindung sind elektronische Flip-Charts. Diese haben den Vorteil, daß man per Knopfdruck sofort Kopien zur Dokumentation anfertigen kann.

Leider sind diese Geräte noch sehr schwer und somit kaum transportierbar. Außerdem geht die Möglichkeit verloren, sofort die beschriebenen Blätter an den Wänden zu befestigen. Die elektronischen Flip-Charts kennen die in dieser Hinsicht so praktischen Papierblocks nicht mehr.

5.7 Pinnwand - Die Kunst der Nadel

Pinnwände sind Stellwände mit weichen Flächen. Sie werden in der Regel mit braunem Packpapier bespannt. Mit Stecknadeln können dann Poster, beschriebene Karten, Fotos, Skizzen etc. angeheftet werden.

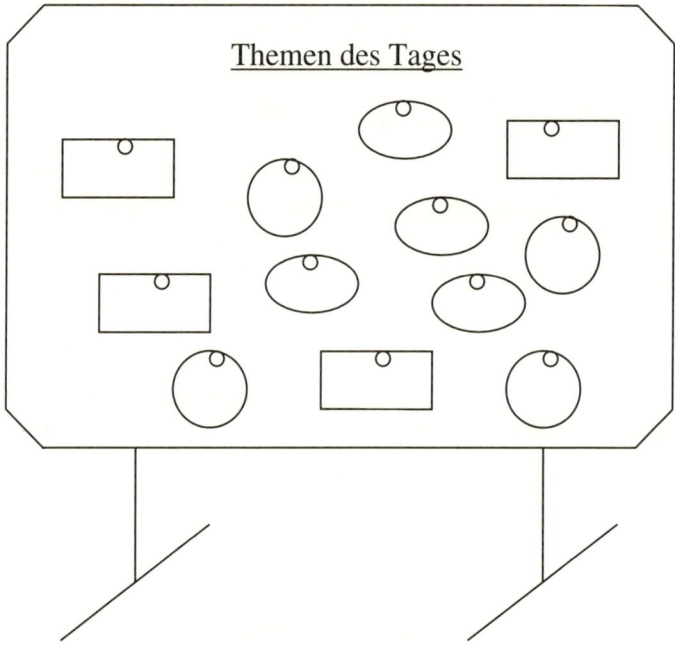

Abb. 24: Pinnwand

Pinnwände werden gerne zu Brainstormings eingesetzt. Ideen und Vorschläge können auf Karten geschrieben, gesammelt und dann für alle sichtbar angeheftet werden.

Sie können Pinnwände sehr gut auch für Ihre Vorträge und Präsentationen einsetzen. Schreiben Sie das Thema oder den Kernsatz mit großen Buchstaben oben auf das braune Papier. Anschließend können Sie während Ihrer Ausführungen immer die Karte oder das Bild anheften, welches die jeweiligen Inhalte visualisiert.

Im Vergleich zum Flipchart haben Sie bei der Pinnwand zwei Vorteile:

1. Sie brauchen nicht vor den Augen der Zuhörer die Fläche zu beschriften. Die Karten sind vorbereitet und damit auch ordentlich und leserlich.

2. Anders als bei vorbereiteten Flipcharts sehen die Zuhörer nicht gleich alles auf einmal. Sie bekommen immer nur der Reihe nach die jeweils aktuelle Karte zu sehen. Damit steuern Sie leichter, was in welcher Reihenfolge vorgestellt werden soll.

Ein **Nachteil** kann im Hantieren mit den **Nadeln** liegen. Besorgen Sie sich unbedingt die Spezialnadeln mit den griffigen Köpfen. Normale Stecknadeln sind unpraktisch und bereiten Ihnen beim Anheften unnötigen „Fummelaufwand". Verzichten Sie bitte auf die bunten Nadelkissen zum Anheften am Jackett oder zum Befestigen am Handgelenk. Für Moderatoren von Workshops mögen sie praktisch sein. Bei einem Vortragenden sind sie ein störender Blickfang. Legen Sie ausreichend viele Nadeln auf dem Tisch oder Rednerpult zurecht, und nehmen Sie dann jeweils eine für die nächste Karte.

Die Spezialnadeln mit den griffigen Köpfen lassen sich in der Regel schnell und leicht in die Wand stecken. Einen gewissen „Schwung" sollten Sie jedoch geben. Wenn Sie die Nadelspitze nur gegen die Karte drücken, können Probleme auftreten: Die Nadel dringt nicht ein, und Sie kippen nach hinten mit der ganzen Wand weg.

Um solche Unfälle zu verhindern, sollten Sie beim Anheften immer mit einem Fuß auf dem Bodenaufsatz der Pinnwand stehen. Und dann: Wupp - rein mit der Nadel!

Ihre **Karten** sollten immer auch farbig ausgewählt sein. Verwenden Sie helle Farben wie Gelb, Orange, Rosa oder Hellgrün. Auf hellem Hintergrund sind die Beschriftungen besser zu lesen als auf blauen oder dunkelgrünen Karten. Durch verschiedene Farben können Sie Schwerpunkte setzen oder Gliederungen veranschaulichen.

Beschriften Sie die Karten mit Druckbuchstaben, und zwar in Groß- und Kleinschrift. Nur Stichworte oder kurze Sätze mit bis zu fünf Wörtern sollten auf einer Karte stehen. Prüfen Sie unbedingt vor Ihrem Vortrag, ob die Texte auch von der letzten Sitzreihe aus noch zu lesen sind.

Bringen Sie mit dünnem Bleistift auf jeder Karte oben rechts die **Nummer der Reihenfolge** an. Es passiert zu leicht, daß Ihnen die Karten aus den Händen fallen. Dann müssen Sie schnell in der Lage sein, sie wieder zu ordnen.

Wenn Sie Rechtshänder sind, sollten Sie während des Vortrags rechts von der Pinnwand stehen. Dann können Sie leichter die jeweils nächste Karte anheften und sofort den Blick auf die Visualisierung wieder freigeben.

☛ Wenn Sie Ihren Vortrag oder Ihre Präsentation mit einer Pinnwand unterstützen wollen, sollten Sie vorab folgendes bedenken oder klären:

- Es dürfen maximal zwanzig Zuhörer zu erwarten sein.
- Ist die Pinnwand beweglich oder fest installiert?
- Wird die braune Bespannung bereitgestellt, oder sollten Sie sie mitbringen?
- Reicht die Größe der Wand für die Anzahl Ihrer Karten?

☛ Nehmen Sie unbedingt mit:

- Ihre beschrifteten Karten
- leere Karten als Reserve
- dicke Stifte in verschiedenen Farben
- Nadeln
- Kleber, falls Sie zum Schluß die Karten dauerhaft auf der Pappe befestigen wollen
- Klebestreifen, falls Sie schließlich doch keine Wand vorfinden und notfalls Ihre Karten an der Zimmerwand befestigen müssen

☛ Sollten Sie zum Vortrag eine **zweite Person** mitnehmen, die für Sie die Karten anheftet, dann sollten Sie den gemeinsamen Auftritt üben. Es sieht sehr unprofessionell aus, wenn zwischen Ihnen beiden plötzlich Unstimmigkeiten entstehen, ob Reihenfolge oder Positionen der Karten korrekt sind.

Bedenken Sie hierbei aber bitte auch, daß nicht jeder es schafft, längere Zeit taten- und wortlos vor einer Personengruppe zu stehen ohne einen „sonderbaren" Eindruck zu vermitteln. Auch Sie wirken nicht gut, wenn sich während Ihrer Ausführungen jemand mit baumelnden Armen und hängendem Unterkiefer neben der Pinnwand lümmelt und gelangweilt auf den nächsten „Piek-Einsatz" wartet. Es soll schon vorgekommen sein, daß - vom ahnungslosen Redner unbemerkt - ein Helfer gedankenverloren mit der nächsten Nadel seine Fingernägel reinigte. Kein Wunder, daß die Zuhörer sich nicht mehr konzentrierten!

Treten Sie lieber alleine auf, und pieken Sie selbst!

5.8 Wo Technik ist, da gibt es Pannen

Technikpannen können Ihnen auch bei bester Vorbereitung in jedem Vortrag und in jeder Präsentation passieren. Je abhängiger Sie von technischen Medien - zum Beispiel: Mikrophon, Tageslichtprojektor, PC etc. - sind, desto größer die Gefahr, daß „es" passiert.

Wie richtig ist der Spruch: „Was schiefgehen kann, geht auch schief."

☛ Sie sollten sich auf alle Eventualitäten vorbereiten und Glühlampen, Ersatzkabel, Reservefolien etc. bereithalten.

Trotzdem steckt manchmal der Teufel im Detail, und es passiert genau das, womit man gar nicht rechnen konnte.

Technische Mängel oder Pannen können zur Erheiterung der Zuhörer beitragen. Allerdings wird dann auch gerne auf Kosten des Vortragenden gelacht. Ist es das, was Sie erreichen wollen?

Diese Störungen können auch verärgern. Die Zuhörer fragen sich erbost, wieso sich der Vortragende nicht besser vorbereitet hat. Sie ärgern sich über die verlorene Zeit, wenn der Vortrag nicht weitergehen kann. Sie sind gereizt, wenn unter Verzicht auf die unbrauchbaren Medien die Verständlichkeit und Anschaulichkeit der Ausführungen leiden.

Solche Defekte können Sie als Referenten aus dem Konzept bringen. Statt sich auf Ihre Überzeugungsarbeit konzentrieren zu können, müssen Sie plötzlich unter den mißbilligenden Augen genervter Zuhörer herausfinden, wie sich der Tageslichtprojektor öffnen läßt, wo die Lampe anzubringen ist und wie man das Gerät wieder zusammensetzt. Sie werden nervös, hantieren fahrig herum und ruinieren Ihre bisherige Ausstrahlung von Sicherheit und Kompetenz.

☞ Ganz **typische Technikpannen** sind:

• *Die Ausstattung ist nicht vollständig*

> Die Sekretärin hat Ihnen einen Raum mit Leinwand und Projektor bestellt. Vor Ort stellt sich heraus, daß ein Verlängerungskabel zur Steckdose fehlt.

Deshalb: Vergewissern Sie sich vorab, ob alles vollständig da ist und sich auch da anschließen oder miteinander kombinieren läßt, wo Sie es später im Raum brauchen werden.

• *Die technischen Hilfsmittel funktionieren nicht oder passen nicht zusammen*

> Sie wollen einen Videofilm vorführen und stellen zu spät fest, daß Ihre Kassette aus den USA nicht ohne Adapter in den Apparat paßt.

Deshalb: Probieren Sie vorher aus, ob und wie die Geräte funktionieren. Klären Sie vorher, welche Geräte gebraucht werden oder zur Verfügung gestellt werden können.

• *Die technischen Hilfsmittel fallen mitten im Vortrag aus*

> Die Glühlampe brennt durch. Oder: Die Standleitung zum Zentralrechner bricht zusammen.

Deshalb: Bringen Sie Ersatzteile mit, und bereiten Sie sich mit Ihrem Vortrag darauf vor, notfalls ohne die Hilfsmittel fortfahren zu können.

• *Der Vortragende hat seine Ausstattung nicht vollständig mitgebracht*

> Sie haben Ihre Unterlagen oder Medien zum Teil vergessen. Oder: Ihnen wurde der Kofferraum mit wichtigen Hilfsmitteln leergeräumt. Oder: Beim Anflug auf den Zielort wurde Ihr Gepäck nicht vollständig mitbefördert.

Deshalb: Fertigen Sie eine Checkliste an mit allen Dingen, die Sie für Ihre Ver-
anstaltung brauchen. Haken Sie ab, ob auch wirklich alles eingepackt ist. Klären
Sie vorher, wo es notfalls Ersatz geben könnte. Tragen Sie alle wichtigen Dinge
(Manuskript, Folien) bei sich.

- *Der Vortragende produziert während des Vortrags Durcheinander in seinen*
  Unterlagen und Medien

  Die Karten mit den Stichworten fallen herunter und lassen sich nicht auf Anhieb
  wieder in die richtige Reihenfolge bringen. Oder: Der Vortragende bleibt bei einem gedankenlosen Schritt zur Seite im Gestell des Flipcharts hängen und bringt
  dieses damit zum Einsturz. Oder: Der Vortragende verheddert sich in den Kabeln
  zu seinen Füßen und reißt Teile der Ausstattung vom Tisch.

Deshalb: Halten Sie Ordnung in Ihren Unterlagen. Numerieren Sie Ihre Stich-
wortkarten oder Manuskriptseiten. Bewegen Sie sich ruhig und mit gelegentli-
chem Blick auf die Füße vor den Zuschauern. Markieren Sie mögliche
Stolperfallen mit hellem Kreppstreifen oder mit speziellen Warnklebern.

☛ Damit möglichst viele Gefahrenquellen für Pannen von Anfang an ausge-
schaltet werden, sollten Sie eine Checkliste anlegen.

	Was ich bestelle / veranlasse	Was ich selbst erledige
Raum	Leinwand Projektor	Folien Stifte Ersatzkabel ....

Abb. 25: Checkliste zur Vorbereitung

Unterscheiden Sie genau:

- Was müssen andere für Sie - bis wann - vorbereitet haben?
- Was müssen Sie selbst - bis wann - erledigen?

Vergewissern Sie sich auch, ob die anderen das auch genauso sehen wie Sie! Prüfen Sie lieber einmal zuviel als zu wenig. Am Tage des Vortrags werden Sie vermutlich ohnehin nervös sein. Wenn dann noch Pannen Ihre Nerven strapazieren, wird es Ihnen schwerfallen, selbstsicher und souverän aufzutreten.

☞ Seien Sie immer rechtzeitig vor Ihrem Auftritt vor Ort. Dort können Sie dann oft noch in letzter Minute einiges regeln, was vielleicht doch noch versäumt wurde.

☞ Überprüfen Sie auch, ob der Raum selbst gut vorbereitet ist:

- Sind ausreichend viele Stühle für die Zuhörer vorhanden?
- Ist die Sitzordnung so, daß alle gut sehen und hören können?
- Ist die Beleuchtung in Ordnung?
- Läßt sich der Raum eventuell schnell verdunkeln und wieder erhellen?
- Wo sind die Schalter für Decken- oder Seitenlampen?
- Ist die Temperatur angenehm?
- Ist die Belüftung ausreichend?
- Wo und wie läßt sich im Bedarfsfall die Klimaanlage einstellen?
- Dringt Verkehrslärm von der Straße herein?
- Sind Rednerpult und Medien passend aufgestellt?
- Funktioniert die technische Ausstattung?
- Unter welcher Telefonnummer kann im Notfall nach Unterstützung gerufen werden?
- Werden in den Pausen Erfrischungen serviert? Wann? Wo?
- Gibt es für die Raucher eigene Zonen im Pausenbereich?
- Wo sind die Toiletten?
- Wo ist die Garderobe?
- Sind Namensschilder vorgesehen? Sind sie leserlich?
- Wird der Raum während der Pausen abgeschlossen? Wer ist dafür verantwortlich?

☞ Trotz aller Vorbereitung können Sie nie ganz ausschließen, daß „es" am Ende doch passiert. Dann besteht für Sie die Kunst darin, richtig zu reagieren.

Erster Merksatz: Ruhe bewahren!

Wenn es möglich ist, führen Sie Ihren Vortrag ohne das ausgefallene Medium zu Ende. Falls das nicht möglich ist, bitten Sie um eine kurze Pause. Das gibt Ihnen Zeit, das Problem zu beheben oder Hilfe anzufordern.

Sollte sich das Problem nicht beheben lassen, müssen Sie nach spätestens fünfzehn Minuten die Zuhörer wieder in den Vortragsraum zurückrufen. Irgendwie muß die Sache weitergehen. Es darf Ihnen nicht passieren, daß Sie die Veranstaltung einfach abbrechen.

Sie müssen notfalls ohne Medien weitermachen oder von Hand zeichnen zur Visualisierung oder eine Diskussionsrunde einleiten.

Peinlich wird es für Sie erst, wenn die Zuhörer den Eindruck haben, daß Sie hilflos und in Panik sind. Beschimpfen Sie auf keinen Fall anwesende oder abwesende „Schuldige". Wenn Ihre Veranstaltung zum Beispiel in einem Hotel
stattfindet, dann wirkt es nicht gut, wenn Sie Ihren Ärger am Hotelpersonal auslassen. Gehen Sie lieber davon aus, daß von dieser Seite sofort alles getan wird,
Ihnen schnell zu helfen.

Fatal wird es auch, wenn Sie ein begeisterter Bastler sind und sich zeitaufwendig
in die Reparatur von technischen Geräten vertiefen. Beheben Sie wirklich nur
kleine Schäden, die Sie schnell in den Griff bekommen. Es darf nicht sein, daß
Ihre Zuhörer sich eine halbe Stunde im Pausenraum die Beine vertreten, während Sie den Diaprojektor auseinandernehmen.

Fragen Sie sich nach einem „Pannen-Vortrag" immer, wie Sie das Problem hätten verhindern können. Die Schuld bei anderen zu suchen fällt zwar leichter,
aber das hilft Ihnen für die Zukunft nicht weiter. Fragen Sie sich immer: Was
kann ich tun, um solche Dinge zu vermeiden oder in den Auswirkungen zu mildern?

5.9 Was man auf Papier hat ...

Für Ihre Vorträge werden Sie sehr oft auch Unterlagen für die Zuhörer entwik-
keln müssen. Es beruhigt, wenn man am Ende einer Veranstaltung etwas auf Papier nach Hause tragen kann. Die Zuhörer haben die Gewißheit, daß sie später
in Ruhe noch einmal die Details nachlesen können. Ob sie das dann auch wirklich tun, ist eine ganz andere Frage. Aber erst einmal gilt die überlegene Gewißheit: Man kann es getrost nach Hause tragen.

Die wichtigsten Gründe für Zuhörerunterlagen sind:

1. Frust vermeiden
Da es heute üblich ist, daß etwas verteilt wird, wird es auch von Ihnen erwartet.
Wenn Sie keine Unterlagen mitbringen, enttäuschen Sie die Zuhörer. Die Gefahr
besteht, daß man sich dann durch böse Zwischenfragen oder gar persönliche Angriffe an Ihnen „rächt".

2. Mitschreibestreß ersparen
Wenn Ihr Vortrag wichtig und interessant ist, dann gibt es immer auch Dinge,
die Ihre Zuhörer schriftlich behalten wollen. Nicht jeder kann stichwortartig
mitschreiben. Wer das nicht gewöhnt ist, schreibt ganze Sätze mit und verliert
dann auch schnell den Faden, weil Sie natürlich „zu schnell" sprechen.

3. Detailinformationen sind für Vorträge oft nicht geeignet

Jeder Vortrag kann immer nur ein Auszug sein aus dem, was man an Fakten und Informationen zur Verfügung hat. Mündlich vermitteln Sie die Kernbotschaft. Schriftlich können Sie Details, Beispiele, weitere Ausführungen etc. auch noch weitergeben.

4. Schriftliche Formulierungen sind meistens durchdachter

In der Aufregung des Vortrags kann Ihnen auch einmal eine weniger gelungene Formulierung oder eine nachlässigere Aussage herausrutschen. Vielleicht drükken Sie sich auch an einigen Stellen zu „abgehoben" aus oder zu vage. In der mündlichen Rede ergibt sich vieles auch aus dem spontanen Gedanken heraus. Bei den schriftlichen Formulierungen kann man viel mehr die einzelnen Worte „auf die Goldwaage legen".

☞ Die Frage ist immer wieder: Wann soll man die Unterlagen austeilen?

Die Antwort hängt immer vom Standpunkt des Gefragten ab. Wenn man den zukünftigen Zuhörer fragt: „Sofort. Dann weiß ich, was ich habe." Wenn man den zukünftigen Vortragenden fragt: „Erst zum Schluß. Sonst blättern die Leute darin herum und hören mir nicht richtig zu."

Preisfrage: Wem muß der Vortrag gefallen, dem Redner oder den Zuhörern?

Bitte teilen Sie die Unterlagen gleich zu Beginn aus. Es ist oberlehrerhaft, sich vor die Zuhörer zu stellen und zu denken: „Ich habe etwas für sie, aber ich rücke es noch nicht heraus. Die hören sonst nicht richtig zu."

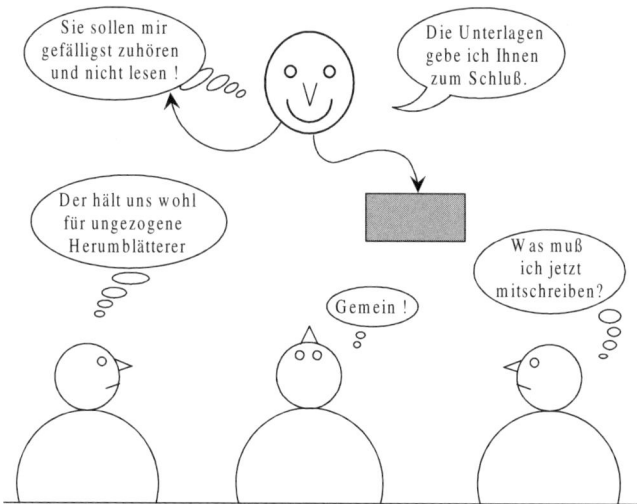

Abb. 26: Verteilung der Unterlagen

Wenn Sie einen Vortrag mit Folien oder mit Dias halten wollen, dann ist es am einfachsten, wenn Sie von den Vorlagen für die Zuhörer Kopien erstellen. Legen Sie die Kopien kurz vor der Veranstaltung auf die Stühle oder die Tische der Zuhörer. Falls Sie nicht der erste Vortragende sind, verteilen Sie die Unterlagen, sobald Sie an die Reihe kommen. Geben Sie den Zuhörern einen Moment Zeit, ihre Neugier zu befriedigen und schnell einen Blick hineinzuwerfen. Dann rufen Sie dazu auf, daß alle bitte zur ersten Seite blättern, und schon können Sie Ihre erste Folie auflegen.

☛ Achten Sie bitte darauf, daß Ihre Reihenfolge und die der Zuhörer genau gleich ist. Es sollten auch wirklich keine inhaltlichen Abweichungen auf den Seiten sein. Das würde tatsächlich ablenken und zu Unruhe führen.

Wenn Sie am Anfang austeilen, haben Sie einerseits den Vorteil, daß die Zuhörer Ihnen dankbar sind und nicht den „pädagogischen Zeigefinger" bei Ihnen sehen. Der andere Vorteil ist, daß die Zuhörer ihre Notizen gleich an den richtigen Stellen ergänzen können.

Sie können auch noch zum Schluß weitere Unterlagen verteilen, die mehr Details oder zusätzliche Informationen enthalten. Während Ihres Vortrags selbst sollten wirklich nur die Kopien Ihrer Anschauungsmaterialien zur Verfügung stehen.

Wenn Sie keinen Vortrag halten, sondern ein Referat vorlesen wollen, dann ist es egal, wann Sie die Kopien verteilen. Aber sagen Sie bitte genau, was die Zuhörer später bekommen werden.

Wenn Sie während des Vortrags Ihre Visualisierungen spontan auf dem Flip-Chart oder an der Pinnwand entwickeln, dann kündigen Sie bitte an, ob später Fotos oder Abschriften als Protokoll zur Verfügung gestellt werden.

☛ Grundsätzlich ist davon abzuraten, gleich mit der Einladung schon die Teilnehmerunterlagen zu verschicken. Die meisten Menschen sind viel zu beschäftigt, sie vorher zu lesen und viele werden auch noch vergessen, sie zur Veranstaltung mitzubringen. Dann brauchen sie neue Kopien, und schon reicht der Vorrat nicht aus.

Es kommt auch gelegentlich vor, daß die Unterlagen nicht ohne die Worte des Vortragenden verständlich sind. Dann besteht die Gefahr, daß Mißverständnisse zu vorauseilenden Abneigungen gegen Sie und Ihre Thesen werden.

Das **beste Verfahren** ist wirklich:

1. austeilen
2. anschauen lassen
3. zur ersten Seite blättern lassen
4. vortragen

Dann kann jeder einzelne selbst entscheiden, ob mitzuschreiben oder nur zuzuhören ist. Und selbst, wenn mal einer herumblättert, ist es nicht tragisch. Lassen Sie Ihre erwachsenen Zuhörer doch bitte selbst entscheiden, wie sie Ihnen zuhören wollen.

☛ Sollte sich tatsächlich die Mehrheit während Ihrer Ausführungen in die Unterlagen vertiefen, dann sollten Sie weniger über die „Disziplin" der Zuhörer nachdenken, sondern mehr über Ihren Vortragsstil.

6 Die perfekte Vorbereitung

6.1 Die Gesamt-Vorbereitung

Bereiten Sie Ihre Vorträge in folgenden Schritten vor:

1. Legen Sie eine Stoffsammlung an.
2. Treffen Sie aus der Stoffsammlung eine Auswahl.
3. Gliedern Sie die Inhalte, und bringen Sie sie in eine sinnvolle Reihenfolge.
4. Schreiben Sie einen ersten Manuskriptentwurf.
5. Überarbeiten Sie das Manuskript inhaltlich und sprachlich entsprechend dem Zuhörerkreis.
6. Entwickeln Sie Anschauungsmaterial.
7. Bereiten Sie sich persönlich auf Ihren Auftritt vor.
8. Überprüfen Sie, ob organisatorisch alles geregelt ist.

Vermutlich werden Sie die einzelnen Vorbereitungsschritte nicht immer nur der Reihe nach abarbeiten. Manches können Sie parallel erledigen oder auch delegieren.

1. Legen Sie eine Stoffsammlung an

Der erste Schritt zur Vorbereitung Ihres Vortrags ist die Stoff- oder Materialsammlung. Tragen Sie so viel an Material wie nur möglich zusammen. Schreiben Sie Ideen auf, schneiden Sie Artikel aus, sprechen Sie mit anderen über die Inhalte Ihres Vortrags, und lassen Sie sich von Vorschlägen inspirieren. Ziel dieser Sammelphase ist, daß Sie zunächst möglichst viel an Fakten, Inhalten, Ideen, Beispielen zu Ihrem Thema zur Verfügung haben. Je reicher Ihr Fundus ist, desto besser können Sie später das auswählen, was für Ihre Zuhörer wichtig und interessant ist.

☞ Orientieren Sie sich beim Sammeln an folgenden Fragen:

- Worum geht es bei meinem Vortrag?
- Was gehört unmittelbar oder am Rande dazu?
- Was haben andere bereits zu diesem Thema gesagt oder geschrieben?
- Welche Argumente sprechen für die Thesen, die ich vertreten will? Was könnte dagegen sprechen?
- Mit welchen Beispielen könnte ich die sachlichen Inhalte für meine Zuhörer veranschaulichen?
- Mit welchen Bildern, Grafiken, Statistiken oder Zahlen könnte ich die Richtigkeit meiner Aussagen untermauern?

Oft ist es am Anfang noch gar nicht notwendig, die gesammelten Unterlagen zu sortieren. Es kann reichen, erst einmal möglichst viel zu haben. Je mehr Sie zusammentragen, desto mehr lernen Sie auch selbst über tiefergehende Fakten oder über Randgebiete des Inhaltes kennen. Obwohl Sie wissen, daß Sie niemals so viel vortragen können, wie Ihnen an Fakten und Themen zur Verfügung steht, wird es Sie doch beruhigen, daß Sie durch Ihre reichhaltige Sammlung auch für ausgefallenere Fragen aus der Zuhörerrunde gewappnet sind.

2. Treffen Sie aus der Stoffsammlung eine Auswahl

Im zweiten Schritt wählen Sie aus den gesammelten Unterlagen das aus, was Sie im Vortrag zur Sprache bringen wollen. Zu empfehlen ist, zunächst eine thematische Ordnung in die Stoffsammlung zu bringen.

Vielleicht fällt es Ihnen auch so schwer wie anderen Referenten, wenn sie vor dem Berg von Fakten, Ideen, Beispielen, Argumenten stehen und dann notgedrungen so vieles wegsortieren müssen, was eigentlich auch interessant und wichtig wäre. Es geht vielen Vortragenden so, daß sie gerne viel mehr sagen möchten als sich in der kurzen Redezeit überhaupt unterbringen läßt. Aber die Auswahl muß leider sein.

☞ Orientieren Sie sich in diesem zweiten Schritt der Vorbereitung an folgenden Fragen:

• *Wieviel Redezeit wird mir zur Verfügung stehen?*

Bedenken Sie bitte, daß fast immer der Zeitrahmen überschätzt wird. Wenn Sie zum Beispiel eine Redezeit von einer halben Stunde zugeteilt bekommen haben, dann sollten Sie Ihren Vortrag auf etwa zwanzig Minuten begrenzen. Durch Begrüßung, Einstimmung auf das Thema und Zwischenfragen geht oft mehr Zeit verloren, als man glaubt.

• *Was will ich mit dem Vortrag erreichen? Will ich die Zuhörer informieren? Will ich sie von einer bestimmten Sache überzeugen? Will ich sie zu einer bestimmten Handlung anregen oder von etwas abhalten? Soll mein Vortrag zur Unterhaltung der Zuhörer beitragen?*

> Es macht einen großen Unterschied, ob Sie einen Vortrag halten, um zum Beispiel die Zuhörer zum Kauf eines Produktes zu bringen oder ob Sie im Rahmen einer Firmenfeier einmal vortragen, wie sich das Unternehmen im Laufe der letzten Jahrzehnte entwickelt hat.

Deshalb stellen Sie sich bei der Auswahl der zu präsentierenden Inhalte unbedingt die Frage: „Was will ich bei den Zuhörern bewirken?"

• *Wer sind meine Zuhörer? Was wissen sie bereits über das Thema? Welche Erwartungen bringen sie mit? Mit welchen zustimmenden oder ablehnenden Reaktionen muß ich rechnen?*

Wählen Sie aus der Stoffsammlung die Beispiele und Fakten aus, die Ihren Zuhörern vermutlich besonders verständlich und für sie sehr interessant sein werden. Wenn Sie vor einem gemischten Publikum sprechen sollen, dann suchen Sie möglichst für jede der Personengruppen geeignete Inhalte heraus.

Redezeit, Absicht des Vortrags und Zuhörererwartungen sind die Kriterien, die Sie bei der Auswahl aus Ihrer Stoffsammlung berücksichtigen sollten.

3. Gliedern Sie die Inhalte und bringen Sie sie in eine sinnvolle Reihenfolge

Bei diesem Vorbereitungsschritt versetzen Sie sich bereits konkret in die Situation des Vortrags hinein. Überlegen Sie, wie Sie am Anfang das Interesse oder die Neugier der Zuhörer wecken wollen. Sortieren Sie danach die Inhalte so, daß sich eine Spannung für die Zuhörer ergibt. Zum Schluß muß das kommen, was unbedingt im Gedächtnis haften bleiben soll.

Es gibt eine Rhetorikregel, die da lautet: „Der erste Eindruck entscheidet über die Bereitschaft, überhaupt zuzuhören. Der zweite Eindruck hält wach oder schläfert ein. Der letzte Eindruck bleibt haften".

Zur sinnvollen Gliederung und zur Bestimmung der Reihenfolge brauchen Sie unbedingt die „Kernbotschaft". Das ist die Botschaft, die sehr kurz Ihren gesamten Vortrag zusammenfaßt.

> Wenn zum Beispiel der Gesundheitsberater in der Schule einen Vortrag über die gesundheitlichen Folgen des Rauchens hält, dann lautet seine Kernbotschaft vermutlich: „Kinder, laßt das Rauchen sein."
> Wenn der EDV-Spezialist Reinhard M. seinen Vortrag über die neue Datenbank hält, wird seine Kernbotschaft vermutlich sein: „Diese neue Technik wird Ihnen allen nützen, bitte machen Sie sich möglichst schnell damit vertraut."

Es bleibt Ihre Entscheidung, wie Sie Ihre Kernbotschaft vermitteln wollen. Sie können sie gleich am Anfang dem Publikum präsentieren, danach mit Fakten begründen und zum Schluß noch einmal zusammenfassen und damit den Zuhörern mit auf den Weg geben. Sie können jedoch auch am Anfang zunächst eine gewisse Spannung aufbauen, danach Argumente und Beispiele darstellen und erst zum Schluß mit der Kernbotschaft die Spannung auflösen.

4. Schreiben Sie einen ersten Manuskriptentwurf

Bisher haben Sie sich damit befaßt, was Sie sagen und in welcher Reihenfolge Sie die Inhalte präsentieren wollen. Nun geht es um die Frage: „Wie sage ich es den Zuhörern?"

Legen Sie sich die **Gliederung** als **Gedächtnisstütze** auf den Tisch und stellen Sie sich vor, Sie wollten einem Freund oder Kollegen ganz einfach einmal erzählen, was Sie zu sagen haben. Sprechen Sie dabei ruhig halblaut vor sich hin. Dadurch erreichen Sie, daß sich in Ihrem Sprachverhalten und damit auch in Ihrer Vorstellung aus den bisher trocken gesammelten Inhalten eine persönliche Botschaft ergibt. Vielleicht erkennen Sie durch das Sprechen auch, daß es an einigen Stellen doch noch ratsam ist, die Reihenfolge zu ändern, Beispiele zu entfernen oder weitere Argumente zu ergänzen.

Als nächstes stellen Sie sich Ihre zukünftigen Zuhörer vor. Sprechen Sie nun Ihren Vortrag in ein Diktiergerät oder schreiben Sie mit: „Meine Damen und Herren..."

Wenn Sie Ihr Manuskript in ausformulierten Sätzen vor sich haben, lesen Sie es sich mehrfach laut vor. Dadurch erreichen Sie, daß sich die Inhalte und die Reihenfolge in Ihrem Gedächtnis verankern. Außerdem können Sie über das Medium Ihrer eigenen Stimme meistens leichter erkennen, wenn an einigen Stellen doch noch Verbesserungen notwendig sind.

Sie sollten jedoch nicht versuchen, den Vortrag auswendig zu lernen. Das Vortragen von Auswendiggelerntem kann sich später für die Zuhörer sehr gekünstelt und langweilig anhören.

5. Überarbeiten Sie das Manuskript inhaltlich und sprachlich entsprechend dem Zuhörerkreis

In diesem Schritt geht es um eine letzte „Politur" am Manuskript. Nehmen Sie alle Fach- und Fremdwörter heraus, die vielleicht doch nicht jedem der Zuhörer geläufig sind. Prüfen Sie bei jedem Beispiel, ob es die Interessen treffen und die Kernbotschaft verdeutlichen wird. Nehmen Sie komplizierte Satzkonstruktionen auseinander. Schreiben Sie lieber drei kurze Sätze als einen langen.

Wenn Sie können, lassen Sie jetzt noch einmal eine andere Person in Ihr Manuskript schauen. Außenstehenden fällt es oft viel leichter, sich in die zukünftigen Zuhörer zu versetzen. Sie können besser beurteilen, ob der geplante Vortrag folgenden Kriterien genügt:

• Die Inhalte müssen verständlich und plausibel sein.
• Der Vortrag muß interessant und spannend sein.
• Die Kernbotschaft muß unmißverständlich vermittelt werden.

Es gibt eine Rhetorikregel, die da lautet: „Jeder Vortrag ist sinnlos, wenn die Zuhörer ...

... nicht verstehen, worum es geht.
... vor Langeweile darüber einschlafen.
... nicht wissen, was man ihnen eigentlich damit sagen wollte."

6. Entwickeln Sie Anschauungsmaterial

Den meisten Menschen fällt es sehr schwer, einfach nur zuzuhören. Die Gedanken wandern nebenher in ganz andere Richtungen, man weiß nicht genau, wie die Ausführungen gemeint sind, man läßt sich von seiner Umgebung ablenken, man wird müde und fängt an zu träumen. Wir sind heute alle vom Fernsehen und von den bunten Bildern in den verschiedenen Medien verwöhnt. Gleichzeitig sind wir alle ganz wunderbar darauf trainiert, unsere Ohren „auf Durchzug zu schalten".

Mit Schaubildern, Dias, Plakaten oder Projektionsfolien können Sie Ihren Zuhörern helfen, bei der Sache zu bleiben und die Inhalte so zu verstehen, wie Sie sie meinen. Entwickeln Sie deshalb möglichst einfache und möglichst einprägsame optische Darstellungen. Schreiben Sie markante Kernsätze auf Plakate. Zeichnen Sie übersichtliche Grafiken und Diagramme.

Fragen Sie sich zu den theoretischen Inhalten und zu den praktischen Beispielen, wie Sie sie neben der wörtlichen Vermittlung auch über die Augen anschaulich (!) machen können. Gehen Sie dazu noch einmal zu Ihrer ersten Stoffsammlung zurück. Vermutlich finden Sie dort etliche Anregungen und sogar schon fertige Darstellungen.

7. Bereiten Sie sich persönlich auf Ihren Auftritt vor

Wie bereits gesagt, sollten Sie nicht auswendig vortragen. Es besteht immer die Gefahr, daß der Vortragende plötzlich einen glasigen Blick bekommt und damit zeigt, wie wenig er auf sein Publikum achtet und statt dessen im Gedächtnis nach dem nächsten Satz sucht. Das wirkt hilflos und unprofessionell. Auf der anderen Seite kann es auch sehr langweilig sein, wenn der Vortrag wie ein Referat nur vorgelesen wird.

Nehmen Sie einen Leuchtstift oder Textmarker, und streichen Sie damit die Wörter an, die Sie brauchen, um sich sofort und mit einem Blick in Ihrem Manuskript orientieren zu können. Noch besser ist es, wenn Sie nach einigen Proben mit dem markierten Manuskript einen Extrakt nur mit den Stichwörtern anfertigen. Schreiben Sie die Stichwörter in der richtigen Reihenfolge auf eine Karteikarte. Nur mit dieser Karte werden Sie dann später auftreten. Dann können Sie auch nicht versehentlich ins Vorlesen abgleiten.

Anschließend üben Sie mit dem Papier in der Hand stehend die freie Rede vor einem imaginären Zuhörerkreis. Stehend zu üben hat den Vorteil, daß Sie nicht nur den Inhalt und das Sprechen proben, sondern auch die Körperhaltung und Gestik. Es kommt immer wieder vor, daß Vortragende erst bei ihrem Auftritt merken, daß sie plötzlich nicht wissen, wohin mit den Händen.

Achten Sie beim Üben darauf, daß Sie sich Ihre Zuhörer vorstellen. Üben Sie bitte nicht vor dem Spiegel. Die Situation, sich selber beim Vortragen zu beobachten, weicht völlig von der späteren Realität ab.

8. Überprüfen Sie, ob organisatorisch alles geregelt ist

Vermutlich werden Sie nicht auch noch für die Raumreservierung, die Einladungsschreiben, die Getränkebestellungen etc. verantwortlich sein. Dennoch sollten Sie absichern, daß alles rechtzeitig in die Wege geleitet wurde.

* Ganz besonders sollten Sie sich vergewissern, daß alles an Technik vorhanden ist, was Sie benötigen. Das kann sein: Tageslichtprojektor mit Ersatzlampen, Stellwände für Ihre Plakate oder Schaubilder ...

- Gehen Sie im Geiste durch, was Sie für Ihren Vortrag brauchen. Das kann zum Beispiel sein: Mikrophon, Flip Chart, dicke Stifte, Tageslichtprojektor, leere Folien, Folienstifte, Stellwände, Stecknadeln, Zeigestock, Kopien für die Zuhörer ...

- Bedenken Sie auch, was eventuell für die Zuhörer vorzubereiten ist: Einladungen, Tagesordnungen, Prospektmappen, Getränke, Imbiß ...

- Bei der organisatorischen Vorbereitung geht es um folgende Fragen:
  - Was wird gebraucht?
  - Was muß veranlaßt werden?
  - Wer kümmert sich darum?
  - Sind die richtigen Dinge von den zuständigen Personen getan, besorgt oder veranlaßt worden?

Wenn Sie mit Ihren Vorbereitungen soweit sind, dann kann eigentlich nichts mehr schiefgehen. Eine gründliche Vorbereitung ist für jeden Vortragenden das beste „Ruhekissen" vor dem Auftritt. Es empfiehlt sich, möglichst nicht erst auf die letzte Minute mit den Vorbereitungen anzufangen. Vor allem, wer nur selten Gelegenheit hat, Vorträge zu halten, sollte jede Hektik auf die letzte Minute vermeiden.

6.2 Das Manuskript

Schreiben Sie Ihr Manuskript erst, nachdem Sie eine gute Gliederung mit sauberer Verteilung und Abgrenzung der Themen und Unterthemen erstellt haben.

Wenn Sie nämlich bei der Feinarbeit feststellen, daß Sie doch noch Änderungen in der Reihenfolge vornehmen sollten, so ist es leichter, Gliederungspunkte zu korrigieren als ganze Texte.

Wohlgemerkt: Das Manuskript soll nicht von Ihnen vorgelesen werden! Nichts ist so langweilig, wie ein abgelesener Vortrag.

Das Manuskript können Sie später als Kopie für die Zuhörer verteilen, ins Protokoll aufnehmen oder in Ihren eigenen Unterlagen zur eventuellen späteren Verwendung - z.B. Artikel für eine Fachzeitung - ablegen.

Wenn Sie keine vollständig ausgeschriebene Unterlage brauchen, muß das Manuskript auch nicht ausformuliert werden. Es reicht dann, daß Sie sich für den Vortrag eine Stichwortliste erstellen. Dabei sollten Sie die ersten und die letzten Sätze (Kernbotschaft!) jedoch ausformulieren.

Die Stichwortliste muß so geschrieben sein, daß Sie sie im Vortrag gut lesen können. Sie müssen mit einem Blick das jeweilige nächste Stichwort erfassen und dann weitersprechen können.

Bei einem ausformulierten Manuskript sollten Sie auch solche Dei
spiele ausführen, die Sie später gar nicht vortragen, die jedoch als
Ihre Zuhörer im Nachhinein noch interessant sein könnten.

Daß Sie sich sprachlich so geschliffen und klar ausdrücken wie nur eben möglich,
dürfte selbstverständlich sein. Gut ist es, wenn Sie Ihr Manuskript noch einmal
von einer Person gegenlesen lassen, die nichts mit dem Fachgebiet zu tun hat
oder wenigstens nicht - wie Sie - bis über beide Ohren gedanklich darin steckt.

Wenn Sie ein Referat zu halten haben, dann sieht die Sache ganz anders aus.
Dann müssen Sie notgedrungen einen Text schreiben, der sich vorlesen und akustisch gut erfassen läßt.

☞ Halten Sie sich dann an folgende Empfehlungen:

1. *Stichworte, Ideen, Formulierungsbeispiele etc. sammeln*
   1.1. Was wird die Zuhörer besonders interessieren?
   1.2. Was bringt meine Botschaft am besten „rüber"?
   1.3. Wie kann ich es ausdrücken?

2. *Rohtext schreiben*
   2.1. Gliederung mit sauber abgegrenzten (Unter-)Themen
   2.2. Fließtext zügig aufschreiben ohne Feinformulierungen
   2.3. Laut vorlesen und erste Korrekturen anbringen

3. *Rohtext „veredeln"*
   3.1. Mindestens jedes zweite Adjektiv raus! („Adjektivitis"!)
   3.2. Nebensätze raus! - Notfalls zwei Kurzsätze statt dessen
   3.3. Füllwörter raus!
   3.4. Unnötige Silben raus!
       (senden statt übersenden)
       (testen statt austesten)
       (prüfen statt überprüfen)
       (bald statt alsbald)
   3.5. Lange Wörter und Wortkombinationen durch kurze Begriffe ersetzen
   3.6. Hilfsverben raus!
       („Wir stellen Ihnen dieses Produkt vor." statt: „Wir möchten Ihnen ...")
   3.7. Passive Verben durch aktive ersetzen
       („Wir haben die Kosten gesenkt." statt: „Die Kosten konnten gesenkt
       werden.")
   3.8. Fremd- und Fachwörter ersetzen
   3.9. Beispiele aus der Welt der Zuhörer einfügen

4. Vortrag üben
   4.1. Vorlesen und Lesezeit messen
   4.2. Wichtiges markieren
   4.3. Stehend laut lesen und dabei immer wieder vom Blatt aufschauen

Lassen Sie das Manuskript korrekturlesen, und kämpfen Sie dann bitte nicht um jede Ihrer Formulierungen.

Für jeden Autor gilt: „Kill Your Darling." Das bedeutet: Schmeißen Sie knallhart genau die Formulierungen raus, die Ihnen am innigsten ans Herz gewachsen sind. Das sind nämlich fast immer die, die auch wirklich nur dem Autor selbst gefallen, die jeder Außenstehende sofort als „Plüsch und Blümchem" erkennt.

6.3 Gedächtnisstütze: Stichwortzettel

Der Stichwortzettel soll Ihnen helfen, während des Vortrags nicht den Faden zu verlieren oder notfalls schnell wiederzufinden.

Sie sollten jedoch unbedingt Ihre Einleitungssätze und die Kernbotschaft wörtlich ausformuliert mitnehmen. Vor Nervosität fällt Ihnen womöglich nicht mehr ein, was Sie genau sagen wollten und ärgern sich hinterher, wenn Sie etwas vergessen haben.

☛ Üblich sind drei Varianten von Stichwortlisten:

1. Man nimmt das ganze Manuskript und markiert dort mit farbigen Stiften die Stichworte.

Nachteil: Man hat sehr viel Papier in der Hand und kann vielleicht doch nicht auf Anhieb die richtige Stelle finden, wenn man das nächste Stichwort braucht.

Vorteil: Man hat zur Not den kompletten Text und kann zum Beispiel bei Zuhörerfragen Details schnell nachlesen.

Wenn Sie Ihr ganzes Manuskript mitnehmen wollen, sollten Sie die Blätter fest zusammenheften. Zu leicht verheddert man sich, hat plötzlich die falsche Reihenfolge, und das Chaos nimmt seinen Lauf.

Sie sollten außerdem darauf achten, daß nicht etwa wichtige Stichworte in der Knickfalte des Papiers unleserlich geworden sind.

Das Papier sollte dick und fest sein. Es macht sich nicht gut, wenn Ihre vor Nervosität am Anfang vielleicht zitternden Hände ein Rascheln erzeugen.

Der Text sollte mit wasserfestem Stift oder Druckerschwarz erstellt sein. Wenn Sie nämlich feuchte Hände haben, könnten Sie sonst mit Tintenfingern vor dem Publikum stehen.

2. *Man nimmt Papier oder Karteikarten mit, auf denen nur die Stichworte selber stehen.*

Nachteil: Bei einem echten Blackout weiß man vielleicht nicht mehr, was man zu einem bestimmten Stichwort eigentlich sagen wollte.

Vorteil: Man läuft nicht Gefahr, am Ende doch noch in eine öde Vorleserei zu verfallen. Außerdem lassen sich Einzelwörter schneller erfassen als ganze Sätze.

Wenn Sie mit Karteikarten arbeiten wollen, müssen Sie diese unbedingt numerieren! Sie werden Ihnen ganz bestimmt mindestens einmal hinfallen. Gut, wenn Sie dann schnell wieder alles ordnen können.

3. *Man nimmt ein Formular für Stichworte und Ergänzungen mit.*

Nachteil: Die Ergänzungen können die Sache unter Umständen etwas unübersichtlich machen.

Vorteil: Man hat die Stichworte und gleichzeitig Details, die man bei Bedarf hinzufügen oder auch weglassen kann.

Beispiel:

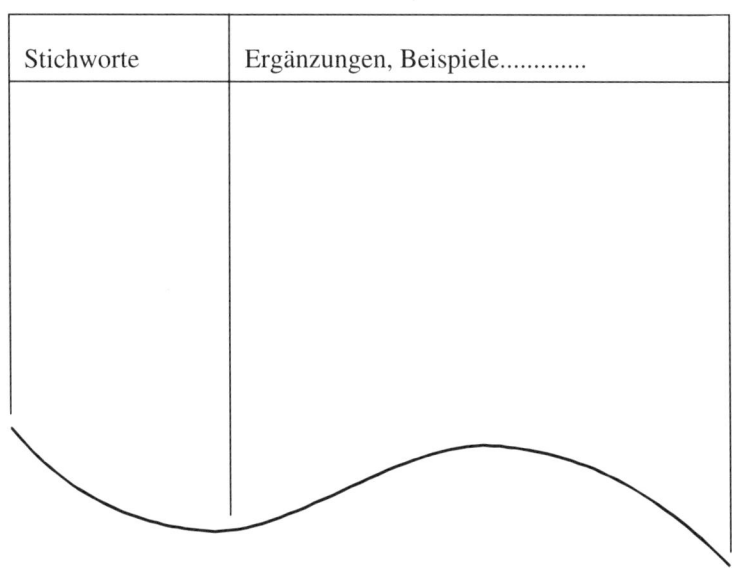

Stichworte	Ergänzungen, Beispiele............

Abb. 27: Stichworte und Details

☛ Egal, mit welcher Stichwortliste Sie arbeiten wollen, eines gilt immer: Üben Sie mit genau der Liste, mit der Sie dann auch auftreten werden!

Für die meisten Vortragenden ist es übrigens auch viel angenehmer, mit einer Stichwortliste zu arbeiten, die sie selbst handschriftlich angefertigt haben. Die schnelle Wiedererkennung der Begriffe ist durch die eigene Schrift leichter als durch ausgedruckte Texte.

Die Stichwortliste mag Sie - zu recht - an Ihre Mogelzettel der Schulzeit erinnern. So ähnlich ist das auch. Allerdingt gibt es einen wesentlichen Unterschied: Den Mogelzettel mußten Sie als Geheimdokument mit sich führen und nur sehr diskret benutzen. Den Stichwortzettel halten Sie bitte offen in der Hand und benutzen ihn ohne schlechtes Gewissen.

Es kommt immer wieder vor, daß Redner glauben, auswendig aufsagen zu müssen. Ganz verstohlen spicken sie dann im Notfall auf den zwischen Daumen und Handteller versteckten Zettel. Sie hoffen vergeblich, daß die Zuhörer davon nichts mitbekommen. Solche Manöver würden auch Ihnen natürlich einen gewissen kindlichen Charme geben. Die Frage ist: Wollen Sie das?

7 Für wen machen wir uns die Mühe?

7.1 Zuhörerorientierung - Die erste Pflicht des Vortragenden

Wie bereits gesagt, muß Ihr Vortrag in erster Linie Ihren Zuhörern gefallen und nicht Ihnen. Denken Sie weniger darüber nach, was Sie sagen möchten, sondern lieber darüber, was Ihr Publikum hören will.

Die Langeweile fängt oft schon mit der ausführlichen Selbstvorstellung an. Es gehört fast zum Standard von Präsentationen vor Kunden, ellenlange Ausführungen über die eigene Person und/oder das eigene Unternehmen zu machen.

> Wenn Sie zum Beispiel als Repräsentant Ihres Unternehmens vor den Führungskräften eines (potentiellen) Kundenunternehmens auftreten, dann ist es sicher wichtig, durch geeignete Ausführungen von Ihrer Kompetenz und der Ihres Unternehmens zu überzeugen. Verzichten Sie jedoch bitte auf öde Schilderungen zur Historie. Muß man sich wirklich anhören, welche Entwicklung Ihr Unternehmen seit dem Mohrrübenkrieg zwischen Holland und Bayern genommen hat? Muß man wirklich dreißig Folien mit den Statistiken über Ihre Verkaufs-, Mitarbeiter-, Kunden-, Umsatz- und sonstwas Zahlen anschauen und sich detailliert erklären lassen?

Nicht selten sind bei verkäuferischen Präsentationen die Zuhörer schon längst in einen Dämmerzustand gefallen, bevor der Vortragende endlich zu dem Thema kommt, das überhaupt der Anlaß der Veranstaltung war.

„Ist es nicht ein Gebot der Höflichkeit, sich erst einmal vorzustellen?!" Diese Frage mögen Sie sich stellen, wenn es auch zu Ihren Gewohnheiten gehört, zu jeder Präsentation die zwanzig oder noch mehr Standard-Folien zur Selbstdarstellung Ihres eigenen Unternehmens mitzuschleppen. Vielleicht schreibt auch Ihr Chef oder Ihre „Corporate Identity"-Broschüre vor, daß Sie diese immer als erstes auf den Projektor legen. Wahrscheinlich kommt immer einmal wieder eine neue Folie über neueste Entwicklungen in Ihrem Hause hinzu. Wird auch einmal eine aus dem Stapel entfernt?!

> In einer Bank sollte einmal eine Auswahl getroffen werden, welche Unternehmensberatung in Zukunft für die Führungstrainings zuständig sein sollte. Vier Berater traten auf, um ihre jeweils einstündige Präsentationen zwecks Akquise zu halten.
> 1. Berater: 46 Minuten Historie seines Unternehmens
>   12 Minuten Konzept-Präsentation
> 2. Berater: 24 Minuten Historie und 30 Minuten Konzept
> 3. Berater: eine Stunde Selbstbetrachtung und kein Konzept
> 4. Berater: 17 Minuten Historie
>   30 Minuten Berichte über ähnliche Projekte
>   8 Minuten Konzept-Präsentation
> Dabei hatten die Banker niemals den Wunsch geäußert, sich über die geschichtlichen Hintergründe der deutschen Unternehmensberaterwelt zu informieren.

☛ Bitte überlegen Sie immer:

- Was interessiert meine Zuhörer?
- Warum hören sie sich das an?
- Welche Auswirkungen wird das, was ich zu sagen habe, auf sie haben?
- Warum ist es für meine Zuhörer gut, sich von mir überzeugen zu lassen?
- Wie kann ich besonders anschaulich darstellen, was auf die Zuhörer zukommt?

☛ Verzichten Sie auf folgende Überlegung: Was könnte man über mich, über mein Unternehmen, über unseren alten Chef und seine Gründergeschichte ... alles sagen? Heben Sie sich solche Gedanken für den Tag auf, an dem man Sie damit beauftragt, das Firmenbüchlein zum 25. oder 50. oder 100. Geburtstag zu schreiben.

7.2 Wer kommt? - Wozu?

Da Ihr Vortrag für die Zuhörer ist, werden Sie sich vorab intensiv damit befassen, wer eigentlich Ihre Zuhörer sein werden.

- Wer wird kommen?
- Was erwarten die Zuhörer vermutlich?
- Was veranlaßt sie zu kommen?
- Wie kann der Vortrag ihnen nützlich sein?
- Aus welchem Grunde legen Sie Wert darauf, diesen speziellen Zuhörerkreis zu erreichen?

Diese und ähnliche Fragen sollten Sie vorab gründlich durchdenken.

Je intensiver Sie sich auf Ihr Publikum einstimmen, desto leichter wird es Ihnen fallen, dann auch die richtigen Worte und den richtigen Ton zu finden.

☛ Führen Sie - soweit es geht - eine gründliche Zuhöreranalyse durch. Sie können sich dabei an die folgende Struktur halten. Schreiben Sie dazu Stichworte auf. Die schriftliche Vorbereitung zwingt Sie, wirklich intensiv über die Zuhörer nachzudenken. Vielleicht kommen Ihnen dabei auch spontan neue Ideen, wie Sie Ihren Vortrag entsprechend anreichern oder straffen können.

Analyse Ihrer Zuhörer

1. Was möchten Sie bei diesen Personen erreichen?

Hauptziele	Nebenziele

2. Wie stehen die Zuhörer zum Thema?

Was wissen sie darüber?	Was halten sie davon?

Warum kommen sie zu dem Vortrag?	Wie werden sie reagieren?

3. Welche Konsequenzen werden Ihre Vorschläge für die Zuhörer haben?

Vorteile	Nachteile

4. Welche Beziehung besteht zwischen Ihnen und den Zuhörern?

5. Mit wem werden die Zuhörer später auch noch über das Thema sprechen?

Abb. 28: Analyse der Zuhörer

7.3 Nur der eigene Nutzen überzeugt

Eine alte Verkäuferweisheit sagt: „Niemand braucht eine Waschmaschine. Was die Leute brauchen, ist saubere Wäsche." Tatsächlich wird eine Waschmaschine nicht um ihrer selbst willen gekauft. Man holt sich ein solches Gerät, um damit die Wäsche zu waschen. Wenn also ein Verkäufer sich vor den Kunden stellt und mit glänzenden Augen von den herrlichen Merkmalen seiner wunderschönen Waschmaschine schwärmt, dann bringt das längst nicht so viel, wie der umgekehrte Weg: Man mache den Kunden „heiß" auf saubere Wäsche und zeige ihm dann die Waschmaschine. Dann wird der Kunde auch erkennen, daß ihm die Waschmaschine nutzt.

> Ein anderer Verkäuferspruch lautet: „Verkaufe nicht den Bohrer, verkaufe das Loch." Hier gilt das gleiche wie oben. Man muß zuerst vom Kunden und dessen Bedürfnis ausgehen. Der Kunde will ein Loch bohren. Also zeige man ihm das Gerät, mit dem er seinen Bedarf decken kann.

Sehr häufig wird bei Projektpräsentationen genau anders herum argumentiert. Der Vortragende betrachtet aus seiner eigenen Sicht das Projekt. Er schildert den Zuhörern, was dort entsteht, wie wundervoll es eines Tages sein wird und in welchen Schritten man zum Ergebnis zu kommen gedenkt. Erst danach, und nicht selten sogar beiläufig, wird dann auch noch erwähnt, wozu das Projekt und sein Ergebnis überhaupt gut sein sollen.

> In einer Versicherung sollte die Vertriebsstruktur umgestellt werden. Der Projektleiter präsentierte die neue Struktur und erklärte sehr anschaulich, wie der neue Vertrieb dann arbeiten würde. Er verstand überhaupt nicht, warum die Zuhörer nörgelten und ihn mit spitzen Fragen und Zwischenrufen angriffen. Für ihn war klar, daß die neue Struktur viel effizienter, kundenorientierter und bequemer für die Mitarbeiter sein würde. Seine Zuhörer sahen statt dessen lediglich eine Menge an Umstellungsarbeiten und Umgewöhnungen auf sich zukommen. Man hatte ihnen zwar gesagt, wie der neue Vertrieb arbeiten würde, aber man hatte ihnen nicht plausibel gemacht, warum das Neue von Vorteil war.

Jungen Eltern bringt man heute bei, ihren Kindern nicht nur Anweisungen zu geben und stumpfen Gehorsam zu verlangen. Man fordert sie auf, ihren Kindern die Zusammenhänge zu erklären, ihnen zu sagen, warum man dieses von ihnen verlangt oder anderes verbietet. Man soll den Kindern deutlich machen, daß nicht Willkür hinter den Worten der Eltern steckt, sondern die Absicht, ihnen Gutes zu tun.

Das gleiche gilt auch für die meisten Vorträge und Präsentationen. Fast immer wollen Sie ja durchaus etwas „verkaufen", wenn Sie vor Zuhörern auftreten. Sie wollen überzeugen, zu Taten oder Einstellungen veranlassen. Sie wollen für Ihre Ideen und Vorschläge Zustimmung. Sie wollen mit Ihrem Auftritt etwas bewirken.

☛ Wenn Sie sich vor die Zuhörer stellen und die Botschaft vermitteln, man möge dieser oder jener Meinung sein, weil Sie das empfehlen, dann werden Sie es schwer haben, Akzeptanz zu finden. Statt dessen sollten Sie sich lieber die Mühe machen, warum es im Interesse der Zuhörer ist, Ihnen zuzustimmen. Machen Sie den Nutzen Ihres Anliegens für die Zuhörer deutlich.

☛ Häufig gehen Vortragende davon aus, daß die Zuhörer sich selbst denken können, warum es für sie gut ist, was man ihnen vorschlägt. Vorsicht! Damit überschätzt mancher sein Publikum. Manchen fehlt die Gesamtsicht, um die Vorteile zu erkennen. Andere haben keine Zeit, sich in das Thema zu vertiefen. Viele sind bereits zu blind vor lauter Vorurteilen, um noch positiv oder wenigstens wertfrei über den Sachverhalt nachzudenken.

Sie mögen sich seit längerer Zeit intensiv mit dem Thema befaßt haben. Sie haben vermutlich alle denkbaren Vor- und Nachteile durchdacht. Für Ihre Zuhörer ist das Thema oft gar nicht so nachvollziehbar. Dann müssen Sie den Nutzen aus Zuhörersicht verdeutlichen.

> In einem Unternehmen sollten etliche Funktionen ausgelagert werden. Eigenes Putzpersonal sollte durch Mitarbeiter einer externen Reinigungsfirma ersetzt werden. Für die gesamte Datenverarbeitung war eine eigene GmbH geplant. Dazu kamen weitere ähnliche Veränderungen. Den Mitarbeitern wurde in der Betriebsversammlung zwar gesagt, was sich ändern würde, aber niemand machte sich die Mühe, ihnen zu erklären, warum diese Änderungen gut sein sollten.

> In einem anderen Unternehmen sollte das interne Vorschlagswesen ausgebaut werden. Den Führungskräften wurde präsentiert, wie sich das Verfahren abzuspielen habe, welche Formulare wie zu verwenden seien und wie sie ihre Mitarbeiter zu entsprechendem Engagement aufzufordern hätten. Gleichzeitig wurde noch „die Keule geschwungen": Wehe der Führungskraft, aus deren Bereich keine Vorschläge eingingen!
> Kein Wunder, daß man hinter vorgehaltener Hand über diese „neue Marotte vom Alten" motzte.

> Ähnlich ging es in vielen Unternehmen mit dem Thema Qualität. Mit großem Trara wurde TQM eingeführt oder nach EN ISO 9000 zertifiziert, aber kaum war das Projekt abgeschlossen, gammelten die Qualitätshandbücher unbeachtet in den Schränken. Wer arbeitet denn wirklich danach? Jetzt mal ehrlich!

In vielen Unternehmen kommen und gehen die „Moden der Manager" und hinterlassen außer einem Haufen Papier nichts von Bedeutung. Kaizen, Lean Management, Empowerment, Changement, TQM, Öko Zertifizierung ...

So viele gute Ideen werden entwickelt oder übernommen, in Projekten dem eigenen Unternehmen angepaßt, in Präsentationen vorgestellt und schließlich in den Ablagen zu Grabe getragen.

☛ Machen Sie sich nicht auch zum Grabredner solcher Projekte. Tragen Sie nicht einfach nur hochwissenschaftlich vor, was es ist und wie man es anwenden soll und welche Folgen es haben wird.

☛ Machen Sie den Nutzen aus der Sicht Ihrer Zuhörer deutlich. Nur dann wird es auch Konsequenzen im Denken und Handeln haben.

Wenn Sie mit Ihrer Präsentation ein Produkt verkaufen wollen, fragen sich Ihre Zuhörer mehr oder weniger bewußt immer: „Bringt mir das Produkt mehr ein, als mich der Verlust meines Geldes schmerzen würde?" Das ist natürlich krass formuliert. Dennoch ist es so, daß die meisten Menschen an ihrem Geld hängen und einen guten Grund dafür brauchen, wenn sie sich davon trennen sollen. Das gilt auch für Spendenaufrufe. Der Geldgeber bekommt dafür zwar kein greifbares Produkt, aber die schöne Gewißheit (davon müssen Sie ihn überzeugen!), ein edler Mensch zu sein. Auch diese Genugtuung empfinden viele als „Nutzen".

☞ Wenn Sie von Ihren Zuhörern ein Umdenken wollen, müssen Sie sich in die Frage vertiefen: „Warum denken die Menschen heute so, wie sie es tun?" Und: „Was kann sie überzeugen, daß das Umdenken für sie viel besser ist?"

Wenn Sie Ihre Zuhörer dazu bringen wollen, zum Beispiel ihren bisherigen Arbeitsstil umzustellen, weil es für Ihr Projekt notwendig ist, dann begründen Sie bitte nicht, warum es aus Sicht des Projektes sein muß! Das würde womöglich nur die Vermutung bestätigen, daß Ihr Projekt ein „Störfaktor" ist. Begründen Sie aus Sicht der Zuhörer, warum die neue Arbeitsweise die bessere ist. Bei der Gelegenheit können Sie dann im zweiten Schritt für Ihr Projekt werben, weil es die bessere Arbeitsweise stützt und fördert oder überhaupt erst möglich macht.

☞ Bereiten Sie sich bewußt darauf vor, Ihren Zuhörern vorzutragen, warum es gut für sie ist, Ihnen zuzustimmen. Machen Sie Ihre diesbezüglichen Vorbereitungen schriftlich. Das zwingt Sie zur gründlichen Analyse.

☞ Denken Sie nicht so: „Wenn meine Zuhörer vernünftig sind, dann werden sie sich von folgenden Argumenten überzeugen lassen: ..." In diesem Gedanken steckt schon wieder der typische Oberlehrer, der davon ausgeht, daß alle dumm sind, die anders denken als er selbst.

Ihre Überlegung muß sein: „Wenn ich in der Haut meiner Zuhörer stecken würde, was könnte mich überzeugen?" Noch besser: „Was könnte mich begeistern?"

☞ Machen Sie sich eine Tabelle:

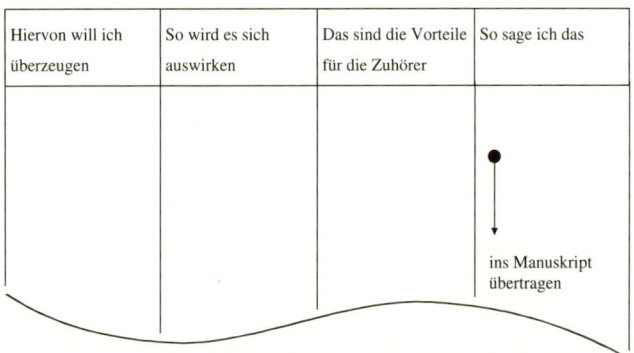

Abb. 29: Vorbereitung der Nutzenargumentation

7.4 Das Sehnen und das Streben

In Verkaufstrainings wird immer sehr intensiv das Thema „Motive" behandelt. Mit „Motiven" ist das innere Streben gemeint, das uns Menschen treibt, etwas zu tun (z.B. kaufen) oder zu lassen. Wer zum Beispiel das Motiv „Prestigestreben" in sich trägt, kauft ein ganz anderes Auto als eine Person, die vom Motiv „Sparsamkeit" getrieben wird. Man kann allerdings auch beiden das gleiche Auto verkaufen. Man muß nur dem Sparsamen vorrechnen, wie günstig gerade dieser Wagen ist. Dem Prestigeorientierten macht man klar, daß dieser Wagen natürlich nur für „bestimmte Kreise" etwas ist. Diese „Kreise" müssen dann allerdings verlockend sein.

Wenn ein Verkäufer bei den Motiven eher von seinen eigenen Vorurteilen ausgeht, dann wird er es nicht weit bringen.

> Eine ältere Dame geht zum Autohändler und möchte sich Autos zeigen lassen. Noch bevor sie richtig zu Wort kommt, hat der Verkäufer alle seine Vorurteile parat:
> – Frauen haben nicht viel Geld: Es muß ein billiges Auto sein.
> – Frauen können nicht gut einparken: Es muß ein kleines Auto sein.
> – Ältere Damen sind spießig: Der Wagen sollte grau sein.
> Und nun zeigt ihr der Verkäufer das, was nach seiner Vorstellung das passende „Oma-Auto" ist.
> Was er nicht weiß: diese Dame ist soeben siegreich aus den Scheidungsverhandlungen hervorgegangen. Sie hat einen dringenden Wunsch: Sie will dem Verflossenen ihren nagelneuen, knallroten Sportwagen vor die Tür parken. - Den kauft sie natürlich bei der Konkurrenz.

Hängen Sie auch an solchen Vorurteilen? Gehen Sie auch davon aus, daß alle Mitarbeiter der Revision verkniffene Papierschieber sind? Sind Sie auch sicher, daß blonde Sekretärinnen dumm sind? Vermuten Sie auch, daß alternde Geschäftsführer schmuddelige Witzchen hören wollen?

☛ Im persönlichen Verkaufsgespräch können Sie durch Fragen und Zuhören, durch Beobachten und Interesse am Gesprächspartner sehr viel erfahren. Dann können Sie auch konkret auf die jeweils wichtigen Motive der betreffenden Person eingehen. Sie werden auch dann nicht plump die erkannten Motive ansprechen.

> „Einem Geizhals wie Ihnen empfehle ich ..."
> „Bei Ihrer Prestigesucht sollten Sie ..."
> „Ein Angsthase wie Sie ..."

Die meisten Menschen reagieren empfindlich, wenn man sie offen auf ihre Motive anspricht. Häufig gestehen sie sie sich nicht einmal selbst ein. Auch der Manager mit den maßgearbeiteten Schuhen aus London hat auf Anfrage (und wie er sich freut, wenn Sie die Schuhe als solche erkannt haben!) nur höchst „vernünftige" Gründe für diese Anschaffung. Das gleiche gilt für den Kauz, der alle Reißverschlüsse aus den Hosen trennt, bevor er diese der Caritas überläßt.

Sie müssen die Motive diskret ansprechen.

„Diese Schuhe haben natürlich ihren Preis." (Prestige)
„Damit sparen Sie pro Kunde mindestens zwei Mark Porto." (Sparsamkeit)
„Da kann nichts passieren. Das ist alles unter Garantie." (Sicherheitsbedürfnis)

Im persönlichen Verkaufs- oder Überzeugungsgespräch geht man nur auf die
Motive ein, die man beim Gesprächspartner erkannt hat. Alle anderen läßt man
unbeachtet. Man würde nur Gefahr laufen, daß das besonders abstoßend wirken
könnte. Manche Motive schließen sich auch gegenseitig aus: Sicherheitsstreben
und Abenteuerlust, Bequemlichkeit und Aktivitätsstreben etc.

Wenn Sie vor eine Zuhörergruppe oder gar eine Menschenmenge treten, müssen
Sie allerdings mit einer breiten Motivpalette arbeiten. Am besten erstellen Sie
sich eine Liste mit den Motiven, die wahrscheinlich bei Ihren Zuhörern wichtig
sind. Dann bereiten Sie für jedes dieser Motive mindestens zwei Argumente vor.

Die Motivansprache gehört mit zu den Nutzenargumenten. Wir Menschen erleben nämlich die Erfüllung unserer Motive als Nutzen.

> Sie wollen Gürtel verkaufen. Der grundlegende Nutzen mag sein, daß die Hose
> festgehalten wird. Dieser „praktische" Nutzen läßt sich auch mit einem Bindfaden
> erreichen. Sie handeln jedoch nicht mit Bindfäden, sondern mit Gürteln.
> Gürtel sind „nützlicher" als Bindfäden, weil sie als Hosensicherung gesellschaft-
> lich akzeptiert sind. Sie verhindern den Spott, den man mit einem Bindfaden auf
> sich ziehen würde.
> Dem Sparsamen erscheint ein Gürtel noch besonders nützlich, wenn er billiger ist
> als vergleichbare Produkte, garantiert viele Jahre hält, einen hohen Wiederver-
> kaufswert hat und durch beidseitige Benutzbarkeit die Anschaffung eines anders-
> farbigen Zweitgürtels erspart.
> Dem Prestigesüchtigen erscheint ein Gürtel besonders nützlich, wenn er teurer ist
> alle anderen und eine deutlich sichtbare Markierung trägt, die Fremden, Freunden
> und Feinden auf Anhieb deutlich macht: Teuer!
> Wenn Sie nun eine Verkaufsveranstaltung zu Gürteln planen, dann präsentieren
> Sie so, daß Ihre Gürtel nicht nur praktisch ihren Zweck erfüllen, sondern auch
> noch Prestigeobjekte mit großem Spareffekt sind.
> Wenn Sie allerdings ein bestimmtes Publikum erwarten, dann können Sie sich auf
> gewisse Motive konzentrieren. Tragen Sie im edlen Kurhotel vor (Prestige) oder
> auf der Butterfahrt (Sparsamkeit)?
> Ganz egal, Ihre Gürtel sind perfekt. Wichtig ist, daß Sie es den Zuhörern richtig
> verdeutlichen.

☞ Die wichtigsten Motive, die Sie in Ihren Vorträgen oder Präsentationen ansprechen sollten/können, sind:

1. Selbsterhaltungstrieb
Persönliche oder wirtschaftliche Lebensfähigkeit wird erhalten. Arbeitsplätze
werden gesichert. Die eigene Position im Unternehmen wird nicht gefährdet.

2. Genußstreben
Es schmeckt gut oder macht Spaß.

3. Heiterkeitsbedürfnis
Es ist lustig, den Ausführungen zuzuhören. Es wird sehr lustig, wenn man sich an dem beteiligt, wozu man überredet werden soll.

4. Besitzstreben
Man bekommt etwas dafür, wenn man zustimmt. Werbegeschenke werden verteilt. In den ersten Wochen entstehen keine Gebühren. Wer zwei kauft, bekommt das dritte für den halben Preis. Es handelt sich um eine dauerhafte Wertanlage.

5. Sammelleidenschaft
Man kann Punkte sammeln und für eine bestimmte Anzahl etwas bekommen. Es gibt Bilder und Alben. Man kann mit anderen Sammlern tauschen.

6. Sicherheitsbedürfnis
Da kann nichts passieren. Es gibt Hot Lines, Versicherungen, Erfahrungen, Airbags, Garantien, dreißig Jahre Nachkaufmöglichkeit und so weiter.

7. Bequemlichkeitsstreben
Man muß nichts selber machen. Ein anderer wird dafür zuständig sein. Es passiert automatisch. Alles geht noch schneller und einfacher.

8. Kontakt- und Liebesbedürfnis
Man macht sich mit der Entscheidung bei anderen beliebt. Man darf sich immer an die gleiche Ansprechperson wenden. Man bekommt eine Streichelhaut davon. Man gewinnt Freunde. Man gehört zum In-Kreis. Man wird viele Menschen kennenlernen. Man darf Mitglied eines Clubs werden.

9. Abwehrtrieb
Nein, niemand will Zwang ausüben. Man kann selbstverständlich von der Entscheidung wieder zurücktreten. Es verfolgt niemand heimlich unlautere Interessen damit.

10. Freiheits- und Selbständigkeitsdrang
Man darf alles selbst entscheiden. Man wird damit von anderen und anderem unabhängig. Man kann sich damit frei bewegen. Man liefert sich damit keiner Übermacht aus. Niemand kann einem damit in die Karten schauen.

11. Geltungsbedürfnis und Prestigestreben
Man wird damit aus der Masse der Durchschnittsmenschen gehoben. Man wird bewundert und beneidet werden. Das kann sich nicht jeder leisten. Nur ganz wenige sind dazu geeignet.

12. Neugier
Es ist immer abwechslungsreich, sich darauf einzulassen. Man kann nie wissen, was als nächstes passiert. Man wird ständig aktuell informiert sein. Man bekommt damit den großen Überblick. Wer es hat, kennt sich aus.

13. Spieltrieb und Tätigkeitsdrang
Man kann sehr viel selbst verändern. Es gibt individuelle Ausbau- und Anpassungsmöglichkeiten. Man darf es selbst mitgestalten. Man kann damit Strategien und Pläne entwickeln. Man kann es an verschiedenen Dingen ausprobieren. Man bekommt es als Bau-Set.

14. Lust an Wettkampf, Jagd, Eroberung
Man muß darum kämpfen. Man wird mit anderen in Konkurrenz gehen können. Man kann gute oder schlechte Resultate damit erzielen. Man kann etwas erbeuten. Man kann noch schnell ein Schnäppchen machen. Die Konkurrenz schläft nicht!

15. Nachahmungsbedürfnis
Andere haben es auch schon. Das ist jetzt so üblich. Das macht man heutzutage so. Professor Wussow von der Wüstenklinik hat es auch schon.

16. Rationalisierungsbedürfnis
Man spart mindestens zwei Handgriffe. Man schlägt zwei Fliegen mit einer Klappe. Drei Arbeitsgänge werden damit wegfallen. Es läßt sich jederzeit weiter optimieren.

17. Pflichtgefühl und Diensteifer
Es ist für Vorstand, Volk und Vaterland. Die Führungsriege hat entschieden. Ein anständiger Mensch verhält sich so. Damit werden Sie immer pünktlich sein. Ihr Chef wird sich über Sie freuen. Der Gesetzgeber verlangt das so.

☞ Überlegen Sie, welche der Motive für Ihre Zuhörer und in Zusammenhang mit Ihrem Thema bedeutsam sein können. Dann formulieren Sie entsprechende Argumente. Wenn Sie Ihr Manuskript schreiben, müssen diese Argumente mit aufgenommen werden.

7.5 Logik und Gefühl

Viele Vortragende machen den Fehler, daß sie den Verstand ihrer Zuhörer und auch sonstiger Gesprächspartner in seiner Qualität unter- und in seiner Bedeutung überschätzen.

Damit ist gemeint: Man hält die Zuhörer für dümmer als sie sind und läßt dann auch leicht einen etwas arroganten Ton mitschwingen oder geht schon von vornherein davon aus, daß sowieso nur die Hälfte vom Vortrag begriffen wird. Diesen Fehler machen vor allem sehr technisch und sehr wissenschaftlich orientierte Vortragende.

Gleichzeitig wird die Bedeutung des Verstands im Hinblick auf die Entscheidungsfindung und Überzeugung überschätzt. Man glaubt, logisch bis ins Detail auseinanderlegen zu müssen, warum eine bestimmte Entscheidung richtig ist, warum andere Dinge getan oder unterlassen werden sollten.

Dabei ist häufig gar nicht der Verstand entscheidend. Die meisten Menschen - es gibt Ausnahmen! - entscheiden nach Gefühl und suchen erst im nachhinein nach guten Begründungen für ihre Entscheidung.

Das gilt für unser politisches Wahlverhalten, für unsere Entscheidungsprozesse beim Kaufen, für die Auswahl von Personal ...

Der Verstand spielt bei Entscheidungen eine sehr untergeordnete Rolle. Denken Sie nur an folgende Beispiele:

> Man hat so oft logisch und sachlich erklärt, wie gefährlich das Rauchen ist. Sehr viele Raucher sind intellektuell in der Lage, die medizinischen Zusammenhänge ausreichend nachzuvollziehen. Und dennoch gibt es viele - und eben nicht nur die Abhängigen mit gelben Zitterfingern -, die nicht einmal den Wunsch haben, Nichtraucher zu werden.

> Man hat bis in den letzten Winkel der Republik die Information getragen, wie gefährdet Kinder im Auto sind. Und dennoch können Sie sich jeden Morgen vor jeden beliebigen Kindergarten stellen und beobachten, wie die Kinder locker auf Vorder- und Rücksitzen transportiert werden. Das trifft nicht nur auf Menschen zu, die sowieso froh wären, wenn sie keine Kinder hätten oder die sich aus Armut keine Kindersitze leisten können.

> Zum Thema Schutz vor Aids mag man gar nichts mehr hören. Und dennoch kann man sich bei den teuersten Call-Boys und -Girls erkundigen. Selbst die Top-Elite der deutschen Wirtschaft scheint zu dumm für kluge Entscheidungen in dieser Hinsicht zu sein.

Stimmt nicht. Die Leute sind nicht dumm. Wenn man sie gezielt fragt, dann lächeln sie verlegen und können genau erklären, warum es falsch ist, zu rauchen oder sein Kind ungesichert der nachbarschaftlichen Fahrgemeinschaft anzuvertrauen oder ungeschützten Sex zu betreiben. Und dann lächeln sie verlegen, zukken mit den Achseln und machen weiter wie bisher. Ganz normale Menschen ohne Mord- oder Selbstmordabsichten. Warum?

> Denken Sie auch an die Leute, die lieber endlose Autofahrten unternehmen, weil sie Angst vor dem Fliegen haben. Keine Unfallstatistik kann ihnen das Gefühl der Angst nehmen.
> Die gleichen Leute sind jedoch sehr wohl in der Lage, unausgeschlafen, alkoholisiert, unter Medikamenten stehend und telefonierend über die Autobahn zu sausen. Das kann ihnen unmöglich der Verstand eingegeben haben!

Weil der Verstand nur sehr wenig Einfluß auf unser Verhalten, Handeln und Entscheiden hat, tun wir das, was wir tun. So ist das nun einmal.

Wenn ein Vortragender einerseits die Intelligenz seiner Zuhörer unterschätzt und sich entsprechend verächtlich zeigt, dann verletzt er Gefühle. Die Zuhörer „wittern" nämlich sehr wohl die gezeigte Herablassung. Wenn gleichzeitig der Vortragende nur logische Argumente für sein Anliegen vorbringt, dann redet er auch noch in den Wind. Wenn man ihm dann nicht folgt, sieht er darin die „Dummheit" der Zuhörer bestätigt. Was er nicht begreift: Er selbst ist zu dumm, überzeugende Vorträge zu halten.

Sie brauchen sich nicht mit hirnmedizinischen Details zu befassen. An dieser Stelle soll nur ganz oberflächlich etwas dazu gesagt werden.

Wir Menschen haben - grob gesagt - drei Gehirne: *Stammhirn, Zwischenhirn, Großhirn.* Diese sind zuständig für Reflexe, Gefühle und Denken.

Das entwicklungsgeschichtlich älteste der Gehirne sorgt für die *Reflexe.* Es reagiert blitzschnell. Das werden Sie aus Ihrem eigenen Leben kennen. In Notsituationen können wir ohne langwierige Entscheidungsprozesse reagieren. Beispiel: Hand von der heißen Herdplatte ziehen.

Unsere *Gefühle* werden vom zweitältesten Gehirn gesteuert. Auch dieses Gehirn reagiert vergleichsweise schnell und oft auch sehr nachhaltig. Wenn uns zum Beispiel jemand den Vogel zeigt, dann brauchen wir nicht sehr viel Zeit zum Beleidigtsein, und dann hält das Gefühl sehr lange an. Wenn wir von einer Gehaltserhöhung erfahren, dann sind wir ebenfalls recht schnell glücklich und stolz.

Der *Verstand* wird vom jüngsten Gehirn gesteuert. Der Gebrauch des Großhirns ist uns vermutlich noch nicht so „geläufig". Wenn wir eine vernünftige Entscheidung treffen sollen, dann überlegen wir hin und überlegen wir her. Das kann dauern!

> Es gibt Tüftler und Denker, die brauchen Wochen oder gar Monate, bis sie wissen, welches Auto sie kaufen sollen. Schon der Kauf eines Weckers kann das Studium von Heften der Stiftung Warentest erforderlich machen. Und dann grübeln sie immer noch, ob sie wirklich alles ganz genau und ganz korrekt bedacht haben.

Etwa fünfzehn Prozent der Menschen lieben es, mühsam und langwierig über Entscheidungen zu grübeln. Fünfundachtzig Prozent der Menschen sind eher etwas denkfaul. Sie entscheiden lieber instinktiv oder gefühlsmäßig oder hängen sich mit ihren Entscheidungen an das, was Meinungsbildner oder Trendsetter vorgeben.

Zum Ärger der Tüftler stellt sich sehr oft heraus, daß die instinktiven und gefühlsmäßigen Entscheidungen am Ende die klügeren sind. Kann ja sein, daß sich die „alten" Gehirne mit ihren längeren Erfahrungen einfach besser auskennen.

Wenn Sie einen Vortrag halten in dem es darum geht, möglichst viele Menschen zu überzeugen, dann denken Sie bitte daran: 85% ist mehr als 15%!

☛ Sprechen Sie deshalb immer die Gefühle und Instinkte an. Zeigen Sie sich auch als Mensch mit Gefühlen und nicht als „Denkmaschine". Zeigen Sie Ihre eigene Begeisterung für das, wovon Sie überzeugen wollen.

☛ Zusätzlich müssen Sie selbstverständlich logische und rein sachliche Argumente bringen. Diese wirken wahrscheinlich wenig überzeugend, aber Ihre Zuhörer brauchen sie, um später vor sich selbst und vor anderen ihre (gefühls- oder instinktgesteuerte) Entscheidung begründen zu können.

> Daß Gefühle viel stärker wirken als der Verstand, wissen Sie auch aus eigener Erfahrung. Sie kennen ganz bestimmt die Tage, an denen Sie sich nur schwer auf Ihre Arbeit konzentrieren können, weil man Sie geärgert hat. Sie wissen, wie blind vor Liebe oder Wut auch Sie sein können. Sie kennen sicher auch die Erfahrung, daß Sie sich schlaflos wegen irgendwelcher Gefühle (Angst, Vorfreude, Eifersucht, Ärger etc.) im Bett wälzen. Ihr Verstand (Großhirn) „weiß", daß Sie in der Nacht nichts unternehmen können, um die Lage zu ändern. Der Verstand „weiß", daß es klüger wäre, gut auszuschlafen.

Was nützt das? Nichts.

☛ Die Grundlage Ihrer Überzeugungskraft liegt immer darin, daß Ihre Zuhörer Sie als Persönlichkeit gefühlsmäßig annehmen. Das heißt: Wenn Sie den Zuhörern sympathisch sind, dann können Sie viel leichter überzeugen, als wenn man Sie emotional ablehnt. Logik hin oder Rhetorikkünste her.

7.6 Beifall ist mehr als Schmeichelei

Von Beifallsstürmen träumt wohl jeder, der vor Publikum auftritt. Auch Sie möchten, daß man Ihnen durch Klatschen oder Klopfen auf den Tisch Zustimmung, Lob und sogar Begeisterung signalisiert.

Vielleicht haben Sie auch schon einmal vor Zuhörern gestanden, die mit unbewegten Gesichtern Ihren Vortrag, Ihre Rede oder Ihre Präsentation auf sich einwirken ließen. Dann kennen Sie das Gefühl der Unsicherheit, wenn man nicht weiß:

– Interessiert es meine Zuhörer überhaupt?
– Verstehen sie mich?
– Stimmen sie mir zu?
– Werden sie mich hinterher womöglich angreifen?
– Komme ich als Persönlichkeit an?

Hilflosigkeit und Angst können jeden Vortragenden lähmen, wenn er verzweifelt versucht, in den Gesichtern zu lesen und nichts erkennt.

Beifall und Applaus sind die besten Garanten für den Erfolg.

Sie sollten sich immer bewußt um Beifallssignale während Ihrer Voträge und um Applaus im Anschluß an Ihre letzten Worte bemühen. Das hat mit Eitelkeit gar nichts zu tun. Sie sind es ganz einfach Ihrem persönlichen Erfolg und dem Ihres Projektes oder Unternehmens schuldig. Je mehr Sie an Begeisterung und Zustimmung zu erzeugen vermögen, desto wirkungsvoller und überzeugender ist Ihr Auftritt als Vortragender, Redner oder Präsentator.

☛ Beifall und Applaus wirken sich immer positiv aus:

1. Sie werden mit jedem Beifallssignal souveräner

Wenn Ihnen durch Kopfnicken, spontanes Klopfen oder auch positive Zurufe signalisiert wird, daß man Ihnen zustimmt, daß man auf Ihrer Seite ist, dann werden Sie innerlich entspannter. Sie spüren die starke Beziehung zwischen sich selbst und Ihrem Publikum. Sie verlieren dadurch automatisch jedes Gefühl der Unsicherheit oder des Lampenfiebers.

Ihre innere Ruhe läßt Sie sofort souveräner und überzeugender wirken.

2. Beifall begeistert die Zuhörer selbst

Stimmungen sind immer ansteckend. Beifall eines Zuhörers steckt immer auch rechts und links dessen Nachbarn an. Mit zunehmendem Beifall begeistert das Publikum sich zunehmend selbst. Es bringt sich selbst in eine gute Stimmung. Ihre Worte werden immer positiver aufgenommen. Das steigert natürlich Ihre Überzeugungswirkung.

3. Beifall fördert das Gedächtnis

Psychologen haben erkannt, daß Menschen sich die Dinge am besten merken können, die mit starken Gefühlen verbunden sind. Dabei wirken sich positive Gefühle noch intensiver aus als negative. Das ist auch der Grund, warum wir oft Vergangenes so verklärt sehen.

Nutzen Sie diesen Aspekt der Gedächtnisleistung bei Ihren Zuhörern.

Beifall und Applaus sind immer emotionale Äußerungen. Je nach Steigerung kann es sich um freundliche Zustimmung bis zu jubelnder Begeisterung handeln. Auf jeden Fall können Sie sicher sein, daß sich Ihr Publikum Dinge viel besser merken kann, die es einmal aktiv „bejubelt" hat als solche, die nur schweigend zur Kenntnis genommen wurden. Auch Sie als erfolgreiche Persönlichkeit prägen sich besser ein.

4. Ihr Ansehen steigt mit jedem Beifallserfolg

Das gilt nicht nur im Hinblick auf Ihre Zuhörer. Verlassen Sie sich darauf, daß sich Ihr Erfolg auch bei denen herumspricht, die gar nicht anwesend waren. Je mehr man Ihnen Beifall gezollt hat, desto mehr sind Ihre Zuhörer von dem Wunsch beseelt, nachher über den hervorragenden Vortrag oder die perfekte Präsentation zu berichten. Ihr Name und Ihre Spitzenleistung werden sich herumsprechen.

5. Beifall und Applaus fördern den Zweck Ihres Auftritts

Sie verfolgen mit Ihrem Vortrag, mit Ihrer Präsentation oder Rede einen bestimmten Zweck. Sie wollen vielleicht verkaufen, Verhalten beeinflussen, Meinungen ändern ...

Grundsätzlich wollen Sie Ihre Zuhörer überzeugen. Sie wollen, daß man Ihnen aufmerksam zuhört, Sie versteht und Ihnen zustimmt. Dazu brauchen Sie bei Ihrem Publikum eine positive und wohlwollende Haltung Ihnen und Ihrem Anliegen gegenüber. Wenn sich nun im Laufe Ihrer Ausführungen die allgemeine Stimmung durch Beifallsäußerungen hebt, steigen Ihre Chancen auf Überzeugungserfolg.

☛ Aus diesen Gründen sollten Sie sich immer bewußt um Beifall bemühen. Je früher er einsetzt, desto schneller hebt sich die Stimmung, desto größer werden Ihre Erfolgschancen.

Bewußter Verzicht auf Beifall ist falsch verstandene Bescheidenheit. Außerdem steht dahinter letztlich auch eine Mißachtung der Zuhörer. „Ich will gar keinen Beifall." Dieser Satz ist gleichbedeutend mit: „Ich will gar nicht, daß mein Vortrag den Zuhörern gefällt." So sollten Sie nicht denken!

Man kennt **vier unterschiedliche Arten** des Beifalls:

1. Vorschuß-Applaus

Diesen Applaus erhalten Vortragende oder auch Künstler noch bevor sie dem Publikum etwas geboten haben.

Wenn Sie zum Beispiel von Ihrem Vorredner oder von einem Moderator den Zuhörern angekündigt wurden, dann werden Sie vielleicht schon beim Gang zum Rednerpult mit Applaus begrüßt. Für diesen Applaus sollten Sie sich nur durch Lächeln und kurzes Kopfnicken bedanken. Es handelt sich meistens bei diesem Vorschuß-Applaus lediglich um eine wohlwollende Höflichkeitsgeste Ihnen gegenüber.

Anders ist es zum Beispiel bei einem bekannten Künstler. Dessen Vorschuß-Applaus vor dem Auftritt ist immer auch eine persönliche Huldigung und Applaus für bisherige Leistungen. Deshalb ist es für einen bekannten Künstler angebracht, mit größeren Gesten zu danken.

2. Spontan-Beifall

Spontan-Beifall ist für Sie eine besonders wichtige Motivation während Ihres Vortrags. Dabei handelt es sich immer um eine unaufgeforderte Zustimmung zu einer bestimmten Äußerung von Ihnen oder zu einer besonderen Darstellung oder Visualisierung.

Spontan-Beifall ist das „emotionale Futter" für Sie selbst und für die zunächst noch etwas zurückhaltenderen Zuhörer. Dieser Beifall hebt die Stimmung und steigert Ihre Überzeugungskraft. Von Mal zu Mal wird das Publikum mehr mitgerissen.

Reagieren Sie freundlich lächelnd und vielleicht noch mit einem Kopfnicken. Verzichten Sie auf zu große Gesten der Dankbarkeit oder gar auf Gesten übertriebener Selbstsicherheit. Ihre Zuhörer könnten sich sonst blitzschnell in Ablehnung zurückziehen, wenn sie den Eindruck bekommen, daß sich vorne jemand selbst zum „Star" stilisiert.

3. Zustimmungs-Beifall

Diesen Beifall erhalten Sie am Ende Ihres Vortrags, Ihrer Rede oder Ihrer Präsentation, wenn Ihnen die Überzeugung gelungen ist. Das Publikum dankt Ihnen für die Ausführungen und möchte Ihnen zeigen, daß Ihre Worte angekommen sind.

An der Heftigkeit dieses Beifalls erkennen Sie, wie intensiv die Zustimmung ist. Es kann sich um ein reines Höflichkeitsritual handeln, weil es halt so üblich ist, am Ende auf den Tisch zu klopfen. Es kann sich jedoch auch um heftiges und dauerhaftes Klatschen oder Klopfen handeln, wenn man Ihnen ganz deutlich zeigen will, wie sehr man Ihnen zustimmt.

Auch diesen Zustimmungs-Beifall nehmen Sie freundlich lächelnd zur Kenntnis. Danken Sie nicht zu aufwendig. Verlassen Sie nicht fluchtartig Ihr Rednerpult, bleiben Sie jedoch möglichst nicht bis zum völligen Abebben der Zustimmungssignale vorne stehen. Es wirkt sehr gut, wenn Sie noch unter dem Beifall lächelnd zu Ihrem Sitzplatz zurückkehren. Das ist immer ein sehr guter „Abgang" für Sie.

Würden Ihre Zuhörer Ihnen in der Mehrheit nicht zustimmen, käme es nur zu einem vereinzelten Klopfen oder Klatschen von Teilnehmern, die vermutlich gar nicht zugehört haben und nur instinktiv das Gewohnte tun, weil soeben der von ihnen verschlafene Vortrag beendet wurde. Diese vereinzelten Klopf- oder Klatschsignale hören natürlich sofort auf, wenn die Betreffenden merken, daß niemand miteinstimmt.

Zeigen Sie auf keinen Fall Verärgerung oder gar Verletztheit. Das würde immer als Schwäche und mangelnde Souveränität ausgelegt. Sie haben vorgetragen, was Ihrer Meinung nach richtig und wichtig ist. Selbstbewußt gestehen Sie Ihren Zuhörern zu, daß sie anderer Meinung sind. Zeigen Sie dieses Selbstbewußtsein durch Mimik, Gestik und Körperhaltung.

Im nachhinein sollten Sie sich allerdings sehr kritisch nach den Ursachen für die mangelnde Zustimmung fragen.

4. Lobender Applaus

Lobenden Applaus erhalten Sie als Steigerung des Zustimmungs-Beifalls am Ende Ihrer Ausführungen. Im lobenden Applaus drückt sich die Begeisterung aus. Man stimmt Ihnen nicht nur inhaltlich zu, man lobt auch Ihren Stil und Ihren persönlichen Auftritt. Es bedeutet, daß Sie nicht nur den Verstand, sondern auch die Herzen Ihrer Zuhörer erreicht haben.

Natürlich ohne „Star-Allüren", aber doch deutlich, sollten Sie sich für den Applaus bedanken.

Ideal ist es, wenn dieser Applaus eine Pause einleitet. Sie können sicher sein, daß etliche der Zuhörer sich dann um Sie scharen und Sie persönlich ansprechen. Noch erfolgreicher können Sie gar nicht sein!

Tips zur frühen Beifallsgewinnung:

Damit Sie möglichst früh die ersten Zustimmungs- und Beifallssignale bekommen, sollten Sie folgende Tips ausprobieren:

1. Beginnen Sie Ihren Vortrag möglichst humorvoll

Dazu brauchen Sie keine Witze zu erzählen. Machen Sie einfach eine humorvolle Bemerkung.

Ein Redner sagte zum Beispiel nur „Spot an!", als er den Tageslichtprojektor einschaltete. Und schon lächelten etliche der Zuhörer. Die positive Stimmung zog sehr bald den ersten offenen Beifall nach sich.

2. Plazieren Sie Unterstützer im Zuhörerkreis

Beifall wirkt ansteckend. Vereinbaren Sie vorab mit einem Freund oder Kollegen, daß dieser schon früh als „Trendsetter" deutliche Zustimmungssignale gibt. Sein erstes Klopfen wird sich schnell zu allgemeinem Beifall ausweiten. Diesen wirksamen Trick wenden viel mehr Vortragende oder auch Künstler an, als Sie ahnen!

3. Sprechen Sie vorab mit einigen Ihrer Zuhörer

Wenn Sie bereits vor Ihrem Auftritt persönliche Gespräche mit den Zuhörern im Foyer führen, steigen Ihre Chancen, daß diese „persönlichen Bekannten" Ihnen sehr schnell bei ersten Redepausen Beifall zollen. Diesen Effekt können Sie verstärken, wenn Sie bewußt den Blickkontakt zu diesen Personen aufnehmen.

Tips zur wiederholten Beifallsgewinnung:

Damit Sie während Ihres Auftritts immer wieder mit Beifall bedacht werden, sollten Sie folgende Tips ausprobieren:

1. Sprechen Sie selbst engagiert und auch emotional. Zeigen Sie Begeisterung für positive Dinge und Abscheu für negative Dinge innerhalb Ihres Vortrags.

   Beachten Sie bitte, daß Sie um so sparsamer mit Gestik und Stimmvolumen sein sollten, je emotionaler Sie sprechen. Vermeiden Sie Übertreibungen.

2. An den Stellen, an denen Sie Beifall wünschen, heben Sie die Augen vom Manuskript, sprechen Sie etwas lauter und schneller, machen Sie dann eine deutliche Pause und schauen Sie erwartungsvoll ins Publikum.

3. Sprechen emotionalisierende Themen an und weisen Sie auf wunde Punkte und Ärgernisse hin, die sofort Gefühle der Zuhörer erregen.

> „Wollen wir auch noch die letzten Arbeitsplätze verlieren?!"
> „Soll denn gar nichts mehr gegen die steigende Kriminalität unternommen werden?!"

4. Weisen Sie auf „gemeinsame Feinde" hin.

> „Das haben wir ja nun den Bildungspolitikern zu verdanken, daß uns heute die qualifizierten Leute fehlen!"
> „Wenn wir jetzt nichts unternehmen, werden wir am Ende alle von einem einzigen Großkonzern geschluckt!"

5. Fordern Sie Aktionen von Verantwortlichen, die nicht unter Ihren Zuhörern sitzen

> „Und darum verlange ich von den Kirchen: Gebt den Menschen wieder einen Sinn im Leben!"
> „Unsere Politiker müssen endlich aufwachen und den Dingen Einhalt gebieten!"

6. Solidarisieren Sie sich mit Ihren Zuhörern gegen eine (vermeintlich) feindselige Übermacht

> „Auch wenn man uns Landwirte immer wieder unter Druck zu setzen versucht..."
> „Wir sind vielleicht im Moment nur eine Minderheit, aber..."

7. Fordern Sie etwas, was im Interesse Ihrer Zuhörer liegt

> „Ich verlange, daß unser Land endlich wieder eine Vorreiterrolle der Entwicklung übernimmt!"
> „Es müssen ganz einfach die Gesetze gelockert werden, die uns alle knebeln!"

8. Fordern Sie Gutes für die Allgemeinheit, ohne damit Aktionen von den Zuhörern zu verlangen

> „Jede Familie muß sich darauf verlassen können, daß die Zukunft ihrer Kinder gesichert ist!"
> „Die gleiche medizinische Grundversorgung muß - unabhängig vom individuellen Geldbeutel - für jeden Bürger unseres Landes garantiert sein!"

9. Danken Sie anwesenden oder abwesenden Personen, die bei Ihren Zuhörern ein hohes Ansehen genießen

> „An dieser Stelle will ich auf die ganz besonderen Verdienste von ... hinweisen."
> „Wir sollten niemals vergessen, was ... für uns alle getan hat!"

10. Warnen Sie vor drohenden Katastrophen, malen Sie den Teufel an die Wand

> „Wollen wir die Gesellschaft so weit verkommen lassen, daß jedes zweite Kind gestohlen hat, bevor es Lesen und Schreiben kann?!"
> „Wenn die Entwicklungen so weitergehen, dann wird am Ende niemand mehr als mittelständischer Unternehmer seinen Kopf hinhalten wollen!"

11. Betonen Sie die Wichtigkeit Ihrer Zuhörer für positive Entwicklungen

> „Von Ihnen, meine Damen und Herren, hängt es doch ab, ob wir auch im nächsten Jahrtausend noch genügend Lehrstellen für die Jugend haben!"
> „Wo wären denn unsere Städte hingekommen, wenn Sie nicht pausenlos den Wohnungsbau vorangetrieben hätten?!"

12. Reizen Sie die Gefühle Ihrer Zuhörer durch Wortspielereien und überraschende Formulierungen

> „Unsere Wälder sind nun mal keine Abenteuerspielplätze für die Fahrer von Geländewagen."
> „Sollen sich denn unsere Autobahnen in Geisterbahnen verwandeln?!"

Vielleicht sind Sie jetzt entsetzt über diese „Manipulationen". Achten Sie einmal in Zukunft bei Vorträgen, politischen Reden und sogar bei Predigten in der Kirche darauf, wie andere sich Beifall verschaffen. Sie machen es mit den gleichen „Tricks". Der unbedachte Zuhörer merkt nichts davon. Und selbst der, der es merkt, stimmt den Formulierungen zu, die seinen „Nerv" treffen.

Politische Redner, Pfarrer oder Sektenprediger wollen bewußt Weltbild, Anschauung und Denken ihrer Zuhörer beeinflussen. Sie verschaffen sich häufig Beifall durch die „Hintertür". Sie prangern die Sünden der politischen oder religiösen Gegner an. Der Zorn über den Gegner emotionalisiert die Zuhörer. Wenn man sie eine Weile mit Hinweisen auf die Schlechtigkeit der „Bösen" angeheizt hat, fallen sie später gerne in das andere Extrem der bedingungslosen Hingabe an den „Guten", den Redner.

Diesen Trick lernen Politiker in Rhetorik- und Pfarrer in ihren Priesterseminaren. Weder die einen, noch die anderen haben ein schlechtes Gewissen ob dieser Manipulation. Sie tun es schließlich zur „Bekehrung" der Zuhörer. Es ist doch nur zu deren Wohl!

Bei Politikern und Pfarrern oder Sektenpredigern kommt hinzu, daß sie in der Regel vor Gleichgesinnten reden. In Parteiversammlungen oder Gottesdiensten treffen sich ohnehin diejenigen, die bereits Abscheu vor den Andersdenkenden haben.

Bezogen auf Unternehmen kennen wir dieses Phänomen, wenn zum Beispiel Betriebsräte gegen die Unternehmensleitung oder diese ihrerseits gegen die Betriebsräte polemisieren.

> Zu ähnlichen Auftritten kann es auch kommen, wenn einzelne Abteilungen gegeneinander kämpfen. Wenn zum Beispiel die Datenverarbeiter gegen die „Rückständigkeit" der Buchhaltung wettern, die „immer alle Projekte torpediert", oder wenn sich die Buchhaltung geschlossen gegen neue Technik wehrt, weil von den „DV-Freaks" „noch nie" etwas gekommen ist, was dann auch funktionierte.

☛ Wenn Sie rein sachliche Vorträge oder Präsentationen zu halten haben, dann kann es unklug sein, „böse Widersacher" anzugreifen. Wenn Sie Pech haben, sieht das Publikum in Ihnen einen Fiesling, der über Abwesende herzieht. Das gehört sich nicht! Dann bekommen Sie keinen Beifall, sondern eisige Ablehnung.

☛ Achten Sie möglichst darauf, daß Beifall für Sie nicht auf Kosten Dritter geht. Planen Sie jedoch immer vorab, an welchen Stellen und mit welchen Formulierungen Sie den Beifall Ihrer Zuhörer herausfordern wollen.

7.7 Hoffentlich fragt mich keiner!

Wir alle möchten bei unseren Vorträgen einen fachlich kompetenten Eindruck machen. Die Zuhörer sollen erkennen, daß wir das Thema unseres Vortrags beherrschen und ihnen wirklich etwas Vernünftiges und Richtiges zu sagen haben. Vielleicht geht es Ihnen wie vielen anderen Rednern: Sie befürchten durch Fragen, die Sie nicht beantworten können, an Respekt und Glaubwürdigkeit zu verlieren. Die Antwort „Ich weiß es nicht" könnte Sie bloßstellen als eine Person, die doch nicht so kompetent ist wie erwartet.

Vielleicht fürchten Sie auch, daß Fragen aus dem Publikum Sie in Ihrem Redefluß stören könnten. Sie haben sich innerlich auf Ihr Manuskript und somit auf eine bestimmte Reihenfolge eingestimmt, und dann stellt plötzlich jemand eine Frage, die inhaltlich gerade nicht paßt. Dieses Problem bringt Sie in ein Dilemma: Wenn Sie antworten, kann Ihr Konzept durcheinandergeraten, und Sie verlieren womöglich den Faden. Wenn Sie nicht antworten, könnte der Frager beleidigt sein und Ihnen unterstellen, daß Sie die Antwort nicht wissen.

Was tun?

☛ Entwickeln Sie eine positive Einstellung zu den Fragen Ihrer Zuhörer.

Salopp könnte man sagen: „Wer fragt, schläft nicht." Sie können fast immer davon ausgehen, daß Fragen Ihrer Zuhörer ein Kompliment an Sie als Vortragenden sind. Man hört Ihnen aufmerksam zu, denkt mit und will noch mehr wissen. Sie sollten in der Frage keine Bedrohung sehen. Niemand will Sie auf die Probe stellen und kontrollieren, ob Sie auch genug wissen.

> Es kann allerdings vorkommen, daß sich ein Fragender „im Ton vergreift" und fast angriffslustig klingt. Auch dann müssen Sie nicht von einer feindseligen Haltung ausgehen. Bedenken Sie bitte, daß es vielen Menschen nicht leicht fällt, in großer Runde überhaupt die Stimme zu erheben und eine Frage zu stellen. Nicht selten hat der Frager die gleiche Angst vor einer Blamage wie der Vortragende. Er könnte befürchten, daß die anderen seine Frage als „dumm" empfinden. Vielleicht hemmt ihn auch die Tatsache, daß sich die anderen nach ihm umdrehen werden, wenn er sich zu Wort meldet. Leider ist es so, daß ängstliche Menschen manchmal dazu neigen, sich mit einem aggressiven oder „pampigen" Ton selbst Mut zu machen. Nehmen Sie grundsätzlich jede Zuhörerfrage freundlich auf. Offensichtlich ist Ihr Thema interessant, und man will von Ihnen noch mehr dazu hören.

Um auf mögliche Fragen zu Ihrem Vortrag vorbereitet zu sein, sollten Sie ...

... so viel wie möglich über das betreffende Sachgebiet wissen.

... vorab klug ausgewählt haben, welche Teilgebiete daraus für die Zuhörer wichtig und inhaltlich nachvollziehbar sind.

... Ihren Vortrag so aufgebaut haben, daß die Kernaussagen klar verständlich, in sich logisch und einprägsam sind.

... sich vorab in die Lage der Zuhörer versetzt und innerlich auf mögliche Fragen eingestellt haben.

... sich vorher darauf vorbereitet haben, wie Sie auf Fragen reagieren wollen, die Sie nicht auf Anhieb beantworten können oder wollen.

Zu Ihren Pflichten als Vortragender gehört keineswegs die Allwissenheit. Dazu gehört auch nicht, daß Sie zu dem betreffenden Fachgebiet jederzeit alles an Wissen parat haben.

Die meisten Fachgebiete sind heute so komplex und umfangreich, daß lebenslanges Lernen für jeden von uns notwendig ist. Demnach ist es völlig normal und überhaupt nicht peinlich, wenn Sie als Redner durch die Frage eines Zuhörers plötzlich vor der Erkenntnis stehen: Das weiß ich nicht.

Peinlich wird es für den befragten Vortragenden erst,

– wenn er herumstammelt und hilflos in die Runde schaut oder nervös in seinen Unterlagen wühlt,

– wenn er Wissen zu simulieren versucht und womöglich mit Fremdwörtern oder komplizierten Satzkonstruktionen die Zuhörer von seinen Wissenslücken ablenken will,

– wenn er gereizt reagiert und den Frager maßregelt, weil dessen Frage angeblich ungerechtfertigt ist oder nicht in den Zusammenhang paßt,

– wenn er offensichtliche Hinhaltetaktiken anwendet („Sehr gute Frage!"), und durch seine angestrengte Miene zeigt, wie er innerlich hektisch nach einer Antwort sucht.

☛ So können Sie mit Fragen Ihrer Zuhörer umgehen:

• Wenn es sich um eine Frage handelt, die sich schnell beantworten läßt, dann sollten Sie kurz darauf eingehen. Der Frager und auch die anderen Zuhörer sind dann zufrieden und können sich wieder auf Ihren weiteren Vortrag konzentrieren.

• Wenn es sich um eine Frage handelt, die im Laufe Ihres Vortrags sowieso beantwortet wird, dann sagen Sie zum Beispiel: „Bitte stellen Sie Ihre Frage einen Moment zurück. Ich werde gleich ohnehin auf das Thema kommen."

• Wenn es sich um eine Frage handelt, die Sie nicht beantworten können, dann sagen Sie zum Beispiel: „Das weiß ich im Moment nicht. Kann jemand von Ihnen (gemeint sind die anderen Zuhörer) antworten?"

- Wenn es sich um eine Frage handelt, die weder Sie noch eine andere anwesende Person beantworten kann, dann greifen Sie sofort zu Stift und Papier. Schreiben Sie die Frage auf und sagen Sie, daß Sie nach dem Vortrag sofort oder später für eine Antwort sorgen werden. Vieles läßt sich in der Pause durch ein Telefonat klären. Notfalls erhalten die Zuhörer (nicht nur der Frager!) ihre Antwort mit dem Protokoll.
- Wenn es sich um eine Frage handelt, die Sie nicht beantworten wollen, dann sagen Sie zum Beispiel: „Dazu möchte ich jetzt hier nichts sagen."
- Wenn es sich um eine Frage handelt, die gar nicht zum Thema Ihres Vortrags gehört, dann antworten Sie nur, wenn es mit einem Satz getan ist. Anschließend sagen Sie: „Um aber jetzt mit unserem Thema fortzufahren..." Und weiter geht es mit dem Vortrag wie geplant. Falls die Frage eine umfangreichere Antwort erforderlich machen würde, dann sagen Sie zum Beispiel: „Mit dem Thema, das Sie ansprechen, habe ich mich für diesen Vortrag nicht befaßt. Bitte halten Sie Ihre Frage fest. Wir können, falls es der Wunsch aller Zuhörer ist, am Schluß noch einmal darauf zurückkommen." Machen Sie unbedingt deutlich, daß Sie nur dann vom Thema abweichen, wenn es der Wunsch aller Zuhörer ist.

Merke: Es ist nicht immer notwendig, auf Anhieb jede Frage beantworten zu können. Sie sollten sich jedoch unbedingt darum bemühen, daß für Ihr Publikum keine themenbezogene Frage offen bleibt. Notfalls erhalten die Zuhörer Ihre Antwort im nachhinein mit dem Protokoll.

Verhindern Sie rechtzeitig, daß ungeplante Fragen Ihr Konzept durcheinanderbringen.

☛ Häufig ist es ratsam, gleich zu Beginn eines Vortrags mit dem Zuhörerkreis zu vereinbaren, ob und wann Fragen erwünscht sind. Das können Sie mit folgenden Worten tun:

- *„Bitte unterbrechen Sie mich sofort, wenn Sie Fragen stellen möchten."*

Diese Taktik wenden Sie an, wenn Sie möglichst schnell in eine Diskussion mit den Zuhörern kommen möchten oder wenn Sie davon ausgehen können, daß nur kurze Fragen zu erwarten sind.

- *„Am Ende meines Vortrags stehe ich Ihnen gerne für Fragen zur Verfügung."* Oder: *„Ich habe im Anschluß meines Vortrags etwa eine halbe Stunde für Fragen und Antworten geplant."*

Jetzt wissen die Zuhörer, daß sie ihre Fragen zunächst zurückstellen sollen. Diese Taktik wenden Sie an, wenn Sie sicher sein wollen, daß durch ungeplante Fragen weder Ihr Konzept noch Ihre Zeitplanung durcheinandergeraten.

Nicht hinter jeder Frage steht wirklich der Wunsch nach weiterer Information von Ihnen.

Es kann durchaus vorkommen, daß ein „Profilneurotiker" fragt, um die Aufmerksamkeit auf sich zu lenken. Es kann vorkommen, daß jemand Sie bewußt provozieren möchte. Es kann vorkommen, daß jemand sich ärgert und durch eine Frage dem Ärger Luft verschafft.

Zu den schwierigen Fragen aus dem Zuhörerkreis gehören:

– offene Provokationen

> „Woher wollen Sie das so genau wissen?" „Woher sollen wir denn wissen, daß Ihre Aussagen überhaupt stimmen?" „Was glauben Sie eigentlich, vor wem Sie hier stehen?" „Wer sagt uns denn, daß Sie recht haben?"

– Frage nach einem Fremdwort

> „Was ist Empathie?" „Was verstehen Sie unter Transaktionen?" „Wofür steht TQM?" „Können Sie auch noch Deutsch sprechen?"

– monologisierende Fragen

> „Ich hätte da noch eine Frage. Also, wie ist das eigentlich, wenn man Ihre Aussagen nimmt und dann in der Praxis - und sowas ist ja schon vorgekommen, ich meine, man sollte das nicht von der Hand weisen. Das kann schließlich für uns alle wichtig sein. Gerade in der heutigen Zeit darf man die Realitäten nicht aus den Augen verlieren. Nicht jeder hat die Möglichkeit..."

☞ Wie können Sie mit diesen Problemfragen umgehen?

• Auf keinen Fall sollten Sie sich von provozierenden Fragen tatsächlich provozieren lassen. Für die unbeteiligten Zuhörer wird ein offener Streit zwischen einem aus ihrer Runde und Ihnen sofort zur interessanten Unterhaltung. Als Vortragender können Sie ohnehin niemals einen Streit mit einem Angreifer aus dem Publikum gewinnen. Wenn Sie das letzte Wort behalten, werden sich alle anderen gegen Sie wenden. Man erlebt Sie dann auf Ihrem Rednerpodium als „stärkere" Partei, die einen Schwachen „niedergemacht" hat. Wenn statt dessen Ihr Angreifer das letzte Wort behält, wird man Sie dafür verachten, daß Sie sich nicht durchsetzen können.

Verzichten Sie auf Wortgefechte. Antworten Sie mit einer Gegenfrage: „Wie meinen Sie das?" „Warum fragen Sie?" „Wie kommen Sie zu diesem Eindruck?" „Was kann ich tun, um Sie zu überzeugen?" Geben Sie weder durch Ihren Tonfall, noch durch Gestik oder Mimik zu erkennen, daß Sie überhaupt eine Provokation bemerkt haben.

• Die Frage nach der Bedeutung eines Fremdworts oder einer Abkürzung kann sachlich begründet sein. Der Zuhörer kennt das Wort oder das Kürzel nicht und will es nur schnell erklärt haben. Nicht selten drückt sich in der Frage aber auch bereits eine gewisse Reizbarkeit aus. Viele Zuhörer ärgern sich, wenn man sie mit Fach- und Fremdwörtern oder Buchstabenkombinationen bombardiert, die ihnen nicht geläufig sind. Sie glauben vielleicht, daß der Vortragende mit seinem Wissen angeben oder sie bewußt verwirren will.

Zeigen Sie auf keinen Fall Überraschung, daß die von Ihnen gebrauchten Begriffe nicht bekannt sind! Damit würden Sie endgültig den Zuhörern „Dummheit" bescheinigen. Sagen Sie kurz, was die Bedeutung ist und vermeiden Sie ab sofort konsequent den Gebrauch dieses oder anderer Fremdwörter.

Sie gewinnen an Sympathie, wenn Sie Ihre Fachsprache selbst ein wenig als Schwäche hinstellen. Sagen Sie zum Beispiel: „Es tut mir leid. Ich weiß, daß ich mir dieses Kauderwelsch angewöhnt habe. Ich werde aber von nun an versuchen, wieder wie ein normaler Mensch zu reden." Auf keinen Fall sollten Sie Ihren Zuhörern zu verstehen geben, daß die ihnen nicht bekannten Begriffe eigentlich zur „Allgemeinbildung" gehören!

• Wenn ein Frager monologisiert, dann müssen Sie notgedrungen unterbrechen. Leider stehen Sie auch in diesem Fall unter der kritischen Beobachtung aller Zuhörer. Unterbrechen Sie zu früh, wird man empört denken: „Wie autoritär! Der läßt die Leute nicht einmal ausreden!" Lassen Sie den Monologisierer zu lange gewähren, heißt es: „Unser Vortragende hat die Sache nicht im Griff."

Hören Sie eine Weile aufmerksam zu und achten Sie auf Signale der Ungeduld im Publikum. Wenn Sie spüren, daß die Mehrheit auf ein Ende des Monologs hofft, dann greifen Sie ein. Sagen Sie zum Beispiel: „Entschuldigen Sie, daß ich unterbreche. Ich kann Ihnen im Moment nicht mehr folgen. Was ist genau Ihre Frage?" Sehr oft ruft jetzt ein genervter Dritter aus der Zuhörerrunde dazwischen und faßt in einem Satz zusammen, was der Monologisierer zu fragen versucht hat. Beantworten Sie zügig diese Frage. Notfalls bitten Sie den Monologisierer, Sie in der Pause kurz anzusprechen um dann Details zu klären.

Bei fachlich sehr anspruchsvollen Themen nehmen sich Vortragende gerne einen **Spezialisten** mit. Dieser soll bei schwierigen Einzelfragen zur Hilfe kommen und Details klären, die dem Vortragenden selbst vielleicht nicht so geläufig sind. Wenn Sie zum Beispiel als Projektleiter eine Präsentation geben, sollten Sie Fachleute aus Ihrem Team mitnehmen.

Bedenken Sie jedoch, daß Ihre Zuhörer sich darauf eingestellt haben, Ihren Vortrag von Ihnen zu hören. Zunächst gelten demnach Sie als der Experte, der etwas zu sagen hat. Wenn sich für die Zuhörer unerwartet plötzlich eine zweite Stimme erhebt und in den Vortrag eingreift, dann kann es irritierend wirken. Das Publikum fragt sich: „Wer ist hier eigentlich der Profi? Warum trägt nicht gleich die Person vor, die offensichtlich am meisten über die Sache weiß?"

Um solche Irritationen zu vermeiden, sollten Sie Fragen an Ihre Begleiter möglichst erst nach Ende Ihres Vortrags zulassen. Von Ihren Begleitern müssen Sie die Selbstdisziplin verlangen, daß sie sich zurückhalten bis sie von Ihnen das Wort erteilt bekommen.

Es besteht sonst die Gefahr, daß Sie und ein begleitender Spezialist sich plötzlich widersprechen und sich womöglich gegenseitig ins Wort fallen, oder daß der

Spezialist sich vom Thema mitreißen läßt und bereits Inhalte ausführt, die Sie im folgenden Vortrag ohnehin ansprechen wollten.

☛ Einigen Sie sich deshalb vorher auf folgende Spielregeln:

- Den vereinbarten Vortrag halten nur Sie.
- Jede Frage der Zuhörer wird zunächst von Ihnen beantwortet.
- Der begleitende Spezialist greift erst ein, wenn Sie ihm das Wort erteilt haben.
- Der Spezialist beantwortet ausschließlich die aktuelle Frage und berührt kein weiteres Randthema.
- Der Spezialist beendet seine Ausführungen auf ein Signal von Ihnen hin sofort.
- Wenn der Spezialist von sich aus etwas sagen möchte, gibt er Ihnen zunächst ein vereinbartes Signal und läßt sich dann das Wort erteilen.

☛ Wenn Sie gleich zu Beginn des Vortrags Ihren Begleiter als Fachmann oder Fachfrau für spezielle Fragen vorstellen, sagen Sie bitte nicht, daß diese Person zum Thema mehr weiß als Sie. Sagen Sie zum Beispiel: „Wir haben uns die Thematik etwas eingeteilt. Wenn Sie Fragen haben, die über mein Gebiet hinausgehen, wird Frau/Herr XY Ihnen antworten. Und wenn Sie Fragen haben, die wir beide nicht beantworten können, dann werden wir uns vereint darum kümmern, Ihnen die Antwort zu verschaffen. Lassen Sie mich nun mit meinem Vortrag beginnen ...“

7.8 Killer, Kluge, Käuze - Zuhörertypen

Wenn Sie einen Vortrag halten oder etwas präsentieren, dann möchten Sie natürlich nette Menschen vor sich sehen, die wohlwollend zuhören, aufmerksam mitdenken und vielleicht noch ein paar Fragen stellen, die von Interesse an Ihren Ausführungen zeugen.

Bei den meisten Ihrer Zuhörer ist das auch so.

Dennoch müssen Sie bei jedem Auftritt vor Publikum damit rechnen, daß ein paar der Zuhörer nicht dem Ideal entsprechen.

> Da gibt es die Gemütlichen, die sofort einschlafen, wenn sie bequem sitzen und von vorne berieselt werden. Es gibt auch die ganz Fleißigen, die während des Vortrags Nebenbeschäftigungen nachgehen: Wichtige Unterlagen studieren, eigene Korrespondenz erledigen, den Terminkalender aufräumen und sogar hinter der vorgehaltenen Hand telefonieren. Es gibt die Poker-Faces, die mit versteinerter Miene kommen, sich setzen, in eine Art temporärer Totenstarre fallen und nach Ende der Ausführungen wie ferngesteuerte Zombies wieder gehen.

Alle diese Leute sind nicht wirklich lästig. Als Vortragender sind Sie vielleicht ein wenig beleidigt, wenn man Ihnen nicht die Aufmerksamkeit schenkt, die Sie verdienen, aber wenigstens stören die oben beschriebenen „Zuhörertypen" nicht. Ignorieren Sie am besten die Schläfer, die Fleißigen und die Scheintoten.

Viel lästiger sind die Störer. Auch davon werden Sie mindestens einen vor sich haben. Diesen Personen fällt es oft schwer, still zu sitzen. Die innere Unruhe treibt sie zu störenden Aktionen. Zu den typischen Nervenbündeln gehören folgende „Typen":

– *Zitterer*

Zitterer bemerken ihr Leiden oft selber gar nicht. Sie zittern am ganzen Körper oder mit einem Bein oder einem Arm. Dadurch bringen sie den Tisch oder den Stuhl des Nachbarn zum Vibrieren. Wenn Sie Glück haben, wird der Nachbar den Zitterer selbst anstoßen und zum Stillsitzen ermuntern. Wenn Sie Pech haben, wird der Nachbar erbost darauf warten, daß Sie eingreifen. Das ist besonders dann der Fall, wenn die beiden sich nicht kennen und Sie nicht nur vortragen, sondern ganz allgemein die Rolle des Veranstaltungsleiters haben.

Wenn Sie den Zitterer nicht stoppen, wird der mitvibrierende Nachbar Ihnen die Störung als mangelnde Führung verübeln.

Warten Sie einen Moment, wie die Dinge sich entwickeln. Notfalls sprechen Sie den Zitterer an, ob ihm kalt ist. Sagen Sie ihm, daß Sie sein Zittern bemerkt haben. Er wird dann damit zumindest für eine Weile aufhören. Wenn das Gezitter später wieder losgeht, wird der Nachbar ihn demonstrativ anschauen und die Störung dadurch beenden.

Einen Zitterer, der ganz allein auf seinem Stuhl zittert und nichts und niemanden zum Mitzittern bringt, sollten Sie einfach ignorieren. Sie können ihn weder therapieren noch ihm die innere Spannung nehmen.

– *Pinkler*

Pinkler verlassen während Ihres Vortrags den Raum und kehren nach einigen Minuten zurück, um danach vielleicht noch einmal zu gehen. Nicht immer sucht der Pinkler die Toilette auf. Manchmal holt er auch die Lesebrille aus der Manteltasche oder bedient sich bei den Getränken oder telefoniert ein Weilchen auf dem Flur oder fährt mal eben zur Tiefgarage, um sich zu vergewissern, daß sein Wagen auch wirklich gut verschlossen ist. Typisch für den Pinkler ist, daß er sich immer in die Mitte enger Reihen und möglichst weit weg vom Ausgang einen Platz sucht. Weiterhin typisch ist die ausgeprägte Höflichkeit. Er wird sich klar und deutlich bei allen entschuldigen und bedanken, die seinetwegen die Füße einziehen, den Stuhl rücken und die Taschen hochnehmen müssen.

Sprechen Sie auf keinen Fall weiter. Warten Sie in stoischer Ruhe und mit verständnisvoll freundlichem Gesicht ab, bis er den Raum verlassen hat. Verhalten Sie sich bei seiner Rückkehr genauso. Kein Wort von Ihnen, bis er wieder sitzt und sich zurücklehnt. Den meisten Pinklern fällt dann selbst auf, daß sie ein ungewöhnliches Verhalten zeigen. Sie verzichten danach auf weitere Ausflüge. Wiederholungstäter können Sie auch direkt ansprechen: „Sollen wir mal eine Toilettenpause machen?" Er wird dann zwar sagen, daß er nur dringend telefonieren muß, aber die Botschaft kommt an.

Allerdings sollten Sie nach etwa einer Stunde eine Pause machen. Es muß dann zwar noch kaum jemand zur Toilette, aber die Raucher werden bereits unruhig. Die mit den Bandscheiben können nicht mehr gut sitzen, und die Aufmerksamen brauchen eine Denkpause.

– *Trommler*

Trommler sind als nervende Geräuschquellen tropfenden Wasserhähnen ähnlich. Sie machen ihre Mitmenschen ganz nervös. Manche Trommler hämmern mit dem Bleistift auf die Tischplatte, andere benutzen nur die verblüffend lauten Fingerkuppen. Besonders nett sind auch die Leute, die in wechselnden Zeitabständen den Kugelschreiber rein- und rausschnippen lassen. Furchtbar!

Wie bei den Zitterern gilt: Warten Sie, ob ein genervter Nachbar etwas unternimmt. Falls nicht, müssen Sie die Sache stoppen. Dazu schauen Sie sich ratlos um und sagen: „Irgendwas klappert hier." Mindestens zwei Leute werden dann spontan auf den Trommler zeigen. Der weiß dann schon, was man von ihm erwartet. Sie schauen am besten weiterhin ratlos, als hätten Sie nicht ganz mitbekommen, was das „Klappern" war. Fangen Sie dann mit dem nächsten Satz Ihres Vortrags an.

– *Selbstverstümmler und Selbstverzehrer*

Diese Menschen sind ekelig. Wer nicht hingeschaut hat, wird auch nicht gestört. Die anderen rücken meistens etwas ab oder meiden weitere Blicke in die Richtung.

Selbstverstümmler knabbern an ihren Fingernägeln, beißen Hautfetzen von den Fingerkuppen, knippeln Pickel auf, kratzen an Mückenstichen herum, zupfen Haare aus Ohren und Nasenlöchern und durchsuchen den Mund nach Speiseresten und lockeren Hautfetzen.

Die Selbstverzehrer überbrücken die Zeit bis zur Kaffeepause mit dem Verzehr körpereigener Substanzen. Nasenpopel, Ohrenschmalz, Blutkrusten, Mitesser und Schuppen, denen schmeckt einfach alles.

Merken Sie sich, wer die Leute sind und meiden Sie deren Nähe während der Pause. Ansonsten: Wegschauen und nicht dran denken!

Die andere Störervariante hat meistens ein Problem damit, einfach nur anderen zuzuhören. Das macht sie ganz unglücklich. Sie brennen darauf, die Aufmerksamkeit der anderen Anwesenden von Ihnen weg auf sich selbst zu lenken:

– *Schwätzer*

Schwätzer können recht gesellig sein. Kaum sind Sie mit Ihrem Vortrag in Schwung gekommen, beginnt der Schwätzer das Plauderstündchen mit seinem Nachbarn. Das müssen Sie möglichst schnell beenden. Es stört nicht nur Sie, sondern auch die Zuhörer rechts, links, davor und dahinter. Meistens ist auch der Nachbar des Schwätzers dankbar, wenn man ihn von der heißen Atemluft an seinem Ohr erlöst.

– *Herr-Lehrer-ich-weiß-was-Menschen*

Das sind die ganz eifrigen und klugen Musterzuhörer. Sie denken heftig mit und müssen unbedingt loswerden, was sie auch über das Thema wissen. Bei den ersten zwei, drei Wortmeldungen müssen Sie sie notgedrungen gewähren lassen. Man könnte Ihnen sonst Eifersucht oder autoritäres Unterdrücken vorwerfen. Zeigen Sie unbedingt Ihre Anerkennung für die unglaubliche Klugheit dieser Leute. Je schneller sie ihre Profilneurose zum Blühen bringen können, desto schneller sind sie dann auch bereit, sich schließlich zu beruhigen und Ihnen zuzuhören.

Etwa bei der dritten oder spätestens vierten Wortmeldung dieser Person sagen Sie: „Gut, daß Sie das ansprechen. Darauf wollte ich später bei der Diskussionsrunde noch kommen." Oder: „Sie haben recht mit dem, was Sie sagen. Kommen Sie doch gleich in der Pause noch einmal auf mich zu."

– *Diskutanten*

Die weniger nette Bezeichnung lautet: „Rechthaber". Noch genauer ist: „Streithammel". Ganz egal, was Sie sagen, der Diskutant muß eingreifen, weil er auf keinen Fall Ihre Aussage so stehenlassen kann. Der Diskutant hat häufig einen sehr aggressiven oder auch provozierenden Ton. Seine Formulierungen sind knallhart und brutal oder zynisch-lauernd. Auf jeden Fall schlägt Ihnen offene Feindschaft entgegen. Der Diskutant will vor den Zuhörern den offenen Schaukampf mit Ihnen. Das ist seine Arena der Selbstdarstellung.

Sie sitzen auf jeden Fall in der Klemme. Lassen Sie ihn gewähren, wirft man Ihnen Schwäche vor. Schlagen Sie zurück, wirft man Ihnen autoritäres Niedermetzeln von harmlosen Fragestellern vor.

Wegen der Diskutanten fürchten sich viele Redner vor ihren Auftritten. Wegen dieser Menschen denkt mancher vor seinem Vortrag: „Hoffentlich fragt mich keiner."

Gegen interessierte Fragen werden Sie genausowenig einzuwenden haben, wie andere Vortragende. Es ist der aggressive Diskutant mit seinen Taktiken der Wortfechterei, der einem am Rednerpult zu schaffen macht.

Zeigen Sie keine Angst. Gehen Sie ganz sachlich auf die Fragen oder Einwände ein. Warten Sie ab, ob es sich bei dem Betreffenden wirklich um einen Bösewicht handelt. Manche Leute hören sich nur pampig an, wenn sie die Stimme heben, um in einer Menschenmenge etwas zu sagen. Das können Sie nach ein paar Sätzen feststellen, ob die Aggressivität echt ist oder Zeichen der Unsicherheit.

Wenn der Diskutant tatsächlich durchgängig aggressiv ist, dann sollten Sie auf Gegenangriffe verzichten.

Das können Sie tun:

Lächeln Sie ihn an und sagen Sie: „Jetzt regen Sie sich doch nicht so auf. Sie haben ja schon einen ganz roten Kopf." Oder sagen Sie: „Ich verstehe nicht, warum

Sie so aufgeregt sind." Oder: „Jetzt bleiben Sie doch mal ganz sachlich." Oder: „Nun verlieren Sie doch nicht gleich die Nerven."

Wenn Sie dabei ganz ruhig bleiben und lächeln, wird der Diskutant es merken, daß er Sie nicht verunsichern kann. Jetzt gibt es drei Möglichkeiten:

1. Er hält jetzt den Mund und sinnt auf Rache. (Vorsicht!) Oder:
2. Er verliert die Nerven und wird so ausfallend, daß Sie ab sofort die Sympathien aller anderen auf Ihrer Seite haben. Oder:
3. Er fällt vor Wut mit einem Herzinfarkt vom Stuhl.

Eine harmonische Lösung mit einem Diskutanten gibt es nicht. Er hat es von Anfang an darauf angelegt, Sie fertigzumachen. Mit einem Diskutanten geht es immer um Sieg oder Niederlage.

– *Großwild*

Zum Großwild gehört zum Beispiel Ihr eigener Chef. Es gibt Führungskräfte, die fürchten, daß ihnen die Häuptlingsfedern vom Kopf fallen, wenn sie still und unauffällig dem Vortrag eines Untermenschen lauschen. Sie sitzen von der ersten Minute an wie Flitzebogen gespannt da und warten nur darauf, daß Sie etwas sagen, was man so nicht stehenlassen kann. Schon greifen sie ein und stellen die Sache richtig. Und wenn sie schon mal die Aufmerksamkeit aller Anwesenden auf sich gerichtet fühlen, dann holen sie zu weiteren Erklärungen aus und vergessen völlig, daß da vorne noch eine ihnen unterstellte Null steht und sich elend fühlt.

Was können Sie tun?

Sie können wie ein Tropf mit baumelnden Armen stehen und hoffen, daß der Chef Ihnen irgendwann das Fortfahren gestattet. Das wird ihm bestätigen, daß Sie tatsächlich ein Depp sind und seine „Hilfe" brauchen.

Sie können mit der Faust auf den Overhead-Projektor hauen und sagen: „Machen Sie jetzt weiter oder ich?" Das könnte auch karriereschädigend wirken.

Bringen Sie sich lieber von vornherein nicht in eine solche Situation. Wenn Sie einen Chef haben, der seine Show als „Großes Tier" braucht, dann sollten Sie Vorträge und Präsentationen mit seiner Anwesenheit meiden.

Notfalls beauftragen Sie einen bezahlten Telefondienst damit, ihn unmittelbar vor Ihrem Auftritt mit einer faulen Ausrede aus der Veranstaltung zu rufen.

Mindestens ebenso fies wie die Störer sind die Zuhörer, die hinterher Sie und Ihren Vortrag in den Schmutz ziehen.

Hier unterscheiden wir:

– *Studienräte*

Bei den Studienräten handelt es sich um Schlaumeier, die Ihren Ausführungen inhaltlich nicht folgen können und sich ersatzweise an Ihrer Sprache aufheizen. Jeder Begriff aus dem Amerikanischen (z.B. Lean Management, Benchmarking) verursacht dem Studienrat Zahnschmerzen. Es wird noch schlimmer, wenn es

sich um neue Wortschöpfungen (z.B. Infotainment, Changement) handelt.
Atemnot setzt ein bei „Verdeutschungen" (z.B. „Wir faxen die Kunden an und
mailen die Message im Originalwording.").

Ein ordentlicher Studienrat windet sich nicht nur in Qualen, er führt ein Büch-
lein mit sich und wird diese Sprachverhunzungen notieren. Noch Wochen später
können Sie über sieben Ecken hören, wie er über Sie herzieht.

– *Erbsensezierer*

Erbsensezierer interessieren sich nicht für Ihre Sprache, sondern für Ihr „fachli-
ches Niveau". Ein Erbsensezierer kann nicht begreifen, daß sich Vorträge und
Präsentationen auf Kernaussagen beschränken müssen und nicht jedes Detail
enthalten können. Pingelig genau verfolgen Sie Ihre „oberflächliche" Darstellung und ärgern sich über jede Auslassung von dem, was man auch noch hätte
sagen können.

Während Ihres Vortrags werden Sie den Erbsensezierer vermutlich gar nicht
wahrnehmen. Still und mit dem Gesichtsausdruck eines Magenleidenden sitzt er
da. Aber später hören Sie - über sieben Ecken - was er von Ihren Pauschalierungen und Schaumschlägereien und überhaupt von Ihrem Verstand hält.

– *Gouvernanten*

Genau wie die Studienräte sind auch die Gouvernanten nicht in der Lage, Ihrem
Vortrag inhaltlich zu folgen. Da sie auch sprachlich nicht auf der Höhe sind,
konzentrieren sie sich auf Ihre Vortragstechnik.

Eine Gouvernante beobachtet Ihre Handbewegungen und erkennt sofort, welche laut Rhetorikhandbuch nicht erlaubt sind. Eine Gouvernante zählt Ihre
„ähs" und „öhs" mit und kontrolliert, ob Sie auch nicht mal schnell eine Hand
in die Hosentasche gesteckt haben.

Während des Vortrags stören solche Leute nicht. Aber schon in der ersten Kaffeepause scharen sie Grüppchen um sich und ziehen über Ihren „unmöglichen"
Vortragsstil, Ihre Kleidung, Ihre Folien und überhaupt über „solche wie Sie"
her.

Das tut weh.

Aber, wie wichtig ist es für Ihr Lebensglück, wenn Sie Studienräten, Erbsense-
zierern und Gouvernanten gefallen?

8 Von Jubel kann keine Rede sein

8.1 Mancher stolpert über die eigene Zunge

Es gibt ganz typische Fallstricke, die einem zu leicht den möglichen Redeerfolg vernichten. Man sagt etwas ganz gedankenlos und ohne böse Absicht dahin und hat plötzlich oder langsam zunehmend die Zuhörer gegen sich aufgebracht.

Zu den typischen Fallstricken in einem Vortrag oder einer Rede gehören:

- *unbedachte Äußerungen*
  Das beste Beispiel sind immer noch die legendären „Peanuts".

- *unverständliche Begriffe*
Dazu gehört die Fachsprache mit Ausdrücken oder Abkürzungen, die dem Redner geläufig, den Zuhörern jedoch rätselhaft sind.

- *versehentliche Beleidigungen*
  Es kann sich um Beleidigungen des Publikums handeln: „Für Sie werden wir alles idiotensicher vorbereiten." Es kann sich auch um Beleidigungen von Außenstehenden handeln: „Das ist so einfach, das versteht sogar Ihre Frau." Oder: „Wenn Sie das wollen, dann müssen Sie arbeiten wie die Neger." Oder: „Das schafft sogar ein Spasti mit Brille."

Sie werden es vielleicht nicht glauben, aber alle drei Zitate wurden als vermeintlich „lockere" Bemerkungen von Führungskräften einer der großen deutschen Versicherungen während einer Kundenveranstaltung zu Gehör gebracht.

- *regionale Begriffe oder Dialekt*
Regionale Sprachfärbungen wirken fast immer viel netter und sympathischer als das „kalte" Hochdeutsch. Was Ihnen jedoch nicht passieren sollte, sind Begriffe, die Ihre Zuhörer nicht verstehen.

  „Plietsch" wurde in Hamburg sehr wohl, in Osnabrück schon nicht mehr verstanden. „Zoff" war in einem Vortrag in Basel unverständlich.

- *Fäkalbegriffe und Flüche*
„Scheiße" und „verdammt" hört sich nie gut an. Im Vortrag ist es endgültig peinlich. Auch Redewendungen wie die folgenden sollten Ihnen nicht über die Zunge kommen:

  „Das habe ich im Urin." (Gemeint: „Ich habe das im Gefühl." Oder: „Ich wittere es.") Oder: „Mir geht der Arsch auf Grundeis." (Gemeint: „Ich habe Angst.")

- *Klischees*
„Langer Rede kurzer Sinn ..." Oder: „Last but not least." Solche Standardsprüche sollten Sie sich sparen. Es sind Versatzstücke und Füller. Sie wirken mit solchen Formulierungen banal und platt.

• *Umgangssprache*
In Maßen kann Umgangssprache nett und locker wirken. Aber wirklich nur in
homöopathischen Dosen! „Total toll", „klasse", „rattenscharf" können Sie bei
guter Stimmung und entsprechendem Publikum ruhig einmal sagen. Wenn Sie
jedoch übertreiben, wirken Sie sehr schnell wie ein Alter, der sich bei der Jugend
anbiedern möchte.

☛ Wenn Sie mit einem fertigen Manuskript auftreten, kann Ihnen nicht so leicht
etwas passieren mit versehentlichen Äußerungen. Wenn Sie jedoch frei sprechen
wollen oder sich auf eine Diskussion einstellen, dann sollten Sie ganz bewußt
darauf achten, daß Sie zwar locker und natürlich, jedoch immer verständlich und
mit Niveau vortragen.

8.2 Wissen, wann man schweigen sollte

Neben unpassenden Formulierungen gibt es auch bestimmte Themen, die in der
Regel tabu sein sollten. Zu leicht können Sie Gefühle verletzen oder sich Sympathien verscherzen. Typische „Kriegsschauplätze" der Rhetorik sind:

• *Politik*
Wenn Sie nicht gerade als Politiker zu diesem Thema reden müssen, sollten Sie
politische Anspielungen meiden. Machen Sie sich nicht über bestimmte Persönlichkeiten oder Parteien lustig. Tun Sie auch nicht kund, welche Partei Ihrer
Meinung nach die „richtige" ist. Ganz allgemeine Bemerkungen über „die Politiker" werden geduldet. Spezielle Personen oder Parteien aufs Korn zu nehmen
kann für Sie gefährlich werden.

• *Religion*
Im Hinblick auf Religionen und Weltanschauungen sind viele Menschen sehr
empfindlich. Vorsichtig sollten Sie auch mit der Bezeichnung „Sekte" für eine
bestimmte Glaubensgemeinschaft sein. Auch der Begriff „Gott" wird unterschiedlich wichtig genommen. Für manche Menschen ist es durchaus üblich, immer wieder „Mein Gott!" oder „Um Gottes willen!" zu rufen. Für andere gilt die
Regel, daß der Name Gottes nicht mißbraucht werden darf.

• *Krankheiten*
Krankheiten oder Behinderungen sollten ebenfalls nicht leichtsinnig zur Sprache
gebracht werden. Wer zum Beispiel einen Angehörigen mit altersbedingten gei-
stigen Störungen hat, wird sich über Alzheimer-Witze eines Vortragenden sicherlich nicht freuen. Das gilt für alle anderen Krankheiten oder Behinderungen
auch.

• *Sex*
Outen Sie sich möglichst nicht durch plump-geile Sprüche. Es wirkt weniger
„männlich-lässig-souverän" als Sie glauben. Auch Damen sollten sich nicht ein-
bilden, daß man sie für peinliche Anspielungen bewundert. In den meisten Fällen

werden hurmorvolle und sehr gut dosierte sexy Sprüche akzeptiert. Sie können auch zur Auflockerung beitragen. Aber schon ein Hauch ins Ordinäre läßt manchen im Publikum darüber nachdenken, was dem Redner wohl fehlt, wenn er das nötig hat. Und dann muß man auch immer mit den ganz Braven rechnen, die jede schlüpfrige Andeutung sehr verübeln.

• *Sport*
Hierbei kann man sich durchaus auch die Zunge verbrennen. Eine spitze Bemerkung über eine bestimmte Fußballmannschaft, eine Abfälligkeit über „die Golfer", und schon hat man Feinde, die man nicht haben müßte.

• *Konkurrenz*
Seien Sie vorsichtig mit Äußerungen über Ihre Konkurrenz. Auch nur vage Bemerkungen können als Angriffe oder Abfälligkeiten gedeutet werden. Wenn Sie Pech haben, bewirken Sie genau das Gegenteil dessen, was eigentlich Ihre Absicht ist. Die Zuhörer nehmen Ihnen die als negativ wahrgenommenen Äußerungen übel und entwickeln auf der Stelle Sympathie für Ihre Wettbewerber.

In bestimmten Situationen oder vor bestimmtem Publikum können auch andere Themen zu Tabuthemen werden: Betriebsrat, Steuerpolitik, Kindererziehung, Gentechnik, Kernenergie, Mafia ...

☛ Bevor Sie sich in die Nesseln setzen, sollten Sie bewußt darüber nachdenken, was Sie wo und vor wem sagen können oder lieber nicht zur Sprache bringen.

8.3 „Stachelwörter"

Es gibt bestimmte Begriffe, die man in der Regel meiden sollte. Man spricht von „Stachelwörtern", weil man bei diesen Wörtern davon ausgehen kann, daß sie den Zuhörern recht „stachelig" durch die Ohren bis in die Magengrube wandern.

Wenn Sie es nicht unbedingt darauf anlegen, sich unbeliebt machen zu wollen, dann meiden Sie solche Begriffe. Diese Begriffe sind auch viel zu auffällig in Ihrem Redefluß. Es besteht die Gefahr, daß Ihre Zuhörer wegen eines Stachelwortes erst einmal stutzen. Danach denken sie darüber nach, warum die Sache ausgerechnet so zum Ausdruck gebracht wurde ... Als Vortragender sind Sie mit Ihren Ausführungen schon längst weiter, aber kaum jemand hört zu. Man beschäftigt sich innerlich noch damit, das letzte „Stachelwort" zu verdauen.

Es gibt natürlich gerissene Manipulationskünstler, die ganz bewußt „Stachelwörter" verwenden. Sie wissen, daß sie damit die Aufmerksamkeit ihrer Zuhörer ablenken können.

Vorsicht mit solchen Tricks!

☛ In der Regel wollen Sie vermutlich überzeugen und von Ihren Zuhörern positiv angenommen werden. Dann ist es immer klüger, auf „Stachelwörter" zu verzichten.

In den meisten Fällen gehören **negative Begriffe** zu den „Stachelwörtern". Das können sein: Problem, Risiko, Krise, Gefahr, Datenverlust, Fehler, Versagen, Schulden, Entlassungen ...

Um die Dinge anders auszudrücken, wird oft „schön geredet". Das ist meistens gar nicht verkehrt.

> Aus „Problemen" werden beispielsweise „Diskussionspunkte" oder „offene Fragen". „Risiken" mausern sich zu „Herausforderungen". „Krisen" gelten als „Differenzen". „Gefahr" wird zum „Knackpunkt". „Datenverluste" gibt es gar nicht. Statt dessen wird ausgeführt, was alles zur Datensicherheit oder auch zur Rekonstruktion unternommen wird. „Fehler" heißen „Schwachpunkte" oder „Ansätze zur Optimierung". „Versagen" gilt als „lehrreicher Versuch". „Schulden" drücken unter der Bezeichnung „Verbindlichkeiten" viel weniger, und auch „Freisetzungen" sind nicht so scheußlich wie „Entlassungen".

Zu platt sollte man die Schönfärberei natürlich nicht betreiben. Dennoch sollten auch Sie einmal sorgfältig Ihr Manuskript - und vielleicht auch Ihre Sprachgewohnheiten - auf negative Ausdrücke hin überprüfen. Vor allem sehr gewissenhafte und sehr sorgfältige Menschen mit der inneren Mission, immer „die Wahrheit sagen" zu müssen, neigen zu rabenschwarzen Formulierungen.

Auch wenn Sie genau wissen, daß das Leben ein Desaster und die Zukunft ohne Hoffnung ist, überlegen Sie bitte genau, wie weit Sie unbedingt auch noch als Pessimist auftreten und zusätzlich entmutigen müssen.

Eine andere Form der „Stachelwörter" sind solche, die den Zuhörern das Gefühl geben, man nimmt sie nicht ernst oder nicht wichtig. Das kann passieren, wenn ein Vortragender zu „locker" aufzutreten versucht.

> Gesagt: „Wir haben Ihnen den Krempel komplett kopiert."
> Gemeint: „Wir haben alle Vortragsfolien für Sie kopiert."
> Gesagt: „So sollten Sie das Ihren Leuten beibiegen."
> Gemeint: „So sollten Sie das Ihren Mitarbeitern sagen."

Sie dürfen gerne auch „flockige" Ausdrücke verwenden. Seien Sie jedoch vorsichtig mit Begriffen, die eine gewisse Abfälligkeit ausdrücken.

Es gibt Begriffe, die sind in bestimmten Zusammenhängen als „Stachelwörter" zu betrachten und in anderen Zusammenhängen völlig in Ordnung.

> – kaufen - könnte in bestimmten Zusammenhängen mit Kosten assoziiert werden und wirkt dann sofort auch „teuer"
> – Firma - könnte sich abfällig anhören, wenn die Zuhörer das Wort „Unternehmen" vorziehen
> – neu - kann „unausgereift" assoziieren
> – Qualität - kann abgedroschen und hohl wirken oder mit den ewig nervenden Projekten zur Qualitätssteigerung assoziiert werden
> – Sonderangebot - kann „billig" und „Restposten" assoziieren
> – Offenheit - kann mit hemmungslosen gegenseitigen Angriffen assoziiert werden
> – verkaufen - erinnert an „aufschwatzen"

Diese Beispiele sollen genügen. Es gibt Begriffe, die zunächst neutral oder sogar positiv zu verstehen sind, jedoch von den Zuhörern sofort mit etwas in Verbindung gebracht werden, was sie dann „stachelig" macht.

☛ Versuchen Sie sich vor Ihren Auftritten immer zu vergewissern, welche Begriffe oder auch Formulierungen bei Ihren Zuhörern möglichst vermieden werden sollten. Stellen Sie eine Liste der „Stachelwörter" zusammen. Danach „übersetzen" Sie diese Begriffe in solche, die „glatt runtergehen". Üben Sie dann Ihren Vortrag laut mit den übersetzten Begriffen.

Achtung! Niemals sollten Sie die „Stachelwörter" auswendig lernen und sich dann einschärfen: „Darf ich nicht sagen." Dann rutschen sie Ihnen ganz bestimmt pausenlos zwischen den Lippen durch.

Sobald Sie Ihre „Übersetzung" erstellt haben, sollten Sie die „Stachelwörter" aus Ihrem Sprachschatz streichen.

8.4 Wenn es denn gesagt werden muß

Von Jubel unter Ihren Zuhörern kann keine Rede sein, wenn Sie etwas vorzutragen oder zu präsentieren haben, was nicht gefällt. Die erste Verärgerung oder auch Wut wird Ihnen als Verkünder der schlechten Nachricht entgegenschlagen.

Dabei macht es für Sie selbstverständlich einen großen Unterschied, ob Sie zum Beispiel als Führungskraft selbst die unpopuläre Entscheidung getroffen oder die ungewollten Zustände herbeigeführt haben, oder ob man Sie vorschiebt, etwas zu verkünden, was andere eigentlich zu vertreten hätten.

Im zweiten Fall können Sie eventuell den Ärger Ihnen gegenüber dadurch mildern, daß Sie durch Worte oder Gesten zu verstehen geben, daß auch Sie das alles ganz schrecklich finden und lieber etwas anderes sagen würden und daß Sie im Grunde auf der Seite der Zuhörer stehen; egal, ob das nun stimmt oder nicht.

Sollten Sie jedoch selbst zu vertreten haben, was an Unangenehmem zu verkünden ist, dann stehen Sie auch als „Schuldiger" vor den Zuhörern. Man denke nur an unpopuläre Entscheidungen, wie Abbau eines Produktionsstandorts oder die Absage an Auszubildende nach Abschluß der Lehrzeit oder an die Erhöhung von Beiträgen für die Krankenkasse etc.

> Manche Redner „eiern" in einer solchen Situation herum. Obwohl glasklar feststeht, was sie zu verkünden haben, mögen sie mit den Worten nicht herausrücken. Weitschweifig schildern sie die wirtschaftliche Gesamtlage und daß wir alle „den Gürtel enger schnallen" müssen ... Manche kommen auch mit moralischen Belehrungen daher wie zum Beispiel, daß man auch einmal Opfer im Interesse des „großen Ganzen" bringen müsse .... Dabei sind in der Regel die Opfer, die den Zuhörern abverlangt werden, erheblich größer als die Opfer des Redners. Manchem bricht auch vor Mitleid das Herz bei dem Gedanken, was er zu verkünden hat. Dann überlegt er hin und her, wie er die schlechte Nachricht wenigstens in lie-

bevolle Worte verpacken kann. Als ob das etwas ändern würde! Wieder ein anderer versucht abzuwiegeln und kombiniert die unangenehme Botschaft mit vagen Andeutungen, daß es vielleicht ja doch nicht ganz so schlimm kommen wird: „Was ich Ihnen zu sagen habe, wird Sie erschrecken. Aber denken Sie immer daran, daß nichts so heiß gegessen wie gekocht wird." Was sollen die Zuhörer mit solchen Andeutungen anfangen? Am Ende macht das die Sache nur noch schlimmer, wenn sich herausstellt, daß es nie wirklich einen Lichtblick in der Situation gegeben hat.

Sie sollten lieber auf solche Versuche der „Milderung" verzichten. Sagen Sie lieber mutig die Wahrheit wie sie ist. Dazu gehört auch, daß Sie möglichst offen über Hintergründe, Sinn, Ziele und zu erwartende Auswirkungen sprechen. Sie können nicht mit Worten beschönigen, was nun einmal schlechte Tatsache ist. Verzichten Sie wenigstens auf Verschleierung, Täuschungsmanöver und die Zurschaustellung Ihrer eigenen Feigheit.

☛ Bereiten Sie die Verkündigung schlechter Nachrichten gut vor. Je besser Sie sich vorbereitet haben, desto klarer sind Ihre Worte und desto fester können Sie der Welle des Unmuts gegenüber auftreten.

1. Stellen Sie die Fakten zusammen, die zur schlechten Nachricht gehören.
2. Entscheiden Sie, welche Hintergrundinformationen über Ursachen und Gründe den Zuhörern vermittelt werden können und sollten.
3. Überlegen Sie, welche Auswirkungen für die Zuhörer zu erwarten sind.
4. Überlegen Sie, ob Sie den Zuhörern Hinweise geben können, was diese selbst zu einer Verbesserung der Lage tun können.
5. Stellen Sie sich auf Einwände, Fragen, Proteste und Angriffe ein.
6. Legen Sie sich Antworten zurecht, die weder eine Abwiegelung sind noch das Klima unnötig aufheizen.
7. Legen Sie sich innerlich darauf fest, daß keine Diskussion mehr stattfinden darf über Dinge, die ohnehin endgültig entschieden sind.
8. Bestimmen Sie für sich selbst, daß keine Grundsatzdiskussionen über „Anstand", „Ehrlichkeit", „Gerechtigkeit" etc. stattzufinden haben.
9. Planen Sie Ihren Auftritt als kurze Präsentation des Unangenehmen. Sorgen Sie dafür, daß sich keine Endlosveranstaltung daraus entwickeln kann. Das birgt immer die Gefahr von Tumulten!
10. Überlegen Sie, ob Sie bestimmte Ansprechpartner für nachträgliche Einzelberatung von Betroffenen nennen können.

Schlechte Nachrichten lassen sich nicht immer vermeiden. Man kann jedoch verhindern, daß man die Zuhörer „für dumm verkauft" durch Verschleierungstaktiken und billige Trostversuche. Denken Sie nur an die politische Situation. Irgendwann ist der Ärger der Bevölkerung über die „Lügerei" der Politiker größer als der Ärger über die realen Gegebenheiten.

8.5 Grummeln und Rumoren

Vor allem, wenn Ihr Vortrag der erste des Tages oder nach einer Pause ist, kann es schwierig sein, sich überhaupt Gehör zu verschaffen. Das Publikum ist noch in Einzelgespräche vertieft und achtet gar nicht darauf, daß vorne schon jemand steht und gerne die ersten Worte sprechen möchte.

Zur Bewältigung der Unruhesituation am Anfang gibt es **drei typische Fehler**:

1. Der Redner versucht durch Hüsteln und Räuspern auf sich aufmerksam zu machen und wartet dabei auf Ruhe.

Das macht einen hilflosen Eindruck. Außerdem werden solche sanften Disziplinierungsversuche von hartgesottenen Schwätzern in der Regel eisern ignoriert. Die weniger hartgesottenen Zuhörer plaudern ebenfalls weiter, weil sie sich an der allgemeinen Unruhe orientieren.

2. Der Redner spricht ein „Machtwort", man möge stille sein und ihm lauschen.

Das erinnert sofort an den Rektor aus der Penne. Tatsächlich wird es in der Regel still, aber die Zuhörer sind verärgert. In dem Ton wollen sie nicht zur Ordnung gerufen werden.

3. Der Redner fängt einfach mit seinen Ausführungen an und hofft auf zunehmende Aufmerksamkeit. Das wirkt schwach und macht auf die Zuhörer einen mindestens ebenso hilflosen Eindruck wie das Hüsteln und Räuspern.

Im ersten und im dritten Fall kann es auch leicht passieren, daß die Plauderer nicht einmal bemerken, daß sich vorne bereits der Vortragende Gehör verschaffen möchte. Dazu sind sie viel zu sehr in ihre Gespräche vertieft. Die bereits aufmerksamen Zuhörer könnten den Eindruck eines „Machtkampfs" bekommen: Der eine will vortragen, und die anderen lassen ihn nicht. Kann er sich durchsetzen?

Geben Sie Ihrem Publikum niemals solche peinlichen Schauspiele!

Treten Sie weder wie eine Dampflock noch wie ein altertümlicher Schullehrer auf, aber lassen Sie sich auch nicht von der anfänglichen Unruhe im Raum ins Bockshorn jagen. Zeigen Sie durch forsches Auftreten Selbstbewußtsein und Souveränität.

• Sagen Sie laut und das Rumoren übertönend: „Guten Tag, meine Damen und Herren!" Oder: „Ich bitte jetzt um Ihre Aufmerksamkeit!"

• Machen Sie dann eine kurze Pause. Dabei schauen Sie reihum einzelne Personen an.

• Wenn sich die Unruhe gelegt hat, und wenn man die Blicke auf Sie gerichtet hält, dann beginnen Sie mit etwas leiserer Stimme und sehr viel freundlicher als beim ersten Satz mit Ihrer Begrüßung.

- Sollten hartnäckige Plauderer noch immer keine Ruhe geben, dann verlassen Sie Ihren Platz am Rednerpult und gehen ein paar Schritte in Richtung des Unruheherds. Zeigen Sie keine Verärgerung! Fragen Sie mit besorgtem Unterton: „Gibt es da ein Problem?" Oder: „Ist da noch etwas zu klären?"

Spätestens jetzt hat auch der letzte Störer verstanden, daß Sie es ernst meinen und sich weder ignorieren noch einschüchtern lassen. Auch in den Augen derer, die den „Machtkampf" um Ruhe verfolgt haben, stehen Sie als „Gewinner" da. Gleichwohl wertet man Ihr Verhalten nicht als „autoritär".

- Nachdem Sie sich Ruhe verschafft haben, können Sie mit Ihren Ausführungen beginnen. Leider kommt es auch später vielleicht noch einmal zu Unruhe und unterschwelligem Grummeln. Auch dann hilft oft die direkte Frage: „Ist da noch etwas zu klären?"

Wenn Ihre Zuhörer jedoch überfordert oder gelangweilt sind, sollten Sie das nicht durch solche Techniken zu ändern versuchen. Die typischen **Symptome für Ermüdung** sind:

- diskretes Auf-die-Uhr-schauen
- unterdrücktes Gähnen mit geschlossenem Mund
- gedankenverlorenes Blättern oder Lesen in den Unterlagen
- wiederholtes Augenreiben
- Schaukeln auf dem Stuhl
- beobachten, was der Nachbar aufschreibt
- selbstvergessenes Auseinanderbauen des Kugelschreibers
- glasiges Starren ins Nichts
- intensives Knibbeln an Fingernägeln oder Schadstellen des Kulimäppchens etc.

Manche Vortragende reagieren auf diese Anzeichen von Ermüdung und Langeweile empört. Sie sind verärgert, wenn die Aufmerksamkeit der Zuhörer nicht gespannt auf sie gerichtet ist.

Diese Verärgerung ist nicht berechtigt!

Man kann niemanden mit einem öden Vortrag zu gespanntem Lauschen verpflichten. Wenn es langweilig ist, dann ist es langweilig. Das gilt auch dann, wenn der Vortragende selber meint, daß seine Worte unendlich wichtig für die Zuhörer sind.

☛ Wenn es so wichtig ist, was Sie zu sagen haben, dann sorgen Sie dafür, daß es sich auch ausreichend interessant anhört! Es ist Ihre Pflicht, die Aufmerksamkeit der Zuhörer wachzuhalten. Es ist nicht die Pflicht der Zuhörer, einerseits stillzusitzen und gleichzeitig mit Spannung einschläfernden Worten zu lauschen. Das geht gar nicht!

☛ Sollten Sie Ermüdungserscheinungen beobachten, dann machen Sie bitte mindestens eine Pause und reißen Sie die Fenster auf. Manchmal können frische

Luft, etwas Bewegung und Kaffee das Schlafbedürfnis wieder eindämmen. Noch besser ist es jedoch, vor schläfrigen Zuhörern zügig zum Ende zu kommen.

Später sollten Sie sich jedoch selbstkritisch fragen: „Was hat meinen Vortrag oder meine Redetechnik zur Schlafdroge für die Zuhörer gemacht?"

8.6 Wann Sie aufmerksam werden sollten

Ob Ihr Vortrag oder Ihre Präsentation „gut ankommt", hängt nicht nur von Ihren Fähigkeiten als Rhetoriker ab. Es kann mit Anlaß und Inhalt zu tun haben, aber auch sehr stark mit der aktuellen Stimmung der Zuhörer. Es kann sogar vorkommen, daß ein bestimmter Grund, den Sie nicht zu vertreten haben, letztlich dazu führt, daß man Sie persönlich angreift.

> In einem Unternehmen wurde erst vor wenigen Tagen bekannt, daß demnächst Entlassungen ins Haus stehen würden. Entsprechend schlecht war die Stimmung. Als ein völlig fremder Repräsentant eines Software-Unternehmens den Mitarbeitern der Buchhaltung die neue Software vorstellen wollte, bemerkte er zwar die gedrückte Stimmung, wußte jedoch, daß es sich nicht auf sein Thema bezog. Er ignorierte das schlechte Klima und erlitt nach kurzer Zeit Schiffbruch. Für ihn völlig unerklärlich konzentrierte sich der Ärger zunehmend auf ihn. Am Ende stand er da als Vertreter der modernen Technik, der man alle Schlechtigkeiten von Rationalisierung und Verarmung der einfachen Leute bei gleichzeitigen Gewinnsteigerungen der ohnehin schon Reichen ... zu verdanken habe.

Das kann passieren, daß Sie als Vortragender völlig unschuldig zum Prügelknaben werden. Sie wissen gar nicht, was über Sie kommt. Sie fühlen sich unschuldig und versuchen sich zu wehren. Die bereits gereizten Zuhörer erleben Ihren Widerstand und ärgern sich darüber auch noch. Psychologisch kommt das Phänomen der Masse hinzu. Die Individuen heizen sich gegenseitig auf.

Erst viel später, wenn sich die Gemüter wieder beruhigt haben, wird den einzelnen Personen bewußt, daß sie den Falschen angegriffen haben. Sie spüren dann wohl auch ein paar Gewissensbisse und entschuldigen sich bei Ihnen, aber trotzdem: Sie haben die „Dusche" erst einmal abbekommen.

Warum hat man Sie überhaupt dafür ausgesucht, zum Blitzableiter der Emotionen zu werden?

Vielleicht deswegen, weil man in Ihnen den „Stellvertreter" oder „Handlanger" derjenigen sieht, auf die man gerade wütend ist. Es kann daran liegen, daß Sie sich irgendwie minimal ungeschickt verhalten oder geäußert haben und damit das Faß zum Überlaufen bringen. Es kann aber auch ganz einfach an Ihrer exponierten Stellung am Rednerpult liegen. Plötzlich hat die „Masse" eine Einzelperson frontal vor sich.

Es gibt **Warnsignale,** auf die Sie achten sollten:

- Sind die Gesichter in der Mehrheit ablehnend und finster?
- Wird unterschwellig gezischelt und gegrummelt?
- Kommt es zu spitzen Zwischenrufen und zynischen Bemerkungen?
- Weicht man Ihren direkten Blicken aus?
- Drücken Körperhaltung und demonstratives Weghören Ablehnung aus?
- Setzt sich niemand in die vorderen Reihen?
- Kommen die Zuhörer provozierend spät und langsam in den Raum?

Seien Sie aufmerksam und beobachten Sie noch vor Ihrem Auftritt, was Sie an Stimmungen und latenten Emotionen wahrnehmen können.

Darauf zu reagieren ist sehr schwierig und verlangt Fingerspitzengefühl. Mitunter ist Ignorieren das beste. Manchmal kann es als arrogante Dickfelligkeit des Vortragenden ausgelegt werden und die miese Stimmung weiter verschlechtern.

☛ Eines muß Ihnen klar sein: Niemals dürfen Sie in einer solchen „dicken Luft" durch Witzchen oder lustige Folien oder betont liebevolle Begrüßungsworte die Zuhörer „aufzuheitern" versuchen. Das geht immer daneben. Wer ohnehin schon schlecht gelaunt ist, der wird durch Lustigkeiten eines Vortragenden erst recht zur Weißglut gebracht.

Wenn Sie merken, daß Sie gegen eine Mauer der Ablehnung sprechen, dann sollten Sie von Ihrem Manuskript und Ihrem Plan abgehen und lieber ganz offen Ihr Unbehagen zum Ausdruck bringen. Dabei darf aber auch nicht der Hauch eines Angriffs gegen die Zuhörer zum Ausdruck kommen.

> Falsch wären solche Formulierungen: „Ich glaube, Sie hören mir nicht richtig zu."
> Oder: „Ich habe den Eindruck, daß Sie zur Zeit sehr negativ eingestellt sind."
> Besser wäre: „Gibt es Dinge, die wir vorher noch klären sollten?" Oder: „Ich habe
> das Gefühl, daß Ihnen im Moment ein anderes Thema mehr unter den Nägeln
> brennt."

Auch wenn Sie gar keine Chance haben, das belastende Problem zu lösen, kann es sinnvoll sein, den Zuhörern erst einmal Luft für ihre Äußerungen zu geben. Manchmal muß der Frust einfach nur raus, danach kann man Ihnen überhaupt erst zuhören.

Auf jeden Fall ist es sinnlos und auch peinlich für Sie, wenn Sie stur wie ein Automat Ihren Vortrag herunterbeten, obwohl ganz offensichtlich niemand Ihnen zuhört, weil die Gedanken woanders sind.

8.7 Darf man sie „abwürgen"?

Es gibt einen sehr störenden Zuhörertypus, das ist der *Zwischenrufer.* Hemmungslos ruft er in den Saal, was ihm gerade an Kommentar zum Vortrag durch den Kopf geht. Man kennt diese Leute auch aus dem Kino. Beim Werbevorspann und während der ersten Filmszenen müssen sie einfach zu allem etwas sagen. Leider murmeln sie das nicht still vor sich hin, sie wollen unbedingt, daß alle anderen ihre Geistesblitze mitbekommen und bewundern. Zum Glück wehren sich die anderen Zuschauer recht bald gegen dieses Ärgernis mit kräftigem „Pscht!"

> Woran liegt es, daß wir so häufig auf diese Form des schlechten Benehmens stoßen? Liegt es daran, daß jetzt diejenigen erwachsen werden, die damals als Einzelkinder vielbeschäftigter Eltern vor dem Fernseher geparkt wurden? Damals konnten sie, mutterseelenallein und mit Teddy im Arm, hemmungslos quieken und quaken zu allem, was ihnen die Glotze vorspielte. Niemand hat sie ermahnt: „Psst! Die anderen wollen auch etwas verstehen."
>
> Lassen Sie sich mal von Lehrern berichten, was sich heutzutage im Unterricht abspielt. In vielen Schulen ist kaum noch ein normaler Unterricht möglich, weil ständig aus irgendeiner Ecke irgendwas in den Raum gebrüllt wird.

Irgendwann werden solche Kinder alt genug, auch in Ihren Vorträgen ihr Unwesen zu treiben.

Natürlich gibt es auch **fiese Strategen**, die die Technik der Zwischenrufe gezielt einsetzen, um den Redner zu Fall zu bringen. Das kann passieren, wenn sie gegen dessen Thesen sachlich nicht ankommen können und nun durch Störmanöver die Sache torpedieren wollen.

Dann gibt es auch die *Clowns*, die immer das Bedürfnis haben, durch witzige Kommentare die Aufmerksamkeit auf sich zu lenken. Sie möchten im Mittelpunkt stehen und kennen nur die alberne Tour, um dieses Ziel zu erreichen.

Was auch immer der Grund sein mag, die Zwischenrufer sind eine Pest in jeder Veranstaltung. Nicht wenige Vortragende haben förmlich Angst davor, ein solches Exemplar in ihrem Publikum vorzufinden.

Auch Sie wissen, wie schnell Zwischenrufe Sie aus dem Konzept bringen können. Sie wissen auch, daß es nicht ganz leicht ist, das Problem in den Griff zu bekommen. Wenn Sie den Zwischenrufer gewähren lassen, fühlen die anderen sich gestört und erwarten, daß Sie als Vortragender das unterbinden. Wenn Sie den Zwischenrufer „abwürgen", stehen Sie sofort wie die autoritäre Gouvernante da, die wohl keinen anderen zu Wort kommen lassen will.

Wie sollten Sie sich verhalten?

Ganz am Anfang können Sie erst einmal die ersten Zwischenrufe überhören. Wie im Kino beruhigen sich einige Zwischenrufer von selbst, wenn sie sich erst einmal in das Thema versenkt haben und nur noch gebannt zuhören und zusehen. Andere werden von ihren Nachbarn angezischt oder in die Rippen geboxt. Dann stellen sie ebenfalls ihre Unarten ein.

Wenn Sie merken, daß Sie es mit einem Zwischenrufer zu tun haben, der unbedingt eine Reaktion von Ihnen will und notfalls bis zum Schluß weiterstört, dann müssen Sie eingreifen.

In dieser Situation sind fast immer alle Zuhörer gespannt, wie der „Macht-kampf" zwischen Vortragendem und Störer ausgehen wird. Man erwartet von Ihnen, daß Sie souverän mit dem Problem fertigwerden. Man hofft gleichzeitig, daß Sie nicht einen aus den eigenen Reihen - und das ist der Zwischenrufer trotz aller Nerverei doch noch! - „niedermachen".

Stellen Sie sich schwerhörig und fragen Sie den Zwischenrufer, was er gerufen hat. Fast immer ist seine Äußerung mehr provozierend als intelligent. Das wird ihm und allen anderen deutlicher bewußt, wenn man von ihm verlangt, es doch noch einmal ganz langsam zu wiederholen. In den meisten Fällen ist danach Ruhe. Die wenigsten Störer legen Wert darauf, daß sich ihre so superpfiffigen Einwände durch die Wiederholung von selbst als Unsinn outen.

☛ Niemals gehen Sie inhaltlich auf Zwischenrufe ein.

> Wenn man zum Beispiel aus dem Hinterhalt „Falsch!" zu Ihren Ausführungen ruft, dann verzichten Sie auf alle Beweise und Begründungen, warum Sie doch Richtiges gesagt haben. Statt dessen fragen Sie den Zwischenrufer, wieso er das für falsch hält. Wenn er dann erklärt, verzichten Sie auf Gegenrede, sondern stellen sich interessiert aber dumm. Sagen Sie zum Beispiel: „Das verstehe ich jetzt nicht. Wie kommen Sie darauf?" Dadurch zwingen Sie den Störer, sich ausführlich zu äußern. Damit hat er nicht gerechnet. Darauf ist er auch nicht vorbereitet. Mit hoher Wahrscheinlichkeit redet er sich jetzt vor den anderen selbst „um Kopf und Kragen". Während Sie eisern guten Willen zeigen, seinen Ausführungen zu folgen, werden die anderen langsam aber sicher unruhig und bremsen den Störer aus. Halten Sie ihn am Reden durch Sätze wie: „Das verstehe ich jetzt nicht." „Wie meinen Sie das genau?" „Können Sie uns Beispiele für Ihre These nennen?" „Wie kommen Sie zu der Ansicht?" „Was hat Sie davon überzeugt?" „Können Sie uns beweisen, daß es so ist, wie Sie sagen?"

Durch solche Fragen bringen Sie den zuvor noch munteren Zwischenrufer dazu, sich müde und leer zu reden. Außerdem stellen Sie ihn viel krasser in den Mittelpunkt als ihm lieb ist. Er wollte aus dem Hinterhalt schießen und Sie ärgern. Er wollte sich vor den anderen wichtig machen oder als Clown auftreten. Er wollte auf keinen Fall aus dem Stegreif und ohne Konzept oder Spickzettel vor aller Augen nach Worten ringen und sich über seine Thesen im Detail auslassen.

Wenn Sie merken, daß Sie ihn ausreichend in die Enge getrieben haben, dann sagen Sie: „Das ist auch für mich eine sehr interessante Diskussion. Aber ich denke, wir sollten das noch einmal in Ruhe ausdiskutieren." Sagen Sie, daß Sie in der Pause oder zu einem späteren Zeitpunkt gerne mit ihm sprechen wollen. Und dann fahren Sie wie geplant mit Ihrem Vortrag fort.

Sie haben damit allen Anwesenden bewiesen, daß Sie die Störung souverän in den Griff bekommen haben. Auch der Zwischenrufer wird Sie ab sofort mehr respektieren. Er weiß jetzt, daß Sie nicht mit sich herumspielen lassen.

☛ Ihr Vorteil ist, daß Zwischenrufer vom Typ her immer feige sind. Im Schutz der Masse trauen sie sich, Giftpfeile auf den exponierten und „einsamen" Vortragenden zu schießen. Hebt man sie aus der Masse heraus, werden sie sehr schnell sehr viel zahmer.

Zwischenrufer, die keine böse Absicht hatten, sondern nur eine schlechte Erziehung durchlaufen haben, werden von selbst ruhiger.

Einen typischen Fehler machen viele Vortragende: Sie nehmen immer wieder Blickkontakt mit dem Störer auf. Das mag an der inneren Unruhe liegen, wann die nächste Störung zu erwarten ist. Instinktiv schaut man immer wieder dahin, wo die „Gefahr" lauert. Verkneifen Sie sich das.

☛ Jeder Blickkontakt stachelt einen Zwischenrufer sofort wieder an. Machen sie sich die Person zur leeren Stelle im Publikum. Schauen Sie glatt darüber hinweg. Das beruhigt Ihre Nerven und die des Störers.

Daß Sie selbst niemals als Zwischenrufer in den Vorträgen anderer Leute auftreten, versteht sich von selbst. Es ist und bleibt eine ganz fiese Masche.

8.8 Sie sind dagegen

Vielleicht kommen Sie einmal in die Situation, daß Sie etwas vorzutragen haben, was bei den Zuhörern auf Widerstand stößt. Es kann sich zum Beispiel um die Präsentation von betrieblichen Änderungen handeln oder um die Vorstellung unternehmerischer Strategien, die zu Ablehnung führen.

Ganz egal, ob Sie „nur" vortragen oder ob Sie auch für die sachlichen Inhalte verantwortlich sind, die Einwände und Widersprüche treffen zunächst Sie.

Je weniger Akzeptanz das findet, was Sie zu sagen haben, desto emotionaler reagieren Ihre Zuhörer. Vielleicht fühlen Sie sich persönlich angegriffen oder vom falschen Ton bei Einwänden provoziert. Wenn Sie dann auch noch emotional werden, kann die Situation schnell eskalieren.

Unabhängig davon, ob Sie bereits während Ihres Vortrags Unterbrechungen und Einwände zulassen oder ob Sie erst nach Ihren Ausführungen für Wortmeldungen und Diskussionen zur Verfügung stehen, müssen Sie möglichst klug auf mehr oder weniger freundliche Widerreden oder gar Angriffe, auf Einwände und Fragen, auf Provokationen und Gegenreden eingehen. Man wird Sie als die Person sehen, die mit Fragen, Einwänden und auch persönlichen Angriffen stellvertretend zu „bekämpfen" ist. Widerstand gegen das, was Sie präsentiert haben, führt in emotionalisierten Situationen sehr schnell zu Widerstand gegen Sie.

Wenn Sie Attacken gegen sich selbst als ungerecht empfinden und empört zurückweisen oder wenn Sie sich vom negativen Klima auch noch „aufheizen" und zu unbedachten Äußerungen hinreißen lassen, dann ist mit Tumulten zu rechnen.

☞ Wenn Sie wissen, daß Sie vor einer Präsentation oder vor einem Vortrag stehen, der bei den Zuhörern Widerstand und Ablehnungen, Fragen und Einwände hervorrufen wird, dann sollten Sie sich in zweierlei Hinsicht darauf einstellen:

1. Bereiten Sie sich inhaltlich vor.

2. Üben Sie sich in Techniken der Einwandbehandlung.

Wenn Sie vorab Widerreden und Einwände einkalkulieren, gehen Sie viel ruhiger und selbstbewußter in die Veranstaltung. Sie fühlen sich sicherer und strahlen diese innere Ruhe auch auf die Zuhörer aus. Das allein kann bereits dämpfend auf Hitzköpfe und Angriffslustige wirken.

1. Inhaltliche Vorbereitung auf Einwände der Zuhörer

Sie soll Ihre Schlagfertigkeit bei der Behandlung von Widersprüchen und Einwänden sichern. Außerdem verhindern Sie dadurch, daß Sie sich womöglich im Eifer der Debatte vor dem Publikum zu unbedachten Äußerungen hinreißen lassen.

Fertigen Sie eine Tabelle mit zwei Spalten an. Tragen Sie möglichst in Zusammenarbeit mit Kollegen oder anderen kompetenten Partnern zunächst in der linken Spalte Ihre Ideen ein. Sammeln Sie soviel an denkbaren Einwänden und Widersprüchen und Gegenargumenten wie nur möglich. Versetzen Sie sich in die Denkwelt Ihrer Zuhörer und fragen Sie sich: „Was könnte man gegen meine Ausführungen einwenden?"

Erst, wenn Sie wirklich alles bedacht haben, überlegen Sie, was Sie inhaltlich auf die Einwände erwidern können oder wollen.

Mit diesen Einwänden ist zu rechnen	So sind sie zu entkräften

Abb. 30: Vorbereitung auf Einwände

2. Techniken der Einwandbehandlung

Bei den Techniken der Einwandbehandlung geht es um das „Wie" Ihrer Antwort. Meistens ist es nicht ratsam, auf einen Einwand sofort mit der eigenen Meinung

„zurückzuschlagen". Auch „Logik" und „Sachargumente" verbessern die Stimmung nicht. Zu schnell entsteht ein rechthaberischer Disput aus dem am Ende keiner der Betroffenen mehr ohne „Gesichtsverlust" zurückweichen kann. Anders als bei 4-Augen-Gesprächen ist eine Diskussion zwischen Ihnen am Rednerpult und einem der Zuhörer auch noch ein „Schauspiel" für alle anderen Anwesenden. Weder Sie noch die Person, die einen Widerspruch gegen Ihre Ausführungen vorgebracht hat, darf im Hin und Her der Argumente „verlieren". Wenn Sie verlieren, machen Sie sich und Ihren bisherigen Vortrag lächerlich. Wenn Ihr Meinungsgegner verliert, solidarisieren sich mit hoher Wahrscheinlichkeit die meisten anderen Teilnehmer der Veranstaltung mit der Person aus ihrer Mitte gegen Sie. Danach können Sie erst recht niemanden mehr von Ihrem Anliegen überzeugen.

Glauben Sie ja nicht, daß es Ihnen nutzt, wenn Sie „logisch" und „vernünftig" nachweisen, daß Sie recht haben. Selbst wenn der bisherige Meinungsgegner Ihnen innerlich längst zustimmt, kann er - aus Angst vor Blamage - nicht mehr von seinem soeben vor Zeugen vertretenen Standpunkt herunter. Verzichten Sie deshalb unbedingt auf die Lust an der Rechthaberei und am Schulmeistern!

Kluge Einwandbehandlung und der richtige Umgang mit Widerständen gehört zu den höchsten Künsten der Rhetorik. Sie müssen sich einerseits blitzschnell mit dem sachlichen Inhalt des Widerspruchs befassen und gleichzeitig emotional im Griff behalten, wenn der Widerspruch auch noch aggressiv oder zynisch vorgebracht wurde. Und das alles unter den interessierten Augen und Ohren eines Publikums, das vermutlich eher auf der Seite Ihres Widersachers als auf Ihrer Seite steht!

☛ *Mit Einwänden sollten Sie wie folgt umgehen:*

- Zunächst bleiben Sie völlig ruhig und freundlich. Hören Sie in Ruhe zu und lassen Sie die betreffende Person unbedingt ausreden. Auch wenn die Gegenrede sehr umfangreich ist und Ihnen schon die Zunge brennt, weil bereits einiges dringend von Ihnen beantwortet werden müßte: Mund zu!

- Wenn die Person ihren Einwand oder ihre Gegenrede vollständig losgeworden ist, dann gehen Sie nicht sofort inhaltlich dagegen an. Stellen Sie zunächst eine (scheinbare) Verständnisfrage: „Habe ich Sie richtig verstanden, daß ...?" „Wie meinen Sie genau ...?" „Was verstehen Sie unter ...?"

  > Es geht nicht darum, ob Sie den Einwand richtig verstanden haben oder nicht. Es geht um zweierlei: Erstens zeigen Sie durch die Frage (und das Zuhören!), daß Sie gesprächsbereit sind und auch bei Widerstand souverän bleiben. Zweitens regen Sie durch die Frage noch einmal den Redefluß Ihres Meinungsgegners an. Er kann sich noch einmal in seinen Gegenargumenten ausbreiten. Das ist gut für Sie: Er redet sich müde und „leer". Zusätzlich besteht die Chance, daß er damit die anderen Zuhörer langweilt. Außerdem haben Sie mehr Zeit zum Nachdenken.

Wenn Sie zum zweiten Mal den Einwand gehört haben, können Sie mit Ihrer Antwort - siehe vorbereitete Liste - dagegenhalten.

- Nun wäre es unklug, die Emotionen anzuheizen. Sagen Sie auf keinen Fall Dinge wie: „Da irren Sie sich." Oder: „Nein, das sehen Sie falsch." Oder: „Stimmt nicht." Mit solchen Formulierungen beschwören Sie Streit und womöglich Tumulte herauf.

Fangen Sie Ihre Antworten mit Formulierungen an, wie zum Beispiel:

„Ja, aber ..."

„Stimmt, allerdings ..."

„Gut, daß Sie das ansprechen. Es ist jedoch zu bedenken ..."

„Sie haben recht, wenn Sie ausgehen von ... Allerdings ..."

„Ich sehe, daß ich Sie noch nicht ganz überzeugt habe. Lassen Sie mich ..."

„Ich stimme Ihnen im wesentlichen zu, auf der anderen Seite ist jedoch zu bedenken ..."

„Sie sehen die Sache völlig richtig. Dennoch ist zu beachten ..."

„Genau wie Sie habe ich das zuerst auch gesehen, dann allerdings ..."

„Da werden die meisten Ihnen zunächst zustimmen. Man sollte jedoch die Sache auch einmal von der anderen Seite ..."

„Sie haben in einigen Punkten völlig recht. Hier war jedoch entscheidend ..."

☞ Wie Sie sehen, geht es zunächst darum, daß Sie mit einer (Teil-) Zustimmung oder einer anderen positiven Formulierung negativen Emotionen den Boden entziehen. Schließlich wollen Sie Ihren Gesprächspartner und die anderen Zuhörer überzeugen und nicht verbal niedermetzeln! Es geht nicht darum, einen Einwand als „dumm" oder „falsch" zu entlarven. Es geht auch nicht darum, daß Sie rhetorisch „siegen", vielmehr nur darum, daß man möglichst wohlwollend bereit ist, Ihnen weiterhin zuzuhören und über Ihre Argumente nachzudenken. Das erreichen Sie am leichtesten, wenn Sie selbst positiv bleiben.

Am besten ist es, wenn Sie Ihre Liste unmittelbar vor Ihrem Auftritt durch eine dritte Spalte ergänzen:

Mit diesen Einwänden ist zu rechnen	So sind sie zu entkräften	So werde ich es sagen

Abb. 31: Vorbereitung auf die Einwandbehandlung

☞ Üben Sie nicht nur Ihren Vortrag, sondern üben Sie auch Ihre Reaktion auf Widerstände und Einwände. Machen Sie das nicht nur in Gedanken, sondern laut sprechend. Wenn Sie mit sehr harten Auseinandersetzungen zu rechnen haben, sollten Sie ruhig ein wenig „pauken" vor Ihrem Auftritt. Es wirkt auch auf Sie innerlich entspannend, wenn Sie wissen, daß Sie im Ernstfall schnell, überlegen und überlegt reagieren können.

8.9 Schmutzige Tricks

Wir vertreten natürlich alle in moralischer Selbstgerechtigkeit die These, daß Manipulation pfui ist. Solche Tricks würden wir selbst niemals anwenden! Gleichzeitig fühlen wir uns umgeben von moralisch weniger sauberen Zeitgenossen, die es pausenlos darauf anlegen, uns mit ihren Manipulationen über den Tisch zu ziehen.

Ganz so gravierend ist der Unterschied zwischen Gut (ich) und Böse (die anderen) nicht. Jeder von uns macht sich Gedanken, wie man die eigene Überzeugung anderen vermitteln kann, wie man andere dazu bringt, das zu tun, was man möchte. Und wenn man uns dann für den Zweck Manipulationstricks (genannt: „Kommunikationsstrategien" oder „Überzeugungstechniken") verrät, dann wenden wir sie auch an. Dabei haben wir natürlich kein schlechtes Gewissen. Erstens: Die anderen tun das auch immer. Zweitens: Es ist ja nur zum Besten der Überlisteten, die es anders nicht kapieren können. Drittens: Der Zweck heiligt die Mittel.

☞ Es gibt ein paar Manipulationstechniken, die sich in Vorträgen und Präsentationen sehr gut anwenden lassen. Sie sollten sie kennen, damit Sie nicht darauf hereinfallen, wenn andere sie Ihnen gegenüber anwenden. Sie selbst werden natürlich niemals zu solchen schmutzigen Tricks greifen. Das ist klar.

☞ Nur für den Notfall noch folgender Hinweis: Wenn man diese Tricks zu platt anwendet, werden sie auf der Stelle durchschaut, und das Publikum wendet sich erst recht gegen den Manipulierer. Wenn man sie fein dosiert, merken häufig nicht einmal diejenigen etwas, die sie gelegentlich selbst anwenden.

Die **üblichen Tricks** sind:

• *Gemeinsamkeit und Gegenseitigkeit*
Wir leben in einer Gesellschaft, in der die Individuen darauf angewiesen sind, sich gegenseitig zu unterstützen und zu helfen. Es herrscht ein ständiges Geben und Nehmen. Anders ausgedrückt: Eine Hand wäscht die andere.

> Wenn Sie (nur mal angenommen, Sie wollten manipulieren) Ihre Zuhörer zu bestimmten Handlungen - z.B. Kauf Ihres Produktes - bewegen wollen, dann schildern Sie zuerst, was Sie oder Ihr Unternehmen bereits alles für die Zuhörer oder für die Natur oder den Tierschutz oder arme Waisenkinder etc. getan haben/hat. Man erkennt daran Ihre Freundlichkeit und Wohltätigkeit. Aus Dankbarkeit wird man dann auch etwas für Sie tun.

Viele Unternehmen nutzen die Technik auch für ihre Werbung. Sie lassen Schilder an Raubtierkäfigen im Zoo anbringen, damit jeder weiß, wer hier gesponsort hat. Sie machen die Öffentlichkeit auf ihre Öko-Aktionen aufmerksam und spenden für die Aktion Sorgenkind.

Warum auch nicht? Die einen kriegen Geld und die anderen mehr Kunden.

• *Kompromiß und Entgegenkommen*
Es gilt in unserer Gesellschaft die moralische Verbindlichkeit, daß man anderen entgegenkommen und Kompromißbereitschaft zeigen sollte. Es gilt als egoistisch und unfein, einfach nur stur den eigenen Willen durchzusetzen.

Wenn Sie von Ihrem Publikum Zugeständnisse verlangen wollen, dann sollten Sie mit völlig überzogenen Forderungen oder Ankündigungen beginnen und sich dann scheinbar einem Kompromiß (wie Sie ohnehin erreichen wollten) nähern.

> Sie wollen dem Betriebsrat und den Mitarbeitern klarmachen, daß nur zwanzig Prozent der Lehrlinge übernommen werden können. Diese Mitteilung würde zu einem Aufschrei führen. Fangen Sie also damit an, daß Sie angeblich gar keine Lehrlinge übernehmen können. Und dann lassen Sie sich in zähem Ringen dazu bringen, wenigstens die zwanzig Prozent zuzugeben.

Jede Tarif- oder Basarverhandlung wird nach diesem Prinzip geführt.

• *Die Ja-Schiene*
Die Ja-Schiene gehört zu den Verkaufstechniken. Sie beruht auf der Erkenntnis, daß die meisten Menschen einmal bei ihrer Zu- oder Abneigung bleiben. Das bedeutet, daß es Menschen sehr schwerfällt, nein zu einer Person zu sagen, zu der sie vorher einige Male ja gesagt haben, oder umgekehrt.

Wenn Sie mit Ihrem Vortrag die Zustimmung der Zuhörer erreichen wollen, dann vertreten Sie vorher mindestens drei Ansichten, von denen Sie ganz genau wissen, daß sie auch von den Zuhörern geteilt werden. Wenn Sie beobachten, daß die Mehrheit der Personen vor Ihnen immer wieder mit dem Kopf nickt, dann sind Sie auf der Ja-Schiene. Dann können Sie schließlich mit dem kommen, was Sie von Anfang an „abgenickt" haben wollten.

• *Der Herdentrieb*
Die meisten Menschen glauben zwar, sie seien individuell und innerlich unabhängig in ihren Entscheidungen, tatsächlich sind wir fast alle von Moden, Meinungsbildnern und Trends beeinflußt. Wir wollen „dazugehören", „in" sein und orientieren uns immer wieder an dem, was „man" heutzutage so macht.

Suggerieren Sie also Ihren Zuhörern, daß andere schon längst das tun oder das kaufen oder das denken, was Sie vertreten.

> Wenn Sie zum Beispiel ein Produkt verkaufen wollen, dann nennen Sie möglichst attraktive Referenzkunden.

> Wenn Sie zum Beispiel in Ihrem Unternehmen die Führungsriege davon überzeugen wollen, daß jeder Mitarbeiter ab einer bestimmten Position ein Handy braucht, dann nennen Sie die härtesten Konkurrenten, bei denen das längst üblich ist.

Machen Sie Ihren Zuhörern deutlich, daß sie entweder Ihnen zustimmen oder sehr bald sehr allein sein werden mit ihrem Beharrungsstreben.

• *Der Gute-Freunde-Trick*
In unserer Gesellschaft gilt immer noch die Regel, daß man guten Freunden beisteht und ihnen nicht das Wasser abgräbt.

Machen Sie sich deshalb möglichst schon lange vor Ihrem Auftritt zum guten Freund wichtiger Zuhörer und Meinungsbildner. Steigern Sie die Wirkung dadurch, daß Sie sich zum Kontaktvermittler zwischen Dritten machen. Je mehr die Menschen den Eindruck haben, daß Sie ein guter Freund sind und daß man durch Sie weitere gute (und nützliche!) Freunde kennenlernen kann, desto eher wird man später Ihren Ansichten zustimmen und sich für Sie einsetzen.

Politiker und Vertriebschefs von großen Unternehmensberatungen oder anderen Anbietern anderer Dienstleistungen für Unternehmen arbeiten mit diesem Trick. Ob es sich um die Toscana-Connection oder um Spezis vom Golf-Platz handelt, das Prinzip ist dasselbe.

• *Die Autoritäts- und Wissenschaftsgläubigkeit*
Wir Menschen haben schnell die Neigung, Dinge oder Meinungen anzuerkennen, wenn „Höhergestellte" sie anordnen oder empfehlen.

> Diese Neigung können Sie in Ihren Vorträgen ausnutzen. Sagen Sie zum Beispiel: „Der Gesetzgeber will das so." „Der Vorstand ist der Ansicht, daß ..." „Studien amerikanischer Wissenschaftler haben ergeben ..." Wichtig ist, daß Sie auf Autoritäten verweisen, die mit hoher Wahrscheinlichkeit in dem betreffenden Sachgebiet von Ihren Zuhörern akzeptiert werden. Das kann sogar sein: „Zahnarztgattinen empfehlen ..."

• *Das Schnäppchen oder die letzte Gelegenheit*
Häufig haben Menschen Sorge, eine günstige Gelegenheit zu verpassen. Winken Sie deshalb mit besonders guten Angeboten, mit „Geheimtips" oder auch mit dem Hinweis, daß bald nichts mehr zu haben ist.

> Sagen Sie: „Direkt ab Fabrik", „Nur noch bis zum 30. Juni", „Solange der Vorrat reicht"

• *Der Appell an Moral oder Verstand*
Man kann verblüffend leicht Menschen dadurch beeinflussen, daß man ihnen suggeriert, daß nur die Bösen oder die Dummen nicht zustimmen würden.

> „Aus Verantwortung unseren Kollegen gegenüber sollten wir ..." „Wenn man nur einen Funken Verstand hat, dann ..." „Bei sachlicher Überlegung wird doch wohl klar ..." „Wenn man mit dem notwendigen Sachverstand herangeht ..." „Wem Anstand und Ehrlichkeit noch etwas bedeuten, der ..."

Es gibt natürlich noch sehr viel mehr Manipulationsmethoden. Man kann auch mit den visuellen Hilfsmitteln noch eine Menge herumtricksen. Man kann durch die Reihenfolge der Darstellungen und Ausführungen beeinflussen. Man kann Dinge bewußt intensiv oder auch knapp behandeln.

Das merkwürdige ist: Die meisten Tricks kennen wir und fallen doch immer wieder darauf herein. Das wird bei Ihren Zuhörern nicht anders sein.

Merksatz 1: Wenn man nur einen Funken Anstand hat, dann verzichtet man auf Manipulationstricks.

Merksatz 2: Wenn man nur einen Funken Ehrlichkeit in sich trägt, dann gibt man zu, daß man sehr wohl immer wieder zu solchen Tricks greift.

8.10 Anti-Killer-Strategien

Killerphrasen sind unfaire Methoden, mit denen Sie immer rechnen müssen. Es kann sein, daß jemand im Publikum Ihre Meinung nicht akzeptiert, Ihre Ziele durchkreuzen oder ganz einfach nur sich selbst wichtig machen will.

Das beste Mittel gegen Killerphrasen sind passende Antworten, die dem Gegner die Lust an seinen üblen Tricks nehmen. Der Angreifer geht davon aus, daß Sie sich durch die Killerphrasen überraschen und irritieren lassen. Das gibt ihm selbst ein Gefühl der Überlegenheit. Je schlagfertiger Sie reagieren, desto „gefährlicher" werden seine Taktiken für ihn selbst. „Schießen" Sie deshalb möglichst schnell und möglichst „scharf" zurück. Wenn Sie vom Typ her nicht sehr schlagfertig sind, sollten Sie sich bei den Vorbereitungen bereits innerlich auf die üblichsten Killerphrasen einrichten.

Sie brauchen keine Rücksicht auf die Gefühle der Menschen zu nehmen, die es darauf anlegen, Sie mundtot zu machen. Wer Killerphrasen benutzt, geht entweder davon aus, daß der Angegriffene vor Überraschung nicht so schnell antworten kann oder davon, daß der Angegriffene mehr Höflichkeit besitzt als er selbst. Leider ist es im Leben oft so, daß die Frechen und Dreisten sich auf die gute Erziehung, die Höflichkeit und die Manieren ihrer Opfer verlassen. Damit kommen sie auch tatsächlich fast immer durch. Der Erfolg: Sie werden noch frecher und dreister.

Verharren Sie nicht in einer Opferhaltung den Frechen und Dreisten gegenüber! Niemand wird Sie dafür bewundern. Man hält Sie nur für schwach und wehrlos! Nicht nur die Angreifer, auch das übrige Publikum könnte Sie schließlich als Schwächling verachten.

☛ Lassen Sie sich nicht „mundtot" machen.

Mit Killerphrasen müssen Sie, wie gesagt, immer rechnen. Diese Phrasen sind unfair. Das wissen Sie, und Ihre Gegner wissen es auch. Trotzdem wird immer wieder zu solchen Waffen gegriffen, wenn jemand unbedingt etwas durchsetzen oder verhindern will.

Wie das Wort „Killer"-phrasen schon sagt, sollen sie „töten". Sie sollen mundtot machen. Lassen Sie das nicht zu. Lernen Sie Techniken der Anti-Killer-Strategien kennen.

Der erste Schritt einer solchen Contra-Abwehr ist überhaupt das Erkennen von Killerphrasen. Es handelt sich dabei immer um Sprüche, die Sie nicht widerlegen können, die Sie zunächst hilflos machen.

Ganz **typische Killerphrasen** sind zum Beispiel:

- „Das haben wir schon einmal versucht, da ging es auch nicht."
- „Dazu sind Sie viel zu jung/alt."
- „Wie wollen Sie denn das beweisen?"
- „Das ist doch alles noch viel zu unausgegoren."
- „Das ist doch alles ein alter Hut. Das gab es doch schon immer."
- „So haben wir das schon immer gemacht, und es hat nie geschadet."
- „Die Realität ist aber ganz anders."
- „Solche Änderungen passen nicht in unsere gewachsenen Strukturen."
- „Sowas können wir bei unseren Leuten niemals durchsetzen."
- „Da sollte man doch noch ein paar Entwicklungen abwarten."
- „Sie können nicht beweisen, daß Sie recht haben!"

Manche der Killerphrasen sind auch glatte Beleidigungen:

- „So simpel, wie Sie die Dinge sehen, sind sie leider nicht."
- „Dazu fehlt Ihnen wohl doch das notwendige Fachwissen."
- „Ganz offensichtlich haben Sie Ihre Geistesblitze selbst noch nicht richtig durchdacht."
- „Sie versuchen natürlich Ihr Bestes, aber..."
- „Ihre Bemühungen in allen Ehren, aber man sollte doch lieber einen Fachmann dazu befragen."

Solche mit Bosheiten gespickte Killerphrasen sind natürlich besonders wirksam. Nicht nur können Sie auf Anhieb nichts entgegnen, Sie sind auch noch durch die offene Beleidigung zunächst wie gelähmt. Das sollen Sie auch sein. Ihr Gegner will Sie zum Schweigen bringen.

Die **Anti-Killer-Strategie** legt darauf an, daß Sie - häufig zur Überraschung Ihres unfairen Gegners - blitzschnell eine Antwort parat haben, die ...

1. ... Ihren Gegner überrumpelt und zunächst selbst mundtot macht.
2. ... Ihrem Gegner für die Zukunft die Lust nimmt, sich auf solch unfaire Art mit Ihnen anzulegen.
3. ... Ihr Ansehen bei Dritten hebt und das Ihres Gegners gleichzeitig senkt.

☞ Die **wichtigste Grundregel** aller Anti-Killer-Strategien ist:

Gehen Sie niemals in ernsthafter Sachlichkeit auf den Inhalt einer Killerphrase ein!

- Ihr Gegner sagt zu Ihrem Änderungsvorschlag: „Das haben wir früher schon einmal probiert, da ging es auch nicht." Wenn Sie nun zu erklären versuchen, warum die Lage heute anders ist als damals, verheddern Sie sich unnütz in eine Diskussion, die Sie niemals „gewinnen" können.

Sagen Sie statt dessen: „Wer weiß, was Sie damals falsch gemacht haben." Das reicht. Das wird Ihrem Gegner bestimmt erst einmal die Stimme verschlagen.

• Ihr Gegner versucht Sie zu beleidigen: „Sie sehen die Sache viel zu simpel." Zeigen Sie keine Nerven! Tun Sie, als hätten Sie die Frechheit gar nicht gehört. Sagen Sie zum Beispiel: „Stimmt. Ich betrachte die Dinge gerne im Überblick, anstatt mich in Details zu verlieren." Auch das reicht. Nun muß Ihr Gegner erst einmal darüber nachdenken, wie Sie das genau gemeint haben!

• Ihr Gegner versucht Sie kleinzumachen: „Dazu sind Sie viel zu jung." Lassen Sie sich nichts an Verärgerung anmerken. Sagen Sie ganz fröhlich: „Zu Ihrer Zeit hat man in dem Alter, in dem ich jetzt bin, sicherlich noch nicht die Möglichkeiten der Entwicklung gehabt wie heute." Damit haben Sie Ihrem Gegner ganz bestimmt die Lust genommen, in Zukunft noch einmal auf Ihre jungen Jahre anzuspielen.

Ihr Gegner versucht Sie als „alten Trottel" aufs Abstellgleis zu schieben: „Dazu sind Sie zu alt." Lassen Sie sich auch jetzt nicht Ärger anmerken. Sagen Sie: „In Ihrem Alter war ich so wie Sie. Lebenserfahrung kommt nicht über Nacht und kann auch nicht angelesen werden."

Wenn Ihnen gar keine passende Antwort auf der Stelle einfällt, dann sagen Sie ganz einfach, daß Sie die Killerphrase als solche erkannt haben und darauf nicht eingehen wollen.

Sagen Sie zum Beispiel:
– „Killerphrasen bringen uns hier nicht weiter."
– „Das ist eine Killerphrase. Darauf gehe ich grundsätzlich nicht ein."

Damit haben Sie die unfairen Methoden Ihres Gegners bloßgestellt und gleichzeitig unwirksam gemacht.

☛ Anti-Killer-Strategien verlangen Mut, Schlagfertigkeit und Souveränität.

Vielleicht ist Ihr Gegner zunächst verärgert, wenn Sie auf seine unfairen Phrasen blitzschnell und messerscharf antworten. Damit hat er sicher nicht gerechnet. Es durchkreuzt seine Absichten, Ihnen das Wort zu verbieten.

Lassen Sie sich nicht durch eine mögliche Verärgerung des anderen davon abhalten, Ihre Position zu verteidigen. Wer sich in unfairer Weise mit Ihnen anlegt, hat nicht auch noch Anspruch auf Ihre Rücksichtnahme!

☛ Es ist besser, wenn Sie einmal grundsätzlich Ihren Gegner verärgern, als wenn Sie ständig das Opfer seiner miesen Methoden sind.

Die **besten Anti-Killer-Strategien** für typische Versuche, Sie mundtot zu machen, sind:

Killerphrase: „Können Sie das beweisen?"
Ihre Antwort: „Den Beweis liefert doch schon die Situation, die wir jetzt haben."

Killerphrase: „Was verstehen Sie überhaupt unter Qualität?"
Ihre Antwort: „Offensichtlich nicht das, was Sie darunter verstehen."

Killerphrase: „Das hat damals auch nicht funktioniert.
Ihre Antwort: „Dann waren offensichtlich nicht die richtigen Leute daran beteiligt."

Killerphrase: „Dazu gibt es noch kein erfolgreiches Beispiel!"
Ihre Antwort: „Beispiele hinken sowieso immer."

Killerphrase: „Ihr Beispiel hinkt!"
Ihre Antwort: „Hinkend vorankommen ist immer noch besser als Stillstand."

Killerphrase: „Sie übertreiben maßlos!"
Ihre Antwort: „Das glaube ich gerne, daß es Ihre Vorstellungskraft übersteigt."

Killerphrase: „Das ist doch graue Theorie."
Ihre Antwort: „Nichts ist so praktisch wie eine gut durchdachte Theorie."
Oder auch: „Vier Millionen Arbeitslose sind für Sie wohl auch nur Theorie?"
Oder was gerade zum Thema paßt.

Killerphrase: „In der Realität sieht das ganz anders aus."
Ihre Antwort: „Wie denn?"

Killerphrase: „Woher wollen Sie das denn überhaupt so genau wissen?"
Ihre Antwort: „Ganz bestimmt nicht von Ihnen."

Killerphrase: „Das funktioniert niemals!"
Ihre Antwort: „Wieso nicht?"

Killerphrase: „Sie werden wohl von der Konkurrenz bezahlt."
Ihre Antwort: „Ihnen würden die sicher kein Angebot machen."

Killerphrase: „Das ist doch Blödsinn, was Sie da erzählen."
Ihre Antwort: „Tut mir leid, wenn Sie die Zusammenhänge nicht begreifen."

Killerphrase: „Sie schütten das Kind mit dem Bade aus."
Ihre Antwort: „Sie wollen es wohl auf immer in der Tunke sitzen lassen."

Killerphrase: „Für solche Änderungen ist die Zeit noch nicht reif."
Ihre Antwort: „Die Zeit ist reif. Ob Sie es sind, mag ich nicht sagen."

Killerphrase: „Das sind doch Phantasiegespinste, was Sie da vortragen."
Ihre Antwort: „Eine gewisse Vorstellungskraft braucht man allerdings dazu."

Killerphrase: „Dazu müßte man erst die Menschen ändern."
Ihre Antwort: „Zum Glück sind die Menschen seit den Neandertalern entwicklungsfähig geblieben."

Killerphrase: „Das haben Sie doch am grünen Tisch ausgeheckt."
Ihre Antwort: „Nein, am PC."

Killerphrase: „Für sowas haben wir keine Zeit."
Ihre Antwort: „Zeitmanagement kann man lernen. Notfalls auch Sie."

Diese Beispiele sollen genügen. Das Prinzip ist klar: Auf eine Killerphrase muß eine knallharte Antwort kommen, die dem Angreifer deutlich macht, daß Sie sich nicht einschüchtern lassen. Merke: „Auf einen groben Klotz gehört ein grober Keil."

Vielleicht haben Sie bei manchen der obigen Antworten gezuckt und sich gedacht: „Das kann ich doch nicht sagen! Das ist viel zu frech."

Doch, das können und sollten Sie sagen.

Wer es versucht, Sie mit Killerphrasen mundtot zu machen, der verdient es nicht anders, als daß es ihm auch einmal die Sprache verschlägt.

Zeigen Sie, daß Sie solchen Angriffen gegenüber nicht wehrlos sind!

Ein Tip:

Sammeln Sie im Laufe der nächsten Wochen ganz bewußt Killerphrasen, die Sie bei anderen hören. Tragen Sie ein kleines Notizbuch mit sich herum und horchen Sie bei allen Konferenzen, Sitzungen, Gesprächen ganz bewußt auf Killerphrasen. Schreiben Sie diese auf.

Wenn Sie eine schöne „Kollektion" zusammengestellt haben, dann setzen Sie sich hin - vielleicht sogar im Kollegenkreis - und schreiben Sie pfiffige und „schlagkräftige" Antworten dazu auf. Dann sind Sie in Zukunft ganz wunderbar gewappnet.

Checkliste zur Abwehr von Killerphrasen

* Machen Sie sich mit den üblichsten Killerphrasen vertraut, damit Sie sie sofort als solche erkennen und bloßstellen können.
* Gehen Sie niemals inhaltlich auf Killerphrasen ein.
* Lassen Sie sich weder einschüchtern noch beleidigen durch solche unfairen Mittel. Schlagen Sie statt dessen mit knappen aber schlagkräftigen Antworten zurück.
* Verbessern Sie Ihre „Schlagfertigkeit" dadurch, daß Sie sich einmal eine Liste mit passenden Antworten anlegen.
* Wenn Ihnen nicht auf Anhieb eine gute Antwort einfällt, dann sagen Sie ganz einfach, daß Sie die Killerphrase als solche erkannt haben und sich nicht darauf einlassen werden.
* Machen Sie Ihren unfairen Gesprächspartnern klar, daß sie sich selbst den „Mund verbrennen" beim Versuch, Sie „mundtot" zu machen.

9 Kennen Sie Ihre persönliche Ausstrahlung?

9.1 Die persönliche Ausstrahlung

Es geht nicht nur um Ihre Worte oder Ihre Präsentationsmedien. Auch Sie selbst werden von Ihren Zuhörern beobachtet und persönlich beurteilt. Man schaut an Ihnen auf und ab, verfolgt Ihre Bewegungen, achtet auf den Ton ... Danach bildet sich das Publikum eine Meinung über Sie als Menschen. Man schätzt Sie als Persönlichkeit ein und kommt zu einem positiven oder negativen Ergebnis. Es wäre zu viel erwartet, wollten Sie als Persönlichkeit jedem Ihrer Zuhörer „gefallen". Dennoch sollten Sie versuchen, auf möglichst viele der Menschen vor Ihnen einen „guten Eindruck" zu machen.

In Rhetorik-Seminaren wird gelehrt, wie ein Vortrag aufzubauen ist und wie man mit der Stimme, mit Medien und mit speziellen rhetorischen Kniffen arbeiten kann. Das reicht leider nicht immer aus. Grundlegend wichtig ist auch Ihre persönliche Ausstrahlung. Um dieses Thema ein wenig anschaulicher zu machen, sollten Sie sich einmal vor Ihrem inneren Auge folgende prominente Persönlichkeiten vorstellen:

- Rudolph Scharping
- Franz Josef Strauß
- Rita Süßmuth
- Regine Hildebrandt
- Guido Westerwelle

Dabei geht es nicht um die Frage, wessen politische Meinung Sie teilen oder ablehnen, wen Sie „leiden mögen" oder nicht. Sie sollen sich lediglich einmal bewußt machen, wie unterschiedlich die Ausstrahlungen sind. Denken Sie im Zusammenhang mit obigen Personen über folgende Adjektive nach: lebhaft, steif, optimistisch, charmant, nichtssagend, dominant, unterwürfig, schüchtern, selbstherrlich, distanziert, herzlich, kalt, warmherzig, einfältig, gerissen, vertrauenswürdig, souverän, ängstlich, mutig, aggressiv, bescheiden, verkniffen, arrogant, hektisch, ruhig, lahm, interessant, langweilig, gefährlich, unbeherrscht, starr, vertrottelt, intellektuell, vergeistigt, zupackend, hilflos ...

Auch wenn nicht jeder die gleichen Merkmale mit den jeweiligen Personen verbinden würde, kann man in den meisten Fällen sehr wohl davon ausgehen, daß es hohe Übereinstimmungen in den Zuordnungen geben würde.

Die Ausstrahlung einer Person muß nicht mit dem „wahren Wesen" übereinstimmen! Das wissen wir aus der täglichen Lebenspraxis. Es gibt Menschen mit arroganter Ausstrahlung, die innerlich schüchtern sind. Es gibt gerissene Schurken und Intriegenschmieder mit liebens- und vertrauenswürdiger Ausstrahlung.

Wir Menschen können an unserer persönlichen Ausstrahlung arbeiten und sie unter großen Anstrengungen begrenzt „verbessern". Wir können uns auch für eine bestimmte Zeit verstellen, aber das kostet viel Kraft, und unter Streß - zum Beispiel bei einem Vortrag - fallen wir dann doch wieder zurück in das Verhalten, das für uns üblich ist.

Wir können uns jedoch auch bewußt Verhaltensweisen an- oder abgewöhnen und dadurch unsere Ausstrahlung in unserem Sinn verbessern.

> Wer selbstbewußt wirken möchte, kann bewußt festes Auftreten und klares Sprechen trainieren oder sich das verkrampfte Sitzen mit verknoteten Beinen abgewöhnen.
> Wer liebenswürdig wirken möchte, kann bewußt aufs Lächeln und auf aktives Zuhören achten.

Stellen Sie sich einmal Personen aus Ihrer Verwandtschaft und Bekanntschaft vor. Lassen Sie sich Freunde, Feinde, Nachbarn und Kollegen durch den Kopf gehen. Stellen Sie sich spaßhalber einmal vor, Sie wären verantwortlich für die Rollenbesetzung von Kinofilmen und müßten aus Ihrem Verwandten- und Bekanntenkreis folgende Rollen besetzen:

– Pate einer Mafiasippe	– edler Indianer
– hingebungsvolle Nonne	– Killer in der Tiefgarage
– leichtsinniger reicher Sohn	– Bankdirektor
– strenge Gouvernante	– mütterliche Bäuerin
– Prinzipalin	– Heiratsschwindler
– englischer Lord	– Pfarrer einer Endlosserie
– leutseliger Oberförster	– kalter Karrierist
– Konzernleiterin	– armes altes Mütterlein
– verknöcherter Buchhalter	– zerstreuter Professor
– listige Erbschleicherin	– tatkräftige Missionarin im Urwald

Diese „Filmrollen" lassen sofort klischeehafte Vorstellungen entstehen. Man muß dann entweder die Rollenbesetzung so vornehmen, daß die betreffenden Schauspieler glaubhaft mit ihrer jeweiligen Ausstrahlung die Erwartungen der Zuschauer erfüllen oder sich auf das riskante Abenteuer eines „künstlerischen Experiments" einlassen. Dann besteht die Gefahr, daß wegen der „Fehlbesetzung" der Film scheitert.

Bedenken Sie bitte, daß Sie in Ihrem Gedankenspiel der Rollenverteilung über die Ausstrahlung und nicht über den „Charakter" der betreffenden Personen nachdenken sollen. Fragen Sie sich, wer in Ihrem Bekanntenkreis glaubhaft eine „gerissene Erbschleicherin" darstellen könnte. Fragen Sie sich nicht, wem Sie eine solche Gaunerei zutrauen!

☛ Mit dieser spielerischen Übung sensibilisieren Sie sich für die Wahrnehmung von Ausstrahlungen.

Nun stellen Sie sich einmal umgekehrt vor, daß Menschen, denen Sie bekannt sind, Ihnen eine Filmrolle zuordnen sollen.

- Welche Rolle würde man Ihnen wahrscheinlich geben?
- Welche Rolle hätten Sie gerne?

Versetzen Sie sich in die Situation der Zuhörer Ihrer Vorträge und Präsentationen. Welche Ausstrahlung nehmen sie vermutlich an Ihnen wahr? Ist das die Ausstrahlung, die Sie sich wünschen?

Natürlich werden Ihre Zuhörer nicht auf die Idee kommen, Ihnen eine Filmrolle zuzuordnen. In der Regel bilden wir uns im Hinblick auf andere Menschen, die wir nicht kennen und von denen wir nur durch deren Aussehen und Verhalten die Ausstrahlung wahrnehmen, unter folgenden Aspekten eine Meinung:

- intelligent oder einfältig?
- freundlich oder unfreundlich?
- dynamisch oder lahm?
- gepflegt oder ungepflegt?

Positiv:		Negativ:	
klug	dynamisch		lahm
wissend	mitreißend	dumm	steif
intelligent	energisch	einfältig	träge
kompetent	faszinierend	ahnungslos	langweilig
vertrauenswürdig	geschmackvoll	unfreundlich	unordentlich
freundlich	ordentlich	abweisend	schmuddelig
nett	gepflegt	unhöflich	ungepflegt
	sauber	falsch	nachlässig
		kalt	

Abb. 32: Die persönliche Ausstrahlung

Wir ziehen aus dem, was wir wahrnehmen oder vermuten, folgende Schlüsse:

- Die Person ist mir sympathisch.
- Ich nehme die Person ernst („für voll").
- Ich glaube und vertraue der Person.
- Die Person ist mir angenehm.

Oder auch das Gegenteil.

Wenn Sie einen Vortrag halten oder präsentieren, dann nutzt die beste Rhetorik nichts, wenn man Sie als Persönlichkeit nicht mag oder nicht für glaubwürdig hält oder Sie wegen Ihrer äußeren Erscheinung ablehnt. Sie sollten deshalb bewußt darauf achten, daß Ihre Ausstrahlung möglichst „gut ankommt" bei Ihren Zuhörern.

Daß Sie intelligent sind und sich in Ihrem Fachgebiet auskennen, wissen Sie. Können Sie auch sicher sein, daß Sie so wirken? Haben Sie eine entsprechend überzeugende Ausstrahlung? Vor allem junge Referenten glauben manchmal, sie müßten ihre Vorträge mit Fach- und Fremdworten spicken, um eine Ausstrahlung von Intelligenz und Kompetenz zu erreichen. Das ist falsch. Sprechen Sie immer so, daß Ihre Zuhörer Sie verstehen. Ein übertriebenes Bemühen um eine intelligente und wissende Ausstrahlung kann auch schnell ins Oberlehrerhafte, Arrogante oder Lächerliche umschlagen. Lächerlich wirken Sie, wenn Ihre Zuschauer bei Ihnen einen Zustand „zwischen Genie und Wahnsinn" vermuten oder praxisfernes Klugschnacken oder „kindliche Besserwisserei".

Auch in den anderen Aspekten Ihrer Ausstrahlung müssen Sie darauf achten, daß Sie nicht übertreiben. Sie sollen gepflegt auftreten, jedoch nicht wie eine Modepuppe. Sie sollen dynamisch wirken, aber nicht furchterregend oder hektisch. Sie sollen liebenswürdig auftreten, aber nicht wie der Moderator einer Kindersendung.

Übertreibungen in den vier Ausstrahlungen können wie folgt wirken:

Übertreibung:

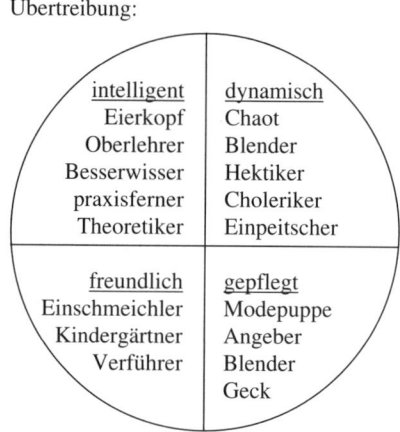

Abb. 33: Übertreibung in der Ausstrahlung

Einerseits ist es Ihre Pflicht als Vortragender, ganz bewußt auf Ihre Ausstrahlung zu achten und notfalls in der Hinsicht auch bewußt Ihr Auftreten zu optimieren. Aber auch dabei dürfen Sie nicht übertreiben. Sie sollen nicht schauspielern, sondern immer auch natürlich bleiben. Ihre Zuhörer fragen sich ganz instinktiv, ob Sie „echt" sind oder sich während Ihres Auftrags eine Maske vorhalten. Letzteres wird man Ihnen verübeln.

☞ Vor allem Freundlichkeit sollten Sie niemals schauspielern. Das wittern Ihre Zuhörer. Sie sind ganz automatisch freundlich, wenn Sie einerseits keine Angst vor den Menschen vor Ihnen haben und andererseits niemals schon vorher negativ über Ihr Publikum denken. Vor allem die innere Einstellung prägt die Glaubhaftigkeit Ihres Lächelns und Ihrer freundlichen Worte.

> In manchen Unternehmen kommt es vor, daß zum Beispiel Projektleiter vor einer Präsentation abfällig über ihre Zuhörer sprechen: „Die kapieren das sowieso nicht." „Da wird wieder der Killertrupp vom Betriebsrat auftreten." „Ich werde denen aus der Fachabteilung mal so richtig sagen, was Sache ist."

Wer mit solchen Gedanken ans Rednerpult tritt, kann sich das Lächeln auch noch sparen.

☛ Wenn Sie eine **positiv wirkende Ausstrahlung** erreichen wollen, sollten Sie auf folgende neun Aspekte achten:

1. *Augen*
   - In Ihren Augen lesen die Zuhörer die Echtheit Ihres Verhaltens ab.
   - Ausweichender Blick wirkt ängstlich oder arrogant.
   - Ständiger Blickkontakt zum Ranghöchsten oder Wichtigsten unter den Zuhörern wirkt devot.
   - Anstarren einzelner Zuhörer wirkt aggressiv.
   - Kurzes Anschauen einzelner Personen wirkt selbstbewußt und offen.

2. *Gesicht*
   - Wenig Mimik wirkt ängstlich oder arrogant.
   - Zu viel Mimik wirkt nervös oder unecht.
   - Rotwerden wirkt unsicher (wird jedoch oft nicht wahrgenommen).
   - Niemals darf sich Schleim in den Mundwinkeln bilden!

3. *Haar*
   - Erkennbare Toupets und unecht wirkende Farben machen einen lächerlichen und unsicheren Eindruck. Das gleiche gilt für sichtbar über die Glatze gezogene Strähnen.
   - Fettiges Haar ekelt die Zuhörer an.
   - Während des Vortrags nach den Haaren greifen oder am Bart zupfen wirkt unsicher.
   - Niemals dürfen Haare das Gesicht des Vortragenden verdecken. Damen müssen notfalls während des Vortrags Seitensträhen hinter den Ohren feststecken.
   - Glitzernder Haarschmuck wirkt kindlich.

4. *Haltung*
   - Aufrechte Haltung wirkt selbstbewußt und offen.
   - Gekrümmter Rücken wirkt unsicher.
   - Festes Stehen wirkt selbstsicher.
   - Zu festes Stehen wirkt steif oder ängstlich.
   - Die Haltung wird bereits beim Weg zum Rednerpult beobachtet!

  - Stehen bei zu kleinem Zuhörerkreis kann zu dominant wirken.
  - Sitzen bei zuvielen Zuhörern kann ängstlich oder uninteressiert wirken.

5. *Gesten*
  - Zu wenig Gestik wirkt ängstlich oder arrogant.
  - Zu viel Gestik wirkt hektisch oder aggressiv.
  - Hauptsächlich nach der Gestik wird unbewußt die Dynamik beurteilt.

6. *Kleidung*
  - Kleidung wirkt vielfach als Statussymbol oder auch als Einschätzung, was der Vortragende von den Zuhörern hält.
  - Übertrieben „gut gekleidet" kann kindlich und hilflos wirken. Der Redner hat sich „fein gemacht".
  - Zu nachlässig gekleidet kann als Verachtung der Zuhörer aufgefasst werden.
  - Zu viel Farben, Rüschen, Schleifen können geckenhaft oder unernst wirken.
  - Herumzupfen an der Kleidung wirkt ängstlich.

7. *Accessoires*
  - Klappernde Armreifen und ähnliches nerven die Zuhörer.
  - Glitzerndes wirkt unseriös oder kindlich.
  - Offensichtlich sehr teurer Schmuck (z.B. Uhren) wirkt unseriös oder arrogant.
  - Billige Accessoires wirken schlampig, geschmacklos oder als Verachtung der Zuhörer.
  - Demonstratives Vorführen von Statussymbolen wie Ledermappen, Zeitplaner, Handy etc. wirken unsicher und reizen zu Zweifeln an der fachlichen Kompetenz.

8. *Stimme*
  - Laute und feste Stimme wirkt sicher.
  - Gebrüll wirkt bedrohlich und aggressiv.
  - Leise Stimme wirkt unsicher oder arrogant.
  - Monotone Stimme läßt auf lahmen Redner schließen.
  - Sprechen ohne Pause wirkt hektisch und ängstlich oder als Täuschungsversuch
  - Verschlucken von Silben wirkt ängstlich, schlampig oder als Nachlässigkeit den Zuhörern gegenüber.

9. *Persönlicher Raum*
  - Ständiges Verbleiben auf dem gleichen Quadratmeter wirkt ängstlich. Ausnahme: Rednerpult mit Mikrophon.
  - Hin- und Herlaufen vor dem Publikum wirkt hektisch.

– Zu große Distanz zwischen Redner und Zuhörern distanziert auch vom Inhalt.

– Zu dichtes Herantreten an die erste Zuhörerreihe wirkt bedrohlich oder aufdringlich oder ausschließend auf die hinten sitzenden Zuhörer.

Leider gibt es keine klaren Regeln, was genau man tun oder lassen soll, um in jedem Fall die richtige Ausstrahlung zu erreichen. Das wird letztlich immer Ihre Kunst bleiben, in jedem einzelnen Vortrag oder sonstigen Auftritt zu entscheiden, wie Sie die richtige Wirkung erreichen wollen.

8.2 Testen Sie Ihre persönliche Vortragsorientierung

Um ein wenig mehr über Ihre eigene Orientierung bei Auftritten vor Publikum zu erfahren, können Sie folgenden Test machen. Kreuzen Sie jeweils die Aussagen an, die zu Ihnen passen.

1. Ich habe es noch nie erlebt, daß Zuhörer mir gegenüber ablehnend oder feindselig waren.
2. Während eines Vortrags kann ich gar nicht oder nur schwer auf einzelne Gesichter im Publikum achten.
3. Wenn man mir eine Zwischenfrage stellt, die ich nicht beantworten kann, bluffe ich notfalls. Hilfloses Stammeln gibt es bei mir niemals.
4. Ich sehe es sofort, wenn meine Zuhörer mir nicht mehr zuhören. Ich versuche dann, möglichst eine Diskussion zu starten, um das Interesse wieder zu wecken.
5. Ich kann mich auch nach einem Vortrag oder einer Präsentation noch gut an einzelne Personen im Zuhörerkreis erinnern.
6. Ich hasse es, wenn man mir eine Frage stellt, die ich nicht beantworten kann. Damit das nicht passiert, bereite ich mich fachlich bis ins Detail vor.
7. Es würde mich menschlich sehr treffen, sollte ich erfahren, daß meine Zuhörer sich im nachhinein negativ über mich und meinen Vortrag geäußert haben.
8. Ich bin sehr schlagfertig und habe grundsätzlich auf jede Frage sofort eine Antwort. Irgendwas fällt mir immer ein.
9. Ich bin vor einem Vortrag besonders dann sehr nervös, wenn eigene Vorgesetzte oder andere wichtige Personen anwesend sein werden.
10. Ich spreche immer bewußt die Person im Zuhörerkreis an, die letztlich entscheidend ist. Es kann leicht passieren, daß ich auch nur zu der Person Augenkontakt aufnehme.
11. Ich spreche nicht sehr laut. Das zwingt die Zuhörer zu mehr Konzentration.
12. Ich überziehe meine Redezeit nie. Im Gegenteil, oft werde ich sogar schneller fertig als geplant.
13. Ich unterhalte mich in den Pausen sehr gerne mit möglichst vielen der Zuhörer und will dann auch gerne deren Meinung hören.

14. Es kommt gelegentlich vor, daß ich mit meiner Ausdrucksweise ein wenig flapsig bin. Mir liegt es nun einmal nicht, jedes Wort auf die Goldwaage zu legen.

15. Ich gebrauche viele Fachwörter in meinen Vorträgen. Es kann sein, daß nicht immer jeder meiner Zuhörer sie versteht. Auf der anderen Seite kann ich dadurch aber auch meine Kompetenz beweisen.

16. Bei mir besteht immer die Gefahr, daß ich zu schnell spreche. Ich muß mich oft bewußt bremsen.

17. Es kann vorkommen, daß ich durch einen Einwand unversehens mit einem Zuhörer in eine Detaildiskussion gerate. Das bringt dann zwar den Zeitplan durcheinander, aber ich meine, man sollte der Sache dann auch auf den Grund gehen.

18. Ich habe keine Angst vor Blackouts. Das passiert mir zwar öfters, aber irgendwas kann man immer sagen. Die Zuhörer merken das doch sowieso nicht.

19. Es kann sein, daß ich manchmal zu nett oder sogar lieb auf die Zuhörer wirke. Ich bin nun einmal kein „harter Brocken".

20. Ich spreche im Zweifel eher zu laut als zu leise.

21. Wenn ich meinen Vortrag durch Folien oder Poster unterstütze, dann erkläre ich auch jedes Detail darauf. Oft bin ich dabei vielleicht etwas zu gründlich und überziehe dann auch in der Zeit. Mir liegen Halbheiten und Pauschalierungen nun einmal nicht.

22. Ich arbeite selten mit farbigen Darstellungen.

23. Ich glaube, daß mich die meisten meiner Zuhörer für freundlich und vertrauenswürdig halten.

24. Mir sind jedes Wort und jede Formulierung in meinen Ausführungen sehr wichtig. Ich rede niemals „ins Unreine".

25. Als Zuhörer würde ich niemals einen Vortragenden angreifen oder bloßstellen. Auch wenn ich genau weiß, daß seine Ausführungen nicht ganz stimmen, würde ich ihn höchstens später unter vier Augen darauf aufmerksam machen.

26. Ich lasse mich gelegentlich durch Fragen oder Einwände aus dem Zuhörerkreis vom Thema ablenken.

27. Mir gelingt es immer recht gut, meine Kernaussagen in kurzen und knackigen Sätzen einprägsam zu formulieren.

28. Damit ich nicht den Faden verliere, lerne ich meine Manuskripte vorher fast auswendig.

29. Im Vergleich zu anderen Vortragenden sind meine Auftritte eher lebhaft.

30. Es kommt gelegentlich vor, daß meine Vorträge für das Publikum ein zu hohes Niveau erreichen. Aber es liegt mir nicht, die Dinge zu platt und zu simpel zu betrachten. Bevor ich mein Niveau senke, nehme ich es lieber in Kauf, daß die Dummen mich nicht verstehen.

31. Als Zuhörer bei den Vorträgen anderer langweile ich mich meistens schon nach den ersten drei Sätzen.

32. Während eines Auftritts achte ich nicht bewußt auf meine Körpersprache. Dazu bin ich viel zu spontan. Man sollte das auch nicht zu pingelig sehen.

33. Es wäre für mich furchtbar, mich in einem Vortrag vor all den Zuhörern zu blamieren. Ich würde mich auch hinterher noch dafür schämen.

34. Ich achte sehr auf meine äußere Erscheinung und bin bei öffentlichen Auftritten stets korrekt gekleidet.

35. Technische Pannen machen das Leben erst spannend. Mich bringt das jedenfalls nicht aus dem Konzept. Notfalls mache ich auch ohne das ausgefallene Gerät weiter.

36. Auch als Zuhörer lehne ich Vorträge mit zu viel Medienzauber ab. In der Regel handelt es sich dabei ohnehin um Manipulationsversuche oder um die Verschleierung fachlicher Mängel.

Dieser Test unterscheidet **drei Orientierungsrichtungen**: Sach-, Selbst- und Zuhörerorientierung.

Sachorientierung
Hierbei liegt das Hauptaugenmerk auf den Inhalten des Vortrags oder der Präsentation. Die Inhalte müssen stimmen, und auch weitergehende Fragen der Zuhörer müssen richtig beantwortet werden können.

Selbstorientierung
Der Vortragende selbst möchte einen positiven Eindruck von der eigenen Person vermitteln. Er möchte auch unbedingt die Zuhörer von seinem Standpunkt überzeugen. Er möchte sich auch bei Zwischenfragen und Einwänden nicht „unterkriegen" lassen.

Zuhörerorientierung
Der Vortrag soll den Zuhörern gefallen. Sie sollen die Informationen bekommen, die für sie wichtig sind. Gleichzeitig soll es ihnen auch Spaß machen, zuzuhören. Zumindest soll es sie persönlich interessieren. Der Vortragende ist bei Zwischenfragen und Einwänden gerne bereit, sich auf eine partnerschaftliche Diskussion sofort oder in der Pause einzulassen.

Auch Sie werden sich grundsätzlich in alle drei Richtungen orientieren. Man kann jedoch bei den meisten Rednern feststellen, daß ihnen in der Regel eine oder zwei der Orientierungen wichtiger sind.

> Wer also sehr selbst- und weniger sachorientiert ist, der könnte zum Beispiel bei einer Zuhörerfrage, auf die er die richtige Antwort nicht weiß, erst einmal mit „Bluff" reagieren. Das heißt, er behauptet einfach etwas Plausibles, was nicht unbedingt richtig sein muß, ihn aber nicht in die Verlegenheit bringt, eine Antwort schuldig geblieben zu sein.

> Oder wer sehr sach- und weniger zuhörerorientiert ist, der fährt eventuell stur mit seinem penibel ausgearbeiteten Manuskript fort, auch wenn vor ihm das Publikum

deutlich Unverständnis oder Überforderung oder Langeweile zeigt. Wenn er meint, die Fakten sind wichtig, dann wird er sie auch alle vortragen; egal, ob noch jemand zuhört oder nicht.

Wer aber sehr zuhörer- und wenig selbstorientiert ist, der läßt sich zu leicht durch Zwischenfragen vom Thema ablenken und vergißt schließlich, was eigentlich der geplante Anlaß der Veranstaltung war.

☛ Jede der drei Ausrichtungen muß in einem Vortrag oder bei einer Präsentation berücksichtigt werden. Jede hat ihre Bedeutung, aber auch bei zu starker Ausprägung im Vergleich zu den anderen ihre möglichen Gefahren für den Erfolg.

Wo haben Sie Ihre stärkste Orientierung? Zählen Sie aus, wo Sie die meisten Kreuzchen gemacht haben.

Sachorientierung	Selbstorientierung	Zuhörerorientierung
2.	3.	1.
6.	8.	4.
10.	12.	5.
11.	14.	7.
15.	16.	9.
17.	18.	13.
21.	20.	19.
22.	27.	23.
24.	29.	25.
28.	31.	26.
30.	32.	33.
36.	35.	34.

Sollte Ihr Testergebnis eine extrem starke Orientierung in nur eine Richtung zeigen, dann bestehen für Sie eventuell folgende Risiken in Ihren Vorträgen und Präsentationen:

* *Extrem starke Sachorientierung*
  – Der Vortrag ist unverständlich für die Zuhörer.
  – Die Zuhörer fühlen sich oberlehrerhaft angesprochen.
  – Die Ausführungen sind zu detailliert und öde.
  – Stimme und Inhalte wirken monoton und langweilig.
  – Der Vortragende wirkt arrogant und besserwisserisch.
  – Bandwurmsätze mit vielen Einschüben und Nebensätzen strengen an.

- *Extrem starke Selbstorientierung*
  - Der Vortrag wirkt unseriös und wie eine Selbstdarstellung des Redners.
  - Die Zuhörer fühlen sich indoktriniert.
  - Die Formulierungen sind zu pauschal und plakativ.
  - Der Vortrag übertreibt mit „Show-Effekten".
  - Der Vortragende wirkt bedrohlich oder gar aggressiv.
  - Die Stimme ist zu laut.
- *Extrem starke Zuhörerorientierung*
  - Der Vortrag wirkt albern oder kindlich.
  - Die Zuhörer fühlen sich übertrieben „liebevoll" angesprochen.
  - Der Redner verplaudert sich in zu vielen Beispielen und netten Geschichten.
  - Die visuellen Medien sind peinlich lustig oder altbekannt.
  - Der Redner benutzt viele abgedroschene Phrasen und Floskeln.
  - Der Vortragende wird fachlich nicht ganz für voll genommen.

8.3 Meisen und Marotten - Der blinde Fleck

Vielleicht haben Sie Marotten und Angewohnheiten, die Ihnen selbst gar nicht bewußt sind, die anderen jedoch auffallen und die vielleicht stören oder Sie lächerlich machen.

Typische Marotten von Vortragenden sind:

- am Ohrläppchen zupfen
- ständig die Brille hochschieben
- wiederholte äh- und öh-Laute
- tänzelndes Hin- und Hertrippeln
- häufiges Wiederholen bestimmter Worte oder Redewendungen
- nervöse Grimassen schneiden
- nach dem Sitz der Krawatte tasten
- die Haare glattstreichen
- mit einem Kugelschreiber knipsen
- mit dem Zeigestock fuchteln
- mit dem Finger durch den Hemdkragen ziehen

Zu den typischen *Sprachmarotten* Vortragender gehören:

- „Lassen Sie mich kurz ..."
- „Im Grunde genommen ..."
- „Ich darf mal eben ..."
- „Nichtsdestotrotz ..."
- „Wenn Sie so wollen ..."
- „Last but not least ..."
- „Bevor wir zum Schluß kommen, lassen Sie mich ..."

Man selbst vollzieht solche Handlungen unbewußt und benutzt solche Redewendungen, ohne darauf zu achten. Anderen fallen sie auf. Manches ist den Zuhörern egal oder sie nehmen es vielleicht auch nur am Rande wahr. Anderes kann wirklich nerven oder vom Inhalt des Vortrags ablenken. Wenn Zuhörer anfangen, Strichlisten zu führen, wie oft der Vortragende „gleichwohl" gesagt oder nach dem zweiten Knopf des Sakkos gefaßt hat, dann besteht die Gefahr, daß der ahnungslose Redner inhaltlich an seinem Publikum vorbeiredet und persönlich womöglich den Ruf eines „Kauzes" entwickelt.

Wissen Sie, ob Sie solche Marotten haben? Sind Ihnen bestimmte Floskeln bewußt, die Sie immer und immer wieder von sich geben? Man bezeichnet solche unbewußten Handlungen, Gesten, Floskeln als „Marotten" oder auch netter ausgedrückt als „Manierismen". In der Alltagssprache sagt man wohl auch: „Der hat eine Meise."

Es ist gar nicht immer notwendig, sich alle Marotten abzugewöhnen. Sie sind manchmal auch durchaus Teil der liebenswürdigen Persönlichkeit mit den üblichen menschlichen Schwächen. Perfekte Redner mit sehr kontrolllierten Gesten und Verhaltensweisen und sehr bewußter Wortwahl wirken schnell auch maskenhaft und „künstlich".

Für Sie ist es dennoch gut, wenn Ihnen einmal Ihre bisher unbewußten Gesten, Handlungen und Redewendungen bewußt werden. Dann können Sie entscheiden, was Sie sich davon abgewöhnen wollen, weil es Ihre Zuhörer stören oder Sie lächerlich wirken lassen könnte.

☛ Wenn Sie vor Ihrem Publikum auftreten, dann wird Ihre Ausstrahlung und Ihre Wirkung von zwei Komponenten bestimmt: dem, was Sie bewußt durch Verhalten, Wortwahl und auch Kleidung etc. zeigen und dem, was Sie versehentlich oder unbewußt zeigen. Beides gehört zusammen und wirkt auf andere Menschen.

Abb. 34: Bewußtes und unbedwußtes Verhalten

Wenn Sie zu wenig auf Ihre Wirkung achten und zu viele „Blinde Flecken" haben, dann besteht die Gefahr, daß Sie eine vollkommen andere Ausstrahlung haben als Sie glauben. Marotten und Manierismen werden von Ihren Zuhörern und Zuschauern beobachtet und mehr oder weniger wohlwollend oder belustigt oder verärgert zur Kenntnis genommen.

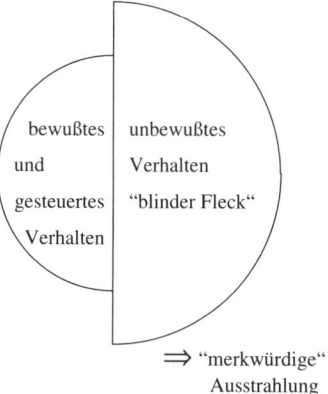

Abb. 35: Zu starke Ausprägung des unbewußten Verhaltens

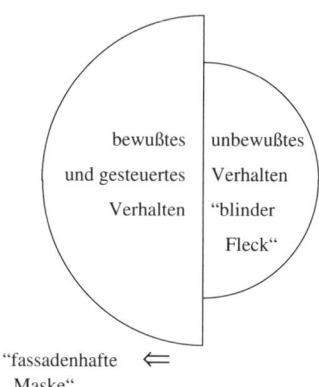

Abb. 36: Zu starke Ausprägung des bewußten Verhaltens

Wenn Sie hingegen sehr sorgfältig auf jede Ihrer Gesten, auf jedes Ihrer Worte, auf Ihre Körperhaltung, Kleidung, Mimik etc. achten, dann können Sie eine Perfektion im öffentlichen Auftreten erreichen, die ebenso unangenehm wirken kann. Extrem perfekte Rhetoriker werden nicht selten abgelehnt. Die Zuhörer glauben, maskenhafte Künstlichkeit oder auch Arroganz zu erkennen. Oder sie halten den Redner für „tot" und langweilig, weil einfach keine menschliche Ausstrahlung wahrzunehmen ist.

Ideal ist eine natürliche Ausstrahlung aus angemessenem Verhalten und angemessenen Worten und auch entsprechender Kleidung etc. und aus liebenswerten menschlichen Schwächen, die letztlich jeder hat, der noch nicht in völliger Selbstkontrolle erstarrt ist.

Wie können Sie herausfinden, ob Sie Marotten und Manierismen an sich haben, die Sie sich abgewöhnen sollten?

☛ Sie können sich natürlich selbst beobachten. Aber das fällt schwer, wenn Sie im Streß einer Präsentation oder eines Vortrags stehen. Sie sollten die Chance eines Rhetorikseminars mit Videoaufnahmen nutzen. Es kann sehr hilfreich sein, sich einmal selbst zu hören und zu sehen.

☛ Mindestens sollten Sie die Chance des Austausches mit Personen nutzen, die bei Ihren Vorträgen oder Präsentationen anwesend waren. Nehmen Sie einen Kollegen mit und bitten Sie um Feedback. Fragen Sie nicht allgemein, ob Sie „gut" waren, sondern fragen Sie gezielt nach Dingen, die Sie verbessern könnten. Wenn Sie dann in der Lage sind, sich ohne Rechtfertigungen und ohne Erklärungen auch einmal anzuhören, was andere Ihnen vorschlagen, dann können Sie Ihr Auftreten sehr viel bewußter steuern und sehr viel bewußter Ihre Wirkung positiv beeinflussen.

Fangen Sie jedoch zunächst damit an, sich selbst zu beobachten. Gibt es bestimmte Handgriffe oder bestimmte Worte, die für Sie typisch sind? Haben Sie Gewohnheiten, die sich im Laufe der Jahre zu „Meisen" entwickelt haben könnten?

9.4 Bauen Sie ein Sympathiefeld auf

Niemand läßt sich von einem unsympathischen Menschen von irgend etwas überzeugen oder zu irgend etwas veranlassen. Antipathie ist das schlimmste, was einem Vortragenden passieren kann. Wenn die Zuhörer den Redner als unsympathisch erleben, geben sie ihm auf der Stelle ihre eigene Antipathie zurück. Dann nutzt die beste Rhetorik nichts, dann laufen die klügsten Argumente ins Leere. Der Vortragende spricht gegen eine Wand von Ablehnung, Zweifel, Verachtung und offener Feindseligkeit.

> Was ist eigentlich „Sympathie"? Im Lexikon wird der Begriff mit seinen Wurzeln aus dem Griechischen erklärt: Mitgefühl und gefühlsmäßige Zuneigung sind damit gemeint. Wichtig ist, daß es sich um eine durch das Gefühl bestimmte Haltung zum Mitmenschen handelt. Es geht nicht darum, daß man logisch und sachlich dem zustimmt, was der andere Mensch an Meinungen und Inhalten vertritt. Es geht auch nicht um die verstandesorientierte Bewertung eines Menschen nach seinen Handlungen, nach seinen guten oder schlechten Taten. Es ist uns oft gar nicht erklärlich, was uns bestimmte Menschen sympathisch oder unsympathisch macht. Es gibt Menschen, von denen wir wissen, daß sie viel Gutes tun, daß sie selbstlos sind und hilfsbereit. Vom Verstand her „müßten" wir sie eigentlich mögen. Und dennoch haben sie irgend etwas an sich, was sie uns unsympathisch macht. Umge-

kehrt geht es auch. Wir treffen auf Menschen, von denen wir wissen, daß sie vielleicht sogar Schufte sind. Und dennoch sind sie uns sympathisch.

Sympathie und Antipathie für unsere Mitmenschen können wir uns nicht aussuchen. Das Gefühl der Zu- oder Abneigung „passiert" in uns. Es entsteht meistens in Sekundenschnelle, wenn wir auf einen bisher unbekannten Menschen treffen und gehört damit auch zum ersten Eindruck. Wenn wir eine Person länger kennen, können sich die ersten Eindrücke von Sympathie und Antipathie dann allerdings auch ins Gegenteil verkehren.

☞ Das bedeutet für Sie als Vortragender:

1. Versuchen Sie sofort einen möglichst sympathischen Eindruck zu vermitteln.
2. Verhalten Sie sich während Ihrer weiteren Ausführungen so, daß sich der erste Eindruck eher noch verbessert in Richtung Sympathie.

Damit ist nicht gemeint, daß Sie Ihren Zuhörern immer „nach dem Mund reden". Im Gegenteil, von einem sympathischen Redner läßt man sich auch Dinge sagen, die bisherigen Meinungen widersprechen. Ein unsympathischer Vortragender kann reden wie und was er will, es beeindruckt sowieso nicht oder verstärkt die Abneigung.

Was macht Menschen einander sympathisch? So ganz genau läßt sich das nie sagen. Wenn zum Beispiel jemand einer Person ähnlich ist, mit der man früher positive Erfahrungen gemacht hat, dann kann sich diese positive Einstellung übertragen. Umgekehrt ist es auch häufig. Man hatte vielleicht als Kind einen fiesen Lehrer mit blonden Wimpern und behält für den Rest des Lebens eine gewisse Abneigung für Menschen mit blonden Wimpern zurück. Manchmal ist es die Stimme, manchmal die Kleidung oder etwas anderes, was eine Person auf Anhieb unsympathisch oder sympathisch wirken läßt. Auch das muß nicht immer bewußt sein. Niemand kommt auf die Idee, sich bewußt zu sagen: „Ich mag Frau Meier nicht, weil sie solche Schuhe trägt wie Tante Gretel, die mich in ihrem Testament nicht bedacht hat." Man weiß nicht einmal, daß das Unterbewußtsein solche Verbindungen herstellt.

Typische „**Sympathieförderer**" zwischen Publikum und Vortragendem sind in der Regel:

angenehme	wahrgenommene
Situation	Ähnlichkeit
Erscheinungsbild	Sprechweise und Stimme

Abb. 37: Die vier Sympathieförderer

1. angenehme Situation

Menschen, die man in einem angenehmen Umfeld oder in einem Zustand guter Stimmung kennengelernt hat, wirken häufig deshalb sympathisch, weil man selbst gerade in einer netten Verfassung ist. Wenn man jedoch zum Beispiel schlecht gelaunt und gestreßt in ein übervolles Bahnabteil kommt, dann passiert es leicht, daß einem die anderen Reisenden so auf die Nerven gehen, daß sie einem allesamt schrecklich vorkommen.

2. wahrgenommene Ähnlichkeit

Sympathisch wirken Menschen, in denen wir ein wenig auch uns selbst spiegeln können. Es kann sich um äußere Ähnlichkeit, wie zum Beispiel „angepaßte Kleidung", handeln oder auch um eine ähnliche Weltanschauung, um ähnliche Meinungen und Interessen.

3. Erscheinungsbild

Wir Menschen sind „Augentiere" und nehmen uns gegenseitig zunächst fast nur vom Äußeren her wahr. Das ist ein zwar oberflächlicher Eindruck, aber dennoch sehr prägend. Schlampige Kleidung, ungepflegte Haare, finsterer Blick, übertriebene Gesten, fehlende Gestik und Mimik etc. entscheiden wesentlich darüber, ob man „gemocht" wird oder nicht.

4. Sprechweise und Stimme

Schrille Stimmen oder zischelndes Nuscheln, lautes Indoktrinieren oder leise Blasiertheit, hektische Wortkaskaden oder quälend langsames Hervorstoßen von einzelnen Wörtern ... Es gibt viele Möglichkeiten, sich allein mit der Sprechweise anderen unangenehm zu machen.

Für Ihre Aufgabe als Vortragender bedeutet das, daß Sie möglichst viele „Sympathieförderer" einsetzen, um von den Zuhörern positiv aufgenommen zu werden.

ad 1. angenehme Situation

Sorgen Sie für einen freundlichen Raum mit guten Licht- und Temperaturverhältnissen. Achten Sie auf bequeme Stühle. Tragen Sie zu einer entspannten und optimistischen Atmosphäre bei.

ad 2. wahrgenomme Ähnlichkeit

Versuchen Sie Dinge herauszustellen, die eine Gemeinsamkeit zwischen Ihnen und Ihren Zuhörern zeigt.

ad 3. Erscheinungsbild

Denken Sie bitte nicht nur an Ihre „inneren Werte". Achten Sie auch darauf, daß Sie optisch einen gepflegten und angenehmen Eindruck machen.

ad 4. Sprechweise und Stimme
Achten Sie bewußt darauf, daß Sie so sprechen, daß das Zuhören
wird. Lautstärke, Tonfall, Geschwindigkeit und Verständlich
streßfreies Zuhören erlauben. Man soll Ihnen gerne zuhören, aann wird ....
auch viel wohlwollender auf Ihre inhaltlichen Argumente achten.

☞ Der sicherste Weg in Richtung Sympathie ist jedoch immer, daß Sie als Vortragender mit freundlichen Gedanken und einer wertschätzenden Haltung vor
Ihr Publikum treten. Wie so oft, gilt auch hier: „Wie man in den Wald hineinruft,
so schallt es auch heraus."

9.5 Wirkt Ihre Sprache sympathisch?

Ihre Sprechweise, der Ton Ihrer Stimme und auch Ihre Wortwahl sind die Komponenten, die den „Wohlklang" Ihrer Sprache ausmachen. Eine Stimme, der man
gerne lauscht, wird viel erfolgreicher überzeugende Inhalte vermitteln als eine
Stimme, die Widerstand und Ablehnung hervorruft.

Leider können wir nur wenig an unserer Stimme ändern, wenn wir nicht profes-
sionelles Stimmtraining betreiben wie Schauspieler oder Sänger. Mit Atem- und
Pausentechnik können Sie den Klang zwar verbessern, aber am meisten Einfluß
haben Sie doch wohl nur auf Ihre Wortwahl. Achten Sie besonders in diesem Bereich auf eine sympathische Sprache.

☞ Das macht Ihre Sprache sympathisch:

1. Formulieren Sie kurze Sätze.
Langen Sätzen mit Einschüben und Nebensätzen können die Zuhörer nur
schwer folgen. Es strengt an, den verschachtelten Gedankengängen des Redners
zu folgen und macht zunehmend gereizter.

Außerdem wird es Ihnen bei kurzen Sätzen leichter fallen, mit dem Atem jeweils
bis zum Punkt auszukommen.

2. Benutzen Sie möglichst kurze und klare Begriffe.
Wenn die Sprache mit zu langen und schweren Wörtern befrachtet ist, strengt
das Zuhören ebenfalls unnötig an. Außerdem wirkt eine überfrachtete Sprache
pompös und steif.

Sagen Sie: „mit" statt: „unter Zuhilfenahme von"; „durch" statt: „unter Ausnut-
zung der"; „außer" statt: „mit Ausnahme von"; „Frage" statt „Fragestellung";
„Gedanke" statt: „Gedankengang"; „Antwort" statt: „Rückantwort" etc.

Achten Sie in diesem Zusammenhang bewußt auf Wortungetüme, die vielleicht
als Modeerscheinung in Ihrem Unternehmen von jedem gedankenlos gebraucht
werden, die Ihren Zuhörern jedoch weniger geläufig sind.

3. Sprechen Sie Ihre Zuhörer persönlich an.

Verzichten Sie auf „man" und sagen Sie statt dessen „Sie". Sagen Sie: „Der Nutzen dieses Projektes ist für Sie ..." Statt: „Als Nutzen hat man aus diesem Projekt ..."

4. Sprechen Sie eine feste Sprache und verzichten Sie auf Verweichlichungen durch zu viele Konjunktive.

Das hört sich oft nicht entschlossen genug an: „Ich würde meinen." „Ich könnte mir vorstellen." „Man sollte denken." „Man hätte die Möglichkeit." „Man täte gut daran."

5. Streichen Sie übertriebene Höflichkeitsfloskeln.

Bedanken Sie sich nicht übertrieben bei Ihrem Vorredner und auch nicht bei den Zuhörern für das „zahlreiche Erscheinen" und anschließend für die „Aufmerksamkeit". Das gilt vor allem, wenn die Zuhörer nicht freiwillig gekommen sind und vor Langeweile ein wenig gedöst haben.

Mit übertriebenen Floskeln stellen Sie zu leicht Ihren eigenen Vortrag als Qual da, der es notwendig macht, kniefällige Danksagungen zu äußern.

Höflichkeitsfloskeln können auch sehr leicht schulmeisternd wirken: „Darf ich um Ihre Aufmerksamkeit bitten?" Das ist die Sprache von Lehrer Lämpel.

6. Verzichten Sie auf Modewörter und Modeformulierungen.

Wenn in einem Vortrag nur zweimal „ein Stück weit" oder „ich denke mal" vorkommt, ist das schon zuviel. Das gleiche gilt für wiederholtes Verwenden von „Synopse", wenn eigentlich nur von Zusammenfassungen die Rede ist.

7. Halten Sie sich mit Abkürzungen zurück.

Abkürzungen, die Ihnen geläufiger sind als den Zuhörern, schaffen eine unnötige Distanz. Daran ändert auch eine Erklärung der Bedeutung am Anfang nichts.

8. Sprechen Sie eine aktive Sprache.

Sagen Sie: „Wir überprüfen die Ergebnisse." Statt: „Es wird zu einer Überprüfung der Ergebnisse kommen."

☛ Achten Sie darüber hinaus auf Ihren Tonfall. Sprechen Sie so, daß Ihre freundliche Einstellung gegenüber Ihren Zuhörern mitklingt oder indoktrinieren Sie vom Rednerpult herunter? Sprechen Sie so lebhaft, daß Ihre eigene Überzeugung für die Sache deutlich wird, oder tragen Sie zwar gewissenhaft aber gleichgültig das vor, was nun einmal gesagt werden muß?

10 „Wie Du kommst gegangen ...“

10.1 Kleidung - Mehr als eine Modefrage

Wenn Sie vor einem öffentlichen Auftritt stehen, werden Sie sich unweigerlich auch die Frage stellen: „Was ziehe ich an?“ Sie wissen, daß Ihre Zuhörer auch Ihre Zuschauer sind. Man wird nicht nur auf Ihre Worte und auf Ihre Visualisierungsmedien achten. Man wird auch Sie mit Ihrer äußeren Erscheinung unter die Lupe nehmen.

Unsere Kleidung sagt sehr viel über uns aus. An der Kleidung unserer Mitmenschen versuchen wir, den sozialen Status zu erkennen. Wir versuchen Geschmack und Stil zu interpretieren. Die Kleidung drückt darüber hinaus auch ganz persönliche Dinge aus. Es ist ein Unterschied, ob jemand lieber lässige und sportliche Kleidung trägt oder eher sehr formelle, ob jemand auf Markenartikel achtet oder nicht, ob jemand sehr praktische und schlichte Sachen trägt oder auch aufwendige mit viel Stoff ...

> Für bestimmte Gesellschaftsklassen, Berufe oder auch Überzeugungen gibt es bestimmte Merkmale in der Kleidung. Bankmanager tragen in der Regel andere Farben und andere Schnitte als gewerkschaftlich orientierte Lehrer. Künstler sieht man häufig mit Schals. Dabei unterscheiden sich die Schals von Bühnenkünstlern sehr deutlich von denen, die man bei Dichterlesungen zu sehen bekommt.

> Und auch dabei gibt es natürlich Ausnahmen von der Regel. Es kann Werbefachleute geben, die sich wie Vorstände von Banken kleiden und Finanzbeamte, die man für Modedesigner halten könnte.

Wie auch immer, wir haben alle einerseits unseren eigenen Stil und sind gleichzeitig durchaus von dem geprägt, was in unserer Umwelt „üblich“ ist.

Für öffentliche Auftritte ist es in der Regel das beste, wenn Sie sich mehr an das „Übliche“ halten. Je mehr Sie mit Ihrer Kleidung dem entsprechen, was Ihre Zuhörer gemäß dem Anlaß erwarten, desto besser für Sie. Bei allem, was vom Erwarteten abweicht, besteht die Gefahr, daß viele der Zuhörer kaum noch auf Ihre Worte achten, sondern sich lieber Gedanken darüber machen, warum Sie so gekleidet sind, wie Sie sind.

Kleidung wird (leider?) immer recht genau unter die Lupe genommen und sehr häufig höchst kritisch beurteilt.

Die **Grundregeln für die Kleiderwahl** bei Vorträgen und Präsentationen sind:

1. Die Kleidung muß dem Anlaß und den Erwartungen der Zuhörer entsprechen.
Diese Regel soll verhindern, daß die Kleidung des Vortragenden zur Überraschung für die Zuhörer wird und damit auch zur Ablenkung vom Thema.

2. Der Vortragende sollte ein wenig besser angezogen sein als die Zuhörer.
Wenn Zuhörer und Vortragender vermutlich ähnlich gekleidet sein werden, kann die etwas bessere Ausstattung die Wertschätzung für das Publikum zeigen.

3. Dunkle Farben sind in der Regel angebrachter als helle.
In unserer Gesellschaft gelten dunkle Farben als „seriöser“ im Vergleich zu hellen.

4. Anzüge und Kostüme sind bei offiziellen Anlässen angebrachter als Pullover, Kleider, Kombinationen.

5. Auf grelle und auffällige Dinge sollte verzichtet werden.
Übergroße Fliegen können einen Mann sehr leicht kindlich wirken lassen. Das gleiche gilt für Frauen mit Rüschen und Spitzen. Auch Tücher oder Krawatten sollten nicht mehr sein als leichte Farbtupfer.

6. Die Kleidung darf während der Veranstaltung nicht rutschen und sich verziehen.
Es würde die Zuhörer ablenken, wenn der Vortragende wiederholt Krawatten, Tücher, Manschetten und ähnliche Dinge zurechtziehen muß.

7. Die Taschen von Hosen, Röcken und Sakkos dürfen sich nicht vollgestopft wölben.

8. Durchsichtige Kleidung ist zu vermeiden.
Damit sind nicht nur dünne Blusen bei Damen gemeint, sondern auch die legendären gelben „Genscher-Pullis“ durch die das Muster der Krawatte scheint.

9. Geräuschvoller und glitzernder Schmuck ist zu vermeiden.
Es kann die Zuhörer sehr nerven, wenn zum Beispiel immer wieder die Armreifen klappern oder die Anhanger der Halskette vor dem Mikrophon klimpern. Auffällige Broschen, übergroße Krawattennadeln, extreme Ohrringe können leicht einen unseriösen oder auch kindlichen Eindruck vermitteln.

10. Die Kleidung muß bequem sein.
Atmung oder auch Gestik dürfen nicht eingeschränkt werden. Vor allem darf die Kleidung nicht zu eng sein. Es fällt dem Publikum sofort auf, wenn sich vor dem gewölbten Bauch der Stoff des zugeknöpften Sakkos spannt oder an den Oberschenkeln der Hosenstoff. In zu enger Kleidung kommt der Vortragende auch leichter ins Schwitzen.

☛ Sie werden sich bitte nur soweit an die obigen Regeln halten, wie es angebracht ist.

> Es macht einen Unterschied, ob Sie vor der Aktionärsversammlung sprechen oder vor den Landwirten, die sich die neuen Modelle der Melkmaschinen anschauen wollen, ob Sie Ihren Kollegen den aktuellen Stand des Projektes vermitteln oder ein paar Worte zur Weihnachtsfeier sagen wollen.

10.2 Was sagt Ihr Körper?

Ein Grundwissen über Körpersprache gehört zur Rhetorik wie die Fähigkeit der Artikulation. Wenn Sie vor Ihren Zuhörern stehen, werden Sie natürlich ständig beobachtet. Man schaut - ganz egal, wie spannend und mitreißend Sie vortragen - an Ihnen auf und ab. Man hat bereits von Kleidung, Frisur, Auftreten, Haltung und ersten Begrüßungsworten richtige oder falsche Schlüsse gezogen. Manche Ihrer Zuhörer sind vielleicht sogar mit fertigen Vorurteilen gekommen. Für einige sind Sie vielleicht der große „Guru" zum Thema. Andere lehnen Sie vorbeugend ab, weil sie Ihnen schlechte Absichten, miese Manipulationsversuche oder ähnliches unterstellen. Einige sind vielleicht gegen Sie eingestellt, weil Sie Leiter eines ungeliebten Projektes oder Vertreter einer konträren Meinungspartei sind. Vielleicht befinden sich auch Personen in Ihrem Zuhörerkreis, von denen Sie gar nicht ernst genommen werden. Man unterschätzt Sie, und Sie müssen sich überhaupt erst einmal Respekt verschaffen. Auch umgekehrt kann es vorkommen. Mancher Redner tritt so mächtig auf, daß die Zuhörer sich vorsichtshalber lieber still verhalten. Die „Rache" kann dann später kommen!

Durch Ihr Verhalten und durch Ihre Worte können Sie sehr viel tun, um Barrieren abzubauen, Abneigungen zu mildern, sich Respekt und Sympathie zu verschaffen. Dabei sind Ihre Worte oft viel weniger wichtig als die Art Ihres Auftritts. Ihre Haltung, Ihre Gestik und Ihre Mimik sagen vielleicht viel mehr aus, als Ihnen bewußt ist.

Es kann auch sein, daß Sie ahnungslos Signale der Körpersprache geben, die von Ihren Zuhörern ganz anders interpretiert werden als Sie vermuten.

☛ Ihre **nonverbalen Signale**, das sollten Sie sich immer bewußt machen, werden von anderen viel stärker wahrgenommen als Ihre rhetorischen Ausführungen. Sie werden im Zweifel auch sehr viel stärker als wahre Aussage genommen. Was immer Sie mit Worten sagen, wenn Sie durch Ihre Körpersprache etwas anderes zum Ausdruck bringen, dann glaubt man nicht den Worten, sondern der Körpersprache.

Auch im Gedächtnis bleiben nonverbale Signale eindrucksvoller und längerfristiger haften als gesprochene Worte. Erinnern Sie sich selbst einmal an vergangene Vorträge, Predigten oder Vorlesungen. Um welche Inhalte es genau ging, haben Sie vermutlich weitgehend vergessen. Den Vortragenden selbst sehen Sie noch immer vor Ihrem inneren Auge.

Bereits die Art, wie Sie zum Rednerpult gehen, macht einen Eindruck auf Ihre Zuhörer. Gehen Sie selbstbewußt oder strahlen Sie nervöse Anspannung aus? Lächeln Sie oder beißen Sie grimmig die Zähne zusammen? Lange bevor Sie überhaupt den Mund aufgemacht haben, sind in den Köpfen Ihrer Zuhörer die ersten Eindrücke entstanden. Man hat eine - richtige oder falsche - Vorstellung von Ihrem Selbstbewußtsein, Ihrer Dynamik und sogar Ihrer Kompetenz.

Wenn Sie höflich die Zuhörerrunde begrüßen, schaut man Ihnen aufmerksam ins Gesicht. Ihre Mimik, Ihr Blick, Ihre Gestik und auch Ihre Haltung drücken aus, ob Ihre Begrüßung zum üblichen Höflichkeitsritual gehört oder Ausdruck Ihrer freundlichen Zuwendung zum Publikum ist. Wie gesagt, man glaubt im Zweifel Ihrer Körpersprache und nicht Ihren Worten!

Die eigene Körpersprache kontrollieren bedeutet nicht, daß Sie sich verkrampfen und auf jede kleinste Bewegung achten müssen. Auf solche Schauspielereien fallen Ihre Zuhörer nicht herein. Man würde Ihnen Verstellungen und Unnatürlichkeit anmerken und Sie ablehnen oder zumindest mißtrauisch beobachten.

☛ Die „beste" Körpersprache kommt ganz von selbst aus Ihrer inneren Haltung, Ihrer Einstellung und Ihrem Denken heraus. Wenn Sie sich selbstsicher fühlen und eine hohe und respektvolle Meinung von Ihren Zuhörern haben, dann wird das von Ihnen ausstrahlen.

Auch aus diesem Grunde sind Übungen zum positiven Denken, zum Abbau von Lampenfieber und zum Beispiel zum Entspannen wichtig. Gleichzeitig sollten Sie es sich konsequent angewöhnen, anderen Menschen die Wertschätzung entgegenzubringen, die diese auch verdienen. Hier liegt manchmal ein Problem!

> Es kommt immer wieder vor, daß hochqualifizierte Spezialisten, ranghohe Führungskräfte, teure externe Berater und Leiter anspruchsvoller Projekte bei ihren Auftritten vor Zuhörern eine gewisse Arroganz zeigen. Das liegt nicht selten an der inneren Haltung! Man hält sich selbst für den größten Profi überhaupt und verachtet mehr oder weniger offen die „doofen" Zuhörer.

Wenn Sie als Führungskraft oder Projektleiter tätig sind, muß es zu Ihren wichtigsten Anliegen gehören, daß sich bei Ihren Mitarbeitern niemals eine abfällige Haltung Außenstehenden gegenüber bildet. Lassen Sie nicht zu, daß Ihre Mitarbeiter respektlos über Außenstehende sprechen. In den meisten Unternehmensberatungen gehört es fast zum „guten Ton", höhnisch über die Kunden herzuziehen. In Projekten wird immer wieder über die zukünftigen Benutzer oder Betroffenen des Projektergebnisses hergezogen. In den meisten Fällen handelt es sich wohl nur um eine dumme Angewohnheit. Manchmal stecken Frust und Angst vor Versagen hinter diesem Verhalten.

Was auch immer die Ursache ist: Die verächtliche Haltung den Kunden oder den Betroffenen gegenüber drückt sich unweigerlich in der Köpersprache aus. Kein Wunder, daß „die arroganten Berater" und Mitarbeiter von Projekten immer wieder auf Ablehnung stoßen!

☛ Lassen Sie es niemals zu, daß Mitarbeiter Ihres Teams bei Präsentationen oder sonstigen Veranstaltungen auftreten, die im Grunde ihre Zuhörer verachten. Es schadet Ihrem Projekt, Ihrer Abteilung und auch Ihnen persönlich.

Auch wenn Sie oder Ihr Mitarbeiter die „richtige" Einstellung zu sich selbst und zu den Zuhörern hat, können noch **„körpersprachliche Pannen"** passieren. Ungeschickte Gesten, gedankenlose Mimik, nachlässige Haltung und ähnliches können falsche Signale vermitteln.

Auftreten und Haltung geben die ersten Signale, wenn Sie vor Ihr Publikum treten:

- Hasten Sie nicht wie gejagt nach vorne.
- Schleichen Sie nicht an der Wand entlang.
- Hüsteln Sie nicht während des Vorgehens.
- Räuspern Sie sich nicht beim Erreichen des Rednerpults.
- Lächeln Sie weder ängstlich noch verlegen.

Fangen Sie niemals Ihren Vortrag mit einer Entschuldigung an. Sagen Sie nicht, daß Sie leider heute etwas heiser sind. Sagen Sie nicht, daß Sie leider in der Kürze der Zeit nur begrenzte Vorarbeiten leisten konnten.

> Mit solchen Sprüchen beginnen viele hilflose Redner ihre Ausführungen. Kein Wunder, daß Loriot sie in sein Programm aufgenommen hat!

Gehen Sie mit festen Schritten forsch aber ruhig nach vorne. Legen Sie dort Ihre Unterlagen ab. Prüfen Sie, ob man Sie von allen Zuhörerplätzen aus sehen kann. Lächeln Sie freundlich den Menschen, die Ihnen zuhören wollen, zu.

Zeigen Sie **Haltung!**

Kopfhaltung

Ein erhobener Kopf signalisiert Selbstbewußtsein, Entschlossenheit, Zielstrebigkeit, Engagement.

Ein zu stark oder offensichtlich gekünstelt hochgereckter Kopf kann genau das Gegenteil signalisieren. Es entsteht der Eindruck, es solle ein nicht vorhandenes Selbstbewußtsein vorgetäuscht werden.

Das vorgereckte Kinn wird schnell als Dominanzstreben oder sogar als Angriffslust interpretiert.

Auf keinen Fall sollte „Hochnäsigkeit" demonstriert werden.

Falsch ist es auch, „den Kopf hängen" zu lassen oder die Schultern hochzuziehen. Das wirkt ängstlich oder hoffnungslos..

Körperhaltung

Aufrechte Haltung signalisiert „innere Haltung", Selbstsicherheit und Festigkeit.

„Sich hängen lassen" wird als Mangel an Charakter oder Disziplin gesehen.

Wer die Arme zu eng an sich preßt, „macht sich dünne". Das wirkt verklemmt und ängstlich.

Wer sich zu aufrecht und steif hält, gilt ebenfalls als verklemmt. Es kann auch Biederkeit und Untertanenhaltung („Hände an der Hosennaht“) bedeuten.

Vor allem kleine Männer stehen manchmal zu kerzengerade. Das wirkt sofort wie eine mißglückte Tarnung von Minderwertigkeitskomplexen. Lockere Haltung läßt größer wirken als verkrampftes Hochrecken.

Zu lässige Körperhaltung kann sich von selbstbewußter Lockerheit bis zur Arroganzausstrahlung steigern.

Beinstellung
Ein fester Stand auf beiden Beinen zeigt „Standfestigkeit“. Ordinär wirkt breitbeiniges Stehen („Unteroffiziersgrundstellung“), womöglich gar mit hinter dem Rücken verschränkten Armen! Der schlechte Eindruck wird gesteigert durch leichtes Wippen in gespreizter Stellung.

Tänzeln auf der Stelle wirkt unsicher. Das gleiche gilt für einbeiniges Stehen mit ständigem Ausfedern des Gleichgewichtes.

Beim Sitzen sollten die Beine nicht in kindlicher Manier um die Stuhlbeine gewickelt werden.

Eng zusammengepreßte Knie (sich „dünne machen“) wirken verklemmt und ängstlich.

Die Beine dürfen locker übereinandergeschlagen werden. Sie sollten jedoch nicht eng verknäult werden. Niemals sollte zwischen Socken und Hosenbeinen blanke Haut zu sehen sein!

☛ Wenn Sie mit Ihren Worten überzeugen wollen, brauchen Sie auch eine überzeugende Körpersprache. Eine aufrechte Haltung und direkter Blickkontakt vermitteln deutlicher als alle guten Argumente, daß Sie etwas zu sagen haben, wovon Sie selbst überzeugt sind. Das ist die Grundvoraussetzung, wenn Sie andere überzeugen wollen.

10.3 Gesten, die Sie verraten könnten

Die Gestik gehört neben der Körperhaltung, dem Auftreten und der Mimik zu den wichtigsten Kommunikationselementen. Während Sie sprechen, werden Sie ganz natürlich synchron Ihre Hände benutzen, um das Gesprochene zu unterstreichen. Selbst am Telefon gestikulieren wir, obwohl wir genau wüßten - würden wir darüber nachdenken -, daß der Gesprächspartner davon nichts sehen kann.

Durch Ihre Gestik können Sie Ihre Aussagen verstärken oder abschwächen oder sogar als Lügen entlarven. Unabhängig von Ihren Worten zeigen Sie - vermutlich unbewußt - durch Ihre Gesten, was Sie von Ihren Zuhörern, von sich selbst und von Ihrem präsentierten Sachverhalt denken.

Gesten haben sich im Verlauf der Menschheitsentwicklung trotz unterschiedlicher Kulturen recht ähnlich entwickelt. Ein Chinese, ein Bayer und ein Massai könnten sich auf einer einsamen Insel recht gut durch Gesten verständigen. Durch kulturelle Unterschiede kann es natürlich auch Mißverständnisse geben. Ein zustimmendes Kopfschütteln in Sri Lanka sieht einem „Nein" in Europa sehr ähnlich. Trotzdem gibt es „Grundgesten", die kulturübergreifend sofort verstanden werden.

Sie werden Ihre Vorträge vermutlich meistens vor Personen halten, die die gleiche „Gestensprache" benutzen wie Sie. Wichtig ist, daß Sie sich einmal bewußt machen, was Sie - womöglich unbewußt - durch Ihre Gesten zum Ausdruck bringen.

Manche Gesten können auch doppeldeutig sein. Wer einem anderen den Arm umlegt oder auf die Schulter klopft, meint diese Geste sicherlich freundschaftlich oder lobend. Tatsächlich steht dahinter auch immer eine Machtdemonstration. Der Vorgesetzte darf seinem Mitarbeiter lobend auf die Schulter klopfen. Das sollte sich der Lehrling einmal bei seinem Chef erlauben!

Durch die Gestik wird häufig sehr subtil zum Ausdruck gebracht, welche Macht- und Dominanzansprüche jemand stellt. Die hoch geschwungene Faust, der „Lehrer-Lämpel-Zeigefinger", die in die Hüften gestützten Arme, die auf den Tisch geknallte Faust und auch das Umarmen und Schulterklopfen sind Machtsignale oder Signale der Unterwerfungs- und Angriffslust.

Verlassen Sie sich darauf, daß Ihre Zuhörer sehr feine Antennen dafür haben, was Sie mit Ihren Gesten zum Ausdruck bringen. Vielleicht wird die einzelne Geste nicht einmal bewußt wahrgenommen. Und trotzdem beeinflussen die Gesten zusammen mit Ihrem Auftreten, mit Ihrer Mimik und mit Ihren Worten die Zuhörer.

Im Grunde ist es falsch, bestimmte Gesten fest mit bestimmten Bedeutungen zu verbinden. Es kommt immer auf die betreffende Person und die Situation an.

> Die Faust auf den Tisch knallen kann bedrohliche Aggression bedeuten aber auch kindliche Trotzreaktion. Die vor der Brust verschränkten Arme können Abwehr oder Schutzbedürfnis bedeuten. Es kann sich jedoch auch um den Versuch handeln, einen Fleck auf dem Hemd zu verstecken.

☛ Niemals läßt eine Geste allein einen richtigen Schluß zu. Es ist immer das Gesamtbild des Auftritts einer Person, was letztlich die richtige Folgerung ermöglicht.

Dennoch sollen hier ein paar typische Gesten mit ihren Signalwirkungen aufgezählt werden. Reflektieren Sie bitte, ob Sie sich vielleicht im Laufe der Jahre bestimmte Dinge angewöhnt haben, die in Ihrem allgemeinen beruflichen Umfeld richtig, als Vortragender jedoch falsch sein können.

> Vergleichen Sie es mit dem typischen „Lehrerproblem". In sehr vielen privaten Kreisen gelten Lehrer als ausgesprochen nervende Gesprächspartner. Woran liegt das? Lehrer befinden sich täglich über mehrere Stunden in der Situation des über-

legenen Erwachsenen. Das ständige Belehren und Erklären mit den dazugehörigen Gesten, dem ernsten Blick und der eindringlichen Stimme wird ihnen dadurch zur zweiten Natur. Ganz selbstverständlich sprechen sie so auch auf Parties, während der Urlaubsreise und in der Kneipe mit anderen Menschen. Nicht jeder kann das ertragen!

Ähnlich kann es Verkäufern gehen. Den ganzen Tag sind sie damit beschäftigt, aufmerksam, liebenswürdig und kundenfreundlich zu sein. Wenn sie dann abends mit Bekannten das gleiche Verhalten zeigen, wirken sie plötzlich „falsch“ oder „einschleimend“.

Welche Verhaltensweisen haben Sie sich angewöhnt? Sind Sie ständig mit Lehrlingen zusammen? Dann geben Sie bitte acht, daß Sie sich vor Zuhörern nicht wie ein Lehrmeister gebärden. Führen Sie häufig heftige Auseinandersetzungen mit externen Geschäftspartnern, dann sorgen Sie bitte dafür, daß Sie nicht mit den Signalen der gewohnten Angriffslust vor Ihre Zuhörer treten.

In der **Gestik** unterscheidet man **vier Bereiche:**

• *Unterer Bereich: Hände unterhalb der Gürtellinie*
Gesten in diesem Bereich werden negativ gedeutet. Es kann sich um verschüchterte und verklemmte Signale eines ängstlichen Redners handeln, um wegwerfende Gesten den Zuhörern gegenüber oder um nachlässige Arroganz. Man unterstellt, daß der Redner sich nicht einmal die Mühe macht, auch nur die Hand zu heben.

• *Mittlerer Bereich: Hände zwischen Gürtellinie und Brusthöhe*
Gesten in diesem Bereich gelten zunächst als neutral. Je nachdem, was genau mit den Händen gezeigt wird, werden positive oder negative Bedeutungen angenommen.

• *Oberer Bereich: Hände auf Brusthöhe*
Gesten in diesem Bereich werden positiv gedeutet. Begrüßungen, Winken, Zeigen und erläuternde Gesten spielen sich hier ab. Die betreffende Person hat nichts zu verbergen und leidet nicht unter Minderwertigkeitsgefühlen. Sie zeigt offen und gut sichtbar ihre Hände, um damit ihre Aussagen zu unterstreichen.

• *Erhöhter Bereich: Hände über Schulterhöhe*
Bei Erwachsenen werden Gesten in diesem Bereich als Dominanzstreben und Bedrohung aufgefaßt.

> Agitatoren schwingen ihre erhobenen Fäuste, wenn sie gegen Feinde wettern. Der Pfarrer reißt die Arme hoch, wenn er von der Kanzel herunter mit den Strafen der Verdammnis droht. Der Schuldirektor droht mit erhobenem Zeigefinger, wenn er eine Gruppe von Ertappten vor sich hat.

Gesten im Bereich über der Schulter können jedoch auch kindlich wirken. Wenn man ein Kind fragt, wie groß es schon ist, reißt es sofort die Arme hoch. Wenn ein Kind etwas von einem Erwachsenen will, versucht es ebenfalls mit erhobenen Armen die Aufmerksamkeit auf sich zu ziehen. Deshalb gelten bestimmte Gesten oberhalb der Schulter als typisch kindlich: am Ohrläppchen zupfen, Haare um die Finger wickeln, an den Augenbrauen zupfen...

Außerdem spielt bei Gesten auch die jeweilige **Richtung** eine Rolle. Es vermittelt unterschiedliche Signale, ob Sie zum Beispiel die Hände an den Körper heranziehen oder den Zuhörern entgegenstrecken.

Im Allgemeinen werden die Richtungen wie folgt interpretiert:

- *Nach oben:* Positiv, dynamisch, aufbauend, aufmunternd, bewundernd
- *Nach unten:* Negativ, niederdrückend, abwiegelnd, herablassend, pessimistisch
- *Zum Körper:* Sympathisch, heranziehend, zuwendend
- *Weg vom Körper:* Abwehrend, ablehnend, distanziert

Wie gesagt, jede Geste wird in ihrem Zusammenhang verstanden. Somit kann es sein, daß im Einzelfall die Botschaft auch entgegengesetzt sein kann:

- *Nach oben:* Negativ, drohend, überheblich
- *Nach unten:* Positiv, beruhigend, tröstend
- *Zum Körper:* Aufdringlich, anbiedernd
- *Weg vom Körper:* Hinwendend zu den Zuhörern, entgegenkommend

In den meisten Fällen wird jedoch die erste Variante angenommen. Das bedeutet für Sie, daß Sie sich bewußt darin üben sollten, positive und zuwendende Gesten zu zeigen. Ideal ist es, wenn Sie einmal Gelegenheit haben, an einem Rhetorikseminar mit Video teilzunehmen. Im Streß des realen Vortrags oder einer Präsentation wird es Ihnen kaum gelingen, sich selbst kontrolliert wahrzunehmen. Es reicht auch nicht, wenn Sie vor dem Spiegel üben. Mit Ihrem Spiegelbild sprechen Sie niemals so, wie mit einer Gruppe von Zuhörern.

Es gibt ganz bestimmte **Gesten mit ganz bestimmten Signalen**. Achten Sie bei Vorträgen anderer darauf, welche Gesten welche Botschaften vermitteln. Die typischsten Gesten mit ihren Signalwirkungen sind:

- Hände in die Hüfte: Angriffslust
- Geballte Faust: Zorn oder auch ängstliche Verkrampfung
- Fingerspitzen aneinanderpressen: Genauigkeit, Präzision
- Spitzdach mit den Fingerspitzen: Nachdenklichkeit oder Arroganz, wenn die Finger nach oben zeigen; Abwehr, wenn die Finger auf die Zuhörer gerichtet sind
- Hände reiben: Selbstgefälligkeit
- Hand vor dem Mund: Unsicherheit, Skepsis, Lüge
- Augen reiben: Ärger, Langeweile
- Hand an die Stirn: Nachdenklichkeit, Genervtheit

- Finger an die Lippen: Kindlichkeit, List, Lüge
- Handteller nach oben: empfangend, bittend, Offenheit
- Handteller nach unten: niederdrückend, abwehrend
- Finger an die Nase: Verlegenheit, Ablehnung („Nase rümpfen")
- Arme verschränken: Ablehnung (bei selbstbewußt und kraftvoll auftreten-
  den Personen); Hilfesuchend (bei ängstlich und nervös auftretenden Perso-
  nen)
- Spielen mit Stiften oder Zeigestock: Langeweile oder Nervosität
- Finger hochstrecken: dominant, belehrend
- Finger zum Publikum: Anklage, Angriffslust, Wut
- Lippen zupfen: Verachtung, Zweifel, Unsicherheit
- Kinn streicheln: Nachdenklichkeit, Selbstzufriedenheit
- Arme eng am Körper: Angst, Unsicherheit
- Ellenbogen vom Körper entfernt: Selbstsicherheit
- Fingerhaut knibbeln: Verlegenheit, Angst
- Brille häufig auf- und absetzen: Nervosität
- Daumen hoch: OK, Lob, Siegesgewißheit
- Daumen runter: Negativ, Dominanz einem imaginären Verlierer (Zuhörer?)
  gegenüber
- An die Stirn tippen: Beleidigung oder auch Aufforderung zum Nachdenken

Zu den Gesten gehören auch pantomimische Unterstützungen des Gesagten.
Wenn Sie zum Beispiel die Unwichtigkeit von etwas unterstreichen wollen, dann
können Sie eine wegwerfende Geste machen, als würden Sie etwas über die
Schulter hinter sich werfen. Wenn Sie eine bedrohliche Situation darstellen wollen, können Sie sich mit der Handkante am Kehlkopf entlangfahren. Diese un-
terstützenden Gesten machen Sie meistens bewußter als solche aus dem
allgemeinen Repertoire. Achten Sie bitte darauf, daß Sie nicht zu drastisch werden! Dennoch sollten Sie durchaus pantomimisch unterstreichen. Solche Gesten
sind sehr einprägsam. Sie verstärken Ihre Aussagen.

Passen Sie sich mit Ihrer Gestikulation den Gegebenheiten der Situation, dem
Thema, den Erwartungen der Zuhörer und auch Ihrer eigenen Persönlichkeit an.
Sie sollen bewußt auf Ihre Körpersprache achten, jedoch nicht gekünstelt gestikulieren, wie es gar nicht zu Ihnen paßt. Bei einem sehr sachlichen Thema werden Sie weniger ausladend auftreten, als bei einem Thema mit hoher Emotion.

Zu starke Gestikulation kann vom Inhalt Ihres Vortrags ablenken und bei den
Zuhörern den Eindruck wecken, es würde nur „Show" gemacht. Zu sparsame
Gestikulation kann öde wirken. Die Zuhörer könnten den Eindruck bekommen,
daß man Sie gegen Ihren Willen geschickt hat, Ihren Sermon herunterzubeten,
daß Sie im Grunde selbst kein Interesse an Ihren Worten haben und froh sind,
wenn der Vortrag vorbei ist.

Abb. 38: Zu wenig Gestikulation

Abb. 39: Zu viel Gestikulation

Abb. 40: Negative Gestikulation

Abb. 41: Positive Gestikulation

Abb. 42: Niederdrückende Gestikulation

10.4 Mimik - echt oder falsch?

Besonders intensiv werden während Ihrer Vorträge und Präsentationen die Zuhörer in Ihrem Gesicht zu lesen versuchen. Das Gesicht hat von allen Teilen unseres Körpers die stärkste Aussagekraft. Ob jemand arrogant ist oder freundlich, böse oder liebenswürdig, abweisend oder zuwendend, ehrlich oder verlogen ... man versucht es von den Augen und der Mimik abzulesen. Stimmungen und Gefühle, Einstellungen und innere Haltung drücken sich im Gesicht aus. Gute Schauspieler können bewußt mit ihrer Mimik Dinge zum Ausdruck bringen, die sie innerlich gar nicht fühlen. Für „normale" Menschen ist die Kontrolle der eigenen Mimik fast nie perfekt möglich.

Auch wenn wir uns bestimmte Gesichtsausdrücke bewußt angewöhnen, so werden unsere Augen letztlich doch verraten, was sich dahinter verbirgt. Das typische Beispiel dieser offensichtlichen Falschspielerei mit den Gesichtsmuskeln ist das hohle „Verkäuferlächeln". Der Mund mag die geschäftsfördernde Freundlichkeit durch hochgezogene Mundwinkel zeigen, die Augen drücken etwas anderes aus. Kein Wunder, daß nur solche Verkäufer letztlich erfolgreich dauerhafte Kundenbeziehungen pflegen können, die auch innerlich eine freundliche Einstellung zu ihren Mitmenschen haben.

„Wer kein freundliches Gesicht hat, soll auch kein Geschäft eröffnen." (chinesisches Sprichwort)

Das gilt auch für Sie als Vortragenden. Wenn Sie im Grunde Ihre Zuhörer nicht mögen, sie verachten oder sich vor ihnen fürchten, dann wird sich das in Ihrem Gesicht ausdrücken. Ganz egal, welche Gesichtsmuskeln Sie betätigen, in Ihren Augen werden die Zuhörer lesen, ob Sie sich ihnen offen und wohlmeinend zuwenden, ob Sie innerlich Angst verspüren oder ob Sie die „Dummköpfe" im Publikum verachten.

> Besonders letzteres kann bei hochkarätigen Fachleuten zum Problem werden. Schon manche Projektpräsentation endete in einer Konfrontation, weil aus dem Projektteam der beste Spezialist vortrug, der sich seine Arroganz den Zuhörern gegenüber anmerken ließ.

Lassen Sie als Projektleiter niemals ein Teammitglied präsentieren, das sich bereits abfällig über die zukünftigen Benutzer des Projektproduktes geäußert hat! Es ist ganz einfach falsch, wenn man abfälliges Reden innerhalb des Teams duldet, weil man sich sagt: „Die zukünftigen Benutzer hören das ja nicht." Vorsicht! Sie sehen später bei jedem Kontakt mit Teammitgliedern die verächtliche Haltung ihnen gegenüber im Gesicht!

Die nonverbalen Sprachelemente der Mimik sind: Stirn und Augenbrauen, Augen und Lider, Nase und Oberlippe, Mund und Wangen. Die stärkste Aussagekraft geht von Augen und Mund aus. Diese werden immer in Beziehung gebracht. Bei einem lächelnden Gesicht wird sofort in den Augen überprüft, ob das Lächeln ehrlich gemeint oder hohl ist.

Genau wie bei den Gesten, so hat sich auch im Hinblick auf die Mimik ein gewisser Ausdruckscode entwickelt, den unterschiedliche Menschen aus unterschiedlichen Kulturen gleich verstehen.

Typische Gesichtsausdrücke sind:

- Erhobene Augenbrauen: Erstaunen, Arroganz, Besserwisserei
- Zusammenpressen der Lippen: Reserviertheit, Verschlossenheit, Härte, Selbstbehauptung
- Offener Mund: Erstaunen, Erschrecken, Stumpfsinn
- Mundwinkel nach oben: Freundlichkeit, Frohsinn, Optimismus
- Mundwinkel nach unten: Abfälligkeit, Verachtung, Traurigkeit, Pessimismus, Hoffnungslosigkeit
- Einseitig verzogener Mund: Spott, Zynismus, Skepsis
- Senkrechte Stirnfalten: Nachdenklichkeit, Sorgen, Ärger, Zorn
- Aufgerissene Augen: Freude, Schreck, Erstaunen, Angst
- Halb geschlossene Augen: Müdigkeit, Langeweile, Herablassung, Gleichgültigkeit
- Verdeckte Augen: Konzentration, Mißtrauen, Distanz

1. Botschaft + 2. Botschaft = Verwirrung

Abb. 43: Widerspruch zwischen Mimik und Worten

Auch das **Lachen** gehört zur Mimik.

- *Schallendes Gelächter:* Unbekümmertheit (in einer Gesprächsrunde) oder Naivität (bei einem Vortragenden)
- *Genießerisches Lächeln:* Stille Heiterkeit, Schadenfreude, Vorfreude
- *Kichern:* Schadenfreude, Naivität, Nervosität
- *Schmunzeln:* Wohlwollen, Mitwissertum, stilles Genießen

Als Vortragender dürfen Sie niemals Augen oder Mund verdecken. Haarsträhnen, tiefe Brillenränder etc. dürfen die Augen nicht verschleiern. Wenn Ihre Zuhörer Ihnen nicht in die Augen sehen können, werden sie mißtrauisch und ablehnend, oder sie verlieren das Interesse und fangen während Ihrer Ausführungen an zu plaudern. Außerdem brauchen auch Sie den direkten Blickkontakt, um Reaktionen und Stimmungen zu erkennen.

Auch Ihren Mund muß man gut sehen können. Den etwas schwerhörigen Zuhörern ist es eine Hilfe, wenn sie - meist unbewußt - nebenher auch von den Lippen

lesen können. Manuskriptseiten oder verwucherte Bärte machen Ihre Worte un-
deutlich. Wenn Sie unbedingt einen überhängenden Schnurrbart brauchen, dann
sollten Sie sich vom Wunsch nach öffentlichen Auftritten verabschieden.

Während Ihres Vortrags schieben Sie sich bitte auch nichts in den Mund! Knabbern Sie nicht am Zeigestock, nagen Sie nicht am Folienstift, und schieben Sie
sich auch nicht den Bügel Ihrer Lesebrille in den Rachen!

> Schauen Sie sich einmal Parlamentsreden an. Es ist unglaublich, wie hemmungslos
> manche Politiker während ihrer Auftritte den Nuckeltrieb befriedigen!

☛ Achten Sie während Ihres Vortrags immer darauf, daß Ihre Worte und Ihre
Mimik sich nicht widersprechen. Man wird Sie entweder nicht richtig verstehen
oder Sie für einen Lügner halten.

10.5 Augen - Kontakt und Wahrnehmung

Die Art, wie Sie Blickkontakt zu Ihren Zuhörern aufnehmen, ist Teil Ihrer äußeren Erscheinung. Von Ihren Augen lesen Ihre Zuhörer ab, ob Sie selbstbewußt
sind, ob Ihr Lächeln echt ist, ob Sie sich für Signale aus dem Publikum interessieren ...

Wenn Sie den Blicken aus dem Publikum ausweichen, könnte das auf mangelndes Selbstbewußtsein, auf Arroganz oder auch auf Lüge schließen lassen. Man
sagt ja auch: „Der kann einem nicht in die Augen sehen.“ Oder: „Der würdigt
uns keines Blickes.“

Wenn Sie bestimmte Personen zu häufig und zu intensiv fixieren, kann das auf
Aggression oder auch auf Angst schließen lassen. Menschen, die wir angreifen
wollen, starren wir böse an. Menschen, die uns Angst einjagen, starren wir vor
Schrecken an. Das erinnert dann an das berühmte „Karnickel vor der Schlange“.

Manche Vortragende haben die Neigung, immer wieder Blickkontakt mit der
wichtigsten oder der ranghöchsten Person im Publikum aufzunehmen. Vermeiden Sie das bitte. Es ist für die ranghöchste oder wichtigste Person eine Qual,
sich einen Vortrag anhören zu müssen und dabei immer auf den direkten Blick
des Vortragenden zu treffen. Das nervt und bringt die betreffende Person unnötig gegen Sie auf. Außerdem wirken Sie devot, wenn Sie sich ständig am „Alpha-
Tier“ orientieren.

Schenken Sie allen Ihren Zuhörern in gleicher Weise Blickkontakt. Ignorieren
Sie Hierarchien oder persönliche Unterordnungsbedürfnisse. Jeder einzelne Ihrer Zuhörer hat Anspruch auf die gleiche Beachtung von Ihnen wie alle anderen
auch. Achten Sie möglichst darauf, daß Sie gleichmäßig nach rechts und links
schauen, daß Sie sowohl die Zuhörer in der ersten Reihe, als auch die ganz hinten
erreichen. Lassen Sie Ihren Blick nicht leer über die Menge schweifen, sondern
schauen Sie einzelnen Personen kurz in die Augen. Fixieren Sie jedoch nieman-

den. Bringen Sie keinen Ihrer Zuhörer - und schon gar nicht den wichtigsten - in die Verlegenheit, als erster Ihren penetranten Blicken ausweichen zu müssen.

Disziplinlose Zuhörer sollten Sie bewußt fest anschauen und vielleicht sogar einen Schritt in deren Richtung tun. Dann stellen sie in der Regel ihre Nebengespräche oder ähnliches ein.

Störer, die offensichtlich bewußt durch Clownereien oder aggressive Zwischenrufe oder provozierende Zwischenfragen die Aufmerksamkeit auf sich zu lenken versuchen, sollten Sie lieber nicht anschauen. Jeder Blick von Ihnen reizt sie zu Steigerungen ihrer Störmanöver.

Wenn Sie selbst nervös sind, sollten Sie gezielt möglichst oft die Personen anschauen, die einen netten Gesichtsausdruck zeigen und zum Beispiel durch leichtes Kopfnicken ihre Zustimmung zu Ihren Worten ausdrücken. Das wird Sie beruhigen.

Versuchen Sie auch, in den Gesichtern zu lesen. Versteht man Sie noch? Ist das Interesse noch wach? Sieht jemand so aus, als wolle er gerne etwas fragen? Reagieren Sie auf das, was Sie wahrnehmen. Kommen Sie zügig zum Ende, wenn vor Ihnen die Augen langsam glasig werden. Sprechen Sie Zweifler an oder fragen Sie, ob man noch mehr Erklärungen von Ihnen haben möchte.

☞ Als Vortragender oder Präsentierender sind Sie keine Sprechmaschine, die ihren Text abspult. Treten Sie mit Ihren Zuhörern auch in einen Dialog. Dazu brauchen Sie den bewußten Blickkontakt.

11 Des Redners Werkzeug ist die Stimme

11.1 Laut, leise, langsam, schnell

Eine „schlechte" Stimme geht den Zuhörern auf die Nerven. Wenn Sie zu leise sprechen, können viele der Anwesenden Sie gar nicht verstehen oder müssen sich aus den aufgeschnappten Brocken die Inhalte selbst zusammenreimen. Außerdem wirkt eine zu leise Stimme ängstlich und schwach.

Wenn Sie zu laut sind, wirkt es sehr leicht indoktrinierend oder gar bedrohlich. Trotzdem ist zu laut im Zweifel überzeugender als zu leise.

Wenn Sie zu langsam sprechen, machen Sie einen Teil Ihrer Zuhörer rasend! Man weiß ja meistens nach den ersten Worten, wie ein Satz zu Ende gehen muß. Wenn aber der Redner sich nur quälend von Silbe zu Silbe vorarbeitet, können schon Sekunden endlos sein. Die Zuhörer, die nicht innerlich mitsprechen und ganz nervös werden, schalten bei einem schleppenden Redner einfach ab. Man unterstellt, daß er genauso schwerfällig denkt wie er spricht. Da lohnt sich das Zuhören nicht.

Wenn Sie zu schnell sprechen, kann es gehetzt und hektisch wirken. Trotzdem ist im Zweifel zu schnell besser als zu langsam.

Schwache Stimmen werden leicht mit persönlicher Schwäche in Verbindung gebracht. Wir Menschen sind es gewohnt, daß Löwen brüllen und Mäuse piepsen und nicht umgekehrt. Im Zweifel sollten Sie als Löwe auftreten und nicht als Mäuschen.

☛ Trainieren Sie Ihre Stimme.

Wenn Sie sehr oft als Vortragender zu großen Menschenmengen sprechen müssen, sollten Sie sich einmal ein paar Unterrichtsstunden bei einem Stimmtrainer gönnen. Erkundigen Sie sich beim Theater oder an der Oper. Manche der Trainer für Sänger und Schauspieler geben auch Rednern Privatstunden. Falls nicht, so kennen sie auf jeden Fall Kollegen, die das machen. Auch Logopäden können mit Ihnen ein individuelles Trainingsprogramm zusammenstellen.

Stimmtraining ist nicht das gleiche wie ein Rhetorikseminar. Im Stimmtraining geht es ganz gezielt um Kehlkopf, Atemtechnik, Stimmbänder etc. Sie werden sich wundern, wie Ihr Ansehen bei den Zuhörern Ihrer Vorträge oder auch bei Gesprächspartnern in Konferenzen und Meetings steigt!

☛ Wenn Sie nur selten öffentlich auftreten, können Ihnen auch die folgenden Übungen helfen:

• Flüstern

Lesen Sie immer mal wieder ein paar Abschnitte der Zeitung flüsternd vor. Flüstern Sie zunächst ganz leise und dann immer lauter. Bleiben Sie jedoch unbedingt beim Flüsterton.

• Lautstärke

Lesen Sie laut vor. Orientieren Sie sich bei der Geschwindigkeit an den Nachrichtensprechern im Radio. Lesen Sie zunächst nur so laut, daß man durch die geschlossene Tür den Inhalt Ihres Textes nicht verfolgen kann. Steigern Sie die Stimmstärke, bis man vom Nebenraum bequem zuhören könnte.

Drehen Sie das Radio auf Zimmerlautstärke. Wählen Sie einmal Musik und einmal einen Wortbeitrag. Setzen Sie sich etwa einen halben bis einen ganzen Meter vom Radio entfernt hin und lesen Sie einen Text laut vor. Fangen Sie leiser als das Radio an, und steigern Sie bis zum Übertönen der Sendung.

• Sprechgeschwindigkeit

Halten Sie einmal einen Ihrer Vorträge in der für Sie üblichen Sprechgeschwindigkeit. Lassen Sie dabei ein Tonband mitlaufen. Hören Sie sich anschließend an, wie schnell oder langsam Sie sprechen.

Nehmen Sie Wortbeiträge vom Radio auf. Hören Sie sich die Texte ein paarmal an. Dann sprechen Sie mit. Versuchen Sie, die Geschwindigkeit der Sprecher zu erreichen.

☛ Üben Sie auch einmal „flammende Reden" (zum Beispiel gegen das Rauchen, falls Sie leidenschaftlicher Nichtraucher sind), traurige Ansprachen, politische Agitationen, heitere Büttenreden etc. Passen Sie dabei Ihre Sprechgeschwindigkeit dem Anlaß an.

Wichtig ist, daß Sie mit dem „Werkzeug Stimme" gekonnt umgehen können, daß Sie Ihre Lautstärke und Ihre Sprechgeschwindigkeit bewußt steuern und rhetorisch geschickt nutzen können.

11.2 Die Mühe mit den Silben

Im täglichen Sprachgebrauch werden Silben häufig verschluckt oder leicht verändert ausgesprochen. Aus: „Haben wir nicht" wird dann zum Beispiel: „Hamwenich" Wenn dann auch noch mundartliche Sprachfärbungen hinzukommen, wird der Satz völlig verändert.

Für den täglichen Sprachgebrauch sind solche Vereinfachungen meistens unkritisch. Jeder macht das so, und alle verstehen sich. Wer etwas nicht verstanden hat, kann nachfragen: „Wie bitte?" „Waas?" „Hä?"

☞ Wenn Sie jedoch einen Vortrag halten, können die Zuhörer nicht nachfragen. Sie müssen sich mit jedem Ihrer Sätze auf Anhieb für alle verständlich machen. Sie dürfen auf keinen Fall Silben verschlucken und Wörter „abkürzen".

Nicht wenige Zuhörer haben auch leichte Hörschäden. Im täglichen Umgang stört das nicht. Solange sie dem Sprecher auf den Mund schauen können, verstehen sie trotzdem. Auch für diese Zuhörer müssen Sie unbedingt gut artikuliert und mit deutlichen Lippenbewegungen sprechen. Wenn Sie mit starrem Kiefer, zusammengepreßten Zähnen und weitgehend unbewegten Lippen sprechen, sind Sie unverständlich und wirken auch unhöflich und/oder schüchtern.

☞ Üben Sie eine deutliche Aussprache ohne Silbenschluckerei.

• *Korken*
Halten Sie einen Korken zwischen den Zähnen, und lesen Sie dann laut und gut verständlich aus der Zeitung vor.

• *Bleistift*
Stecken Sie einmal den Bleistift quer und einmal längs zwischen die Lippen. Lesen Sie wieder laut vor.

• *Stein*
Legen Sie einen Stein unter die Zunge, und lesen Sie vor.

☞ Üben Sie mit den typischen Schnellsprechsätzen. Dabei kommt es nicht nur auf die Schnelligkeit an, sondern auch auf die Vollständigkeit!
Üben Sie mit folgenden Sätzen:
- Auf dem Türmchen steht ein Würmchen mit dem Schirmchen unterm Ärmchen. Kommt ein Stürmchen, bläst das Würmchen mit dem Schirmchen von dem Türmchen.
- Bald blüht breitblättriger Wegerich; breitblättriger Wegerich blüht bald.
- Die Katze frißt den Spatz.
- Ein krummer Krebs kroch über eine kürbisgroße, grasgrüne, krumme Schraube.
- Ein stolzer Student stieß an einen spitzen Stein und stolperte sturzbetrunken in den Spritzteich.
- Es kann vorkommen, daß die Nachkommen mit dem Einkommen nicht auskommen und daran umkommen.
- Es saßen zwei zischende Schlangen zwischen zwei spitzen Steinen und zischten sich zärtlich zu.
- Es klapperten die Klapperschlangen, bis ihre Klappern schlapper klangen.
- Fischers Fritze fischt frische Fische. Frische Fische fischt Fischers Fritze.
- Keine kleinen Kinder können Kirschkerne knacken. Kirschkerne können auch keine kleinen Kinder knacken.
- Schneiders Schere schneidet schnell.

– Vor dem Scheibenschießschützenhaus schätzen Schützen Scheibenschießdistanzen.

Bei diesen Schnellsprechsätzen können Sie feststellen, was für Sie besonders schwierig ist. Haben Sie eher Probleme mit „zischenden Zischlauten" oder eher mit „knackigen Knacklauten" oder doch eher mit „turbulenten Tortentüten"? Wenn Sie Ihre speziellen Sprachstolpersteine kennen, dann solten Sie sich selbst weitere Übungssätze dazu basteln und von Zeit zu Zeit aufsagen.

Bei Ihren Manuskripten können Sie versuchen, durch andere Formulierungen möglichst die Anzahl der Stellen mit kritischen Silbenkombinationen gering zu halten.

☛ Wenn Sie während eines Vortrags über einen „spitzen Stein stolpern", dann sollten Sie höchstens einen Versuch der Korrektur machen! Das gilt vor allem bei Fremdwörtern, mit denen Sie sich verheddert haben. Es nervt schrecklich, einem Vortragenden zuzuschauen und zuzuhören, der drei oder mehr Anläufe nimmt, um endlich das zu sagen, was die Zuhörer innerlich längst selbst formuliert haben.

11.3 Nuscheln und Lispeln - Wie schlimm ist das?

Sprachfehler gehören zu den schwierigsten Problemen von Rednern. Nuscheln, Lispeln, Stottern und mangelnde Festigkeit der Stimme sind in der Regel nicht durch individuelle Übungen und Stimmtrainings zu beheben. Das bedeutet jedoch nicht, daß Sie sich einfach damit abfinden sollten, wenn Sie selbst davon betroffen sind.

Die meisten Menschen reagieren auf Sprachfehler anderer peinlich berührt oder erbost. *Nuscheln* führt zu Ärger bei den Zuhörern. Man hält das Nuscheln für Nachlässigkeit des Redners. Sehr leicht wird es als Zeichen von Arroganz gedeutet. Als habe der Redner keine Lust, für sein Publikum den Mund richtig aufzumachen.

Lispeln stört oder belustigt. Man äfft den Lispler nach und macht ihn dadurch lächerlich. Lispeln hat für viele Menschen einen kindlichen Klang. Sehr schnell wird dem „kindlich" klingenden Redner dann auch kindliches Denken unterstellt. Bei längeren Vorträgen nervt Lispeln sehr.

Nuscheln und Lispeln wird von Nichtbetroffenen oft gar nicht als Sprachbehinderung erkannt. Man unterstellt dem Redner „Schuld" an diesem Sprachfehler. Man meint, er solle sich gefälligst zusammenreißen und sich das Nuscheln oder Lispeln abgewöhnen. Betroffene wissen, daß man niemals freiwillig zum Nuschler oder Lispler wird.

Stottern läßt die meisten Menschen peinlich berührt reagieren. Man hat Mitleid mit dem Stotterer und bemüht sich, ihn weder anzustarren noch betont wegzu-

schauen. Man wartet geduldig ab, bis der Stotterer seinen Satz
ist froh, wenn man sich endlich aus dem Gespräch mit ihm zu
Man nimmt dem Stotterer seinen Sprachfehler nicht übel, we
auffällig wie möglich den Gelegenheiten aus, mit ihm sprech
ist gemein und grausam, dennoch ist es Tatsache.

Wer schwer stottert, tritt nicht als Vortragender auf. Leichtes Stottern das sich
als gelegentliches Stolpern über Silben zeigt, muß nicht gegen Vorträge sprechen.
Damit können die Zuhörer sich in der Regel leichter abfinden als mit Nuscheln
oder Lispeln.

Was auf jeden Fall stört, ist eine Stimme mit dem Klang, als habe der Redner einen *Frosch im Hals*. Die Zuhörer glauben, er müsse sich nur einmal gut abhusten.
Es macht sie dann ganz kribbelig, wenn er das nicht tut! Dann fangen die Zuhörer selbst an, verstohlen zu hüsteln und sich zu räuspern. Das Problem der „be-
legten" Stimme beruht in der Regel auf Fehlbildungen oder Erkrankungen der
Stimmbänder. Übungen in Eigenregie helfen nicht, sondern schaden oft sogar.

☛ Wenn Sie einen der oben genannten Sprachfehler haben, sollten Sie sich unbedingt ärztlich untersuchen und beraten lassen. Auch wenn Sie gar nicht so
scharf darauf sind, Vorträge zu halten, sollten Sie Sprachfehler zumindest zu mildern versuchen. Sie schaffen unnötig Barrieren zwischen sich und Ihren Mitmenschen. Wenn Sie häufig vor Publikum auftreten wollen oder müssen, dann
ist es Ihre Pflicht, im Interesse der Zuhörer Sprachfehler zu mildern.

11.4 Die Angst vor der Stille

Manche Redner haben förmlich Angst davor, einmal eine Pause in ihrem Redefluß zuzulassen. Aus Sorge, man könne ihnen einen Blackout unterstellen, reden
sie wie gehetzt immer weiter und weiter und weiter ...

Die Beherrschung der bewußt eingesetzten Pausentechnik gehört zum notwen-
digen sprachlichen Repertoire eines jeden Redners. Der Klang der Stimme in unterschiedlichen Höhen, Modulationen und Schnelligkeiten sollte abwechseln mit
der Stille von Sprechpausen.

Man unterscheidet folgende **Pausen**:

• *Wirkungspausen*

Sie haben etwas besonders Bedeutsames gesagt und lassen das nun „sacken". Die
Zuhörer sollen sich gedanklich mit Ihren letzten Worten beschäftigen und möglichst das Wichtige im Gedächtnis verankern.

Dramaturgische Pausen

Wenn Sie unmittelbar vor einer sehr wichtigen Aussage stehen, können Sie durch eine bewußte Pause die Spannung steigern und die Aufmerksamkeit erneut konzentrieren.

• *Denkpausen*

Diese Pausen sind Ihnen gestattet. Sie denken während des Vortrags für einen Moment darüber nach, was Sie als nächstes sagen oder wie Sie etwas formulieren wollen. Solche Pausen brauchen Sie bei freien Vorträgen von Zeit zu Zeit. Ihr Publikum wird es Ihnen danken. Auch Ihre Zuhörer brauchen immer einmal wieder Denkzeit, um die Inhalte auch richtig verarbeiten zu können.

• *Verlegenheitspausen*

Solche Pausen sind ungeplant. Ihnen fällt im Moment nicht ein, was Sie sagen wollen. Faden verloren oder Blackout sind die Ursachen. Sie müssen versuchen, die Pause wie geplant wirken zu lassen. Gleichzeitig suchen Sie blitzschnell im Manuskript oder im Gedächtnis nach einem neuen Anknüpfungspunkt. Wenn Ihnen gar nichts einfällt, geben Sie einfach zu, daß Sie einen „Filmriß" haben. Ganz sicher ruft Ihnen aus dem Publikum jemand das richtige Stichwort zu.

• *Atempausen*

Nach einer längeren Sprechphase kann bei ungeübten Rednern die Atmung durcheinander geraten. Dann wird in einer kurzen Pause kräftig Luft geholt und die Atmung wieder gleichmäßig eingependelt.

☛ **Achtung!** Niemals sollten Sie in einer solchen Atempause hörbar nach Luft schnappen. Treten Sie gegebenenfalls einen Schritt vom Mikrophon zurück.

• *Trinkpausen*

Ähnlich wie die Atempause dient die für den Schluck Wasser dem Redner zur eigenen Stabilisierung. Machen Sie bitte keine bedeutungsschwangere Geste aus dem Griff nach dem Glas. Das sieht gekünstelt aus und erinnert an Sketche aus dem Fernsehen.

☛ **Achtung!** Lassen Sie keine unfeinen Geräusche aus der Gurgel hören. Wenn Sie nicht ganz sicher sind, daß Ihr Schlucken geräuschlos ist, treten Sie unbedingt weit vom Mikrophon zurück.

• *Provozierende Pausen*

Eine solche Pause soll Ihre Zuhörer aktivieren. Sie schweigen und warten auf Wortmeldungen, Proteste, Einwände, Fragen etc.

Provozierende Pausen haben manchmal eine leichte Drohung in sich. An die Zuhörer geht die Botschaft: „Sagt jetzt etwas dazu oder schweigt für immer zu diesem Thema!" Oder: „Jetzt habt Ihr die Chance, Einwände zu erheben. Wenn jetzt nichts kommt, gelten meine Vorschläge als beschlossen."

• *Peinliche Pausen*

Das sind Pausen, die den Redner oder einen der Zuhörer bloßstellen. Der Redner hat zum Beispiel den Faden verloren, gerät in Panik und stammelt hilflos herum. Das darf Ihnen nicht passieren!

Peinliche Pausen dienen manchmal auch zur Disziplinierung von Zuhörern. Wenn der Redner zum Beispiel sieht, daß hinter der Hand getuschelt wird, dann unterbricht er seine Rede und starrt die Schwatzhaften strafend an. Ein anderer Anlaß kann das Zuspätkommen sein. Der Redner sagt nichts bis der Nachzügler seinen Platz erreicht und sich hingesetzt hat. Das soll für die Zukunft allen Anwesenden die Lust nehmen, unpünktlich zu erscheinen.

☛ Seien Sie bitte sehr zurückhaltend mit solchen „Erziehungsmaßnahmen". Es macht Sie nicht unbedingt beliebter.

Wirkungs- und Denkpausen und dramaturgische Pausen sind Ihre rhetorischen Stilmittel. Etwa fünf bis sieben Sekunden sollten Sie die Stille zulassen. Das ist schon eine recht lange Zeit. Üben Sie mit der Stoppuhr. Fünf Sekunden Pause im Redefluß können zunächst fast endlos auf den Vortragenden wirken. Für die Zuhörer ist das gar nicht so lang.

Die Fähigkeit, auch souverän nichts zu sagen, läßt Sie selbstbewußter wirken als wenn Sie pausenlos sprudeln und sprudeln und sprudeln ...

11.5 Ohne Luft geht gar nichts

Viele Redner haben nicht die innere Ruhe zum richtigen Atemholen. Die Folge ist hektische Kurzatmigkeit. Manchmal wird auch falsch eingeschätzt, wieviel Luft bis zum Ende eines Satzes gebraucht wird. Die Zuhörer bemerken eine solche Schwäche sofort, wenn der Vortragende mit letzter Kraft und fast ohne Luft die Aussage zum Ende bringt.

Eine volltönende Stimme braucht gute Atemtechnik. Da Sie während Ihres Vortrags vermutlich anderes im Kopf haben als Ihre Atmung zu kontrollieren, sollten Sie grundsätzlich von Zeit zu Zeit das tiefe Durchatmen üben. Der zweite Schritt ist das Üben von lautem Sprechen mit gleichzeitiger Atemkontrolle. Wenn Sie die Technik verinnerlicht haben, läuft es beim Auftritt vor Publikum automatisch besser.

Atemübung:

1. Stellen Sie sich aufrecht hin.
2. Entspannen Sie die Schultern.

3. Legen Sie die Hände flach auf den Bauch.
4. Atmen Sie bei geschlossenem Mund langsam ein bis tief in den Bauch. Zählen Sie dabei bis vier. Bauch und Brustraum bis zu den Schultern sollen sich „voll aufgepumpt" anfühlen.
5. Halten Sie kurz die Luft an.
6. Lassen Sie langsam die Luft durch die Nase wieder aus sich herausströmen. Zählen Sie dabei bis 12.

Durch diese Übung trainieren Sie Ihre Atemmuskulatur und gewöhnen sich eine tiefe Atmung an.

Auspusten

1. Zünden Sie eine Kerze an.
2. Stellen Sie sich etwa einen halben Meter von der Flamme entfernt hin.
3. Pusten Sie die Kerze aus.
4. Üben Sie mit zunehmender Entfernung von der Kerze.

Durch diese Übung trainieren Sie Ihre „Atemkraft".

Anpusten

Diese Übung machen Sie wie die vorige. Dabei pusten Sie die Kerze jedoch nicht aus. Bringen Sie die Flamme zum Flackern. Lassen Sie die Flamme wieder ruhig werden. Wiederholen Sie dann das Anpusten.

Durch diese Übung bekommen Sie ein Gefühl für Ihre Atmung.

Atmen und Sprechen

Suchen Sie sich ein Thema zur freien Rede aus. Halten Sie dann einen Vortrag und achten Sie dabei bewußt auf tiefes Atmen und auf die Kunst, bis zum letzten Wort eines Satzes mit der Luft auszukommen.

☛ Problemloses Atmen während eines öffentlichen Auftritts hört sich nicht nur besser an als Japsen und Luftschnappen, es steigert auch Ihre innere Sicherheit. Diese wiederum wirkt auf die Zuhörer angenehm und überzeugend.

12 Die Nerven!

12.1 Lampenfieber - Was hilft?

Vielleicht sagen Sie, liebe Leserin, lieber Leser, jetzt: „Lampenfieber? Das kenne ich!" Dann befinden Sie sich in bester Gesellschaft. Die meisten Redner leiden vor ihrem Auftritt unter Beklemmungen und Angst. Es geht Ihnen vermutlich wie jedem guten Schauspieler: Sie haben Lampenfieber. Sie wissen, daß Sie bald im Scheinwerferlicht der Aufmerksamkeit vieler Menschen stehen. Kein Wunder, daß Sie vor Aufregung „fiebern".

Was macht uns so viel Probleme vor dem Auftritt vor Publikum? Die Gründe können sein:

- Mangel an Vorbereitung zum Beispiel aus Zeitgründen
- Angst vor Fragen oder Einwänden aus dem Zuhörerkreis, auf die einem keine Antwort einfällt
- Blickangst, wenn so viele Menschen an einem rauf- und runtersehen
- Angst vor Angriffen, wenn die Zuhörer den Inhalten des Vortrags nicht zustimmen
- Mangel an Übung und an rhetorischer Technik
- Angst, den Faden zu verlieren und plötzlich kein Wort mehr sagen zu können
- Angst, durcheinanderzukommen und sich in den eigenen Argumenten zu verheddern
- Sorge, daß jemand unter den Zuhörern mehr über den Inhalt weiß und einem plötzlich vor allen Anwesenden Fehler vorhält
- Angst, sich durch zu viele „ähs" und „öhs" oder andere Sprachmarotten zu blamieren

Als Vortragender stehen Sie vorne, müssen die vielen Blicke aushalten, sich innerlich auf Ihren Stoff konzentrieren und gleichzeitig hellwach Signale der Zuhörer wahrnehmen und darauf eingehen. Das ist eine Streßsituation. Kein Wunder, daß es Ihnen so geht wie vielen Rednern und den meisten Schauspielern in dieser Situation auch.

Lampenfieber ist die normale „Krankheit" aller Personen, die kurz vor einem öffentlichen Auftritt stehen und dem Publikum etwas bieten müssen. **Typische Symptome** des Lampenfiebers sind:

– Gedächtnisverlust
Man kann sich beim besten Willen nicht mehr erinnern, was man zuvor gründlich erarbeitet und immer wieder mehr oder weniger auswendig geübt hat.

– Schweißausbrüche
Die Hände werden feucht. Das Hemd klebt am Rücken fest. Die Stirn glänzt. Von den Achseln scheint ein dumpfer Geruch aufzusteigen.

– Blasenschwäche
Obwohl man soeben erst von der Toilette kommt, macht sich schon wieder das Bedürfnis bemerkbar. Man schließt sich noch einmal ein, kann doch nicht, geht wieder raus und muß plötzlich schon wieder ganz dringend.

– Händezittern
Die Hände zittern unkontrolliert. Man denkt mit Schrecken daran, welchen Eindruck die Zuhörer davon bekommen, wenn man bibbernd vor ihnen stehen wird und womöglich mit dem Manuskript raschelt.

– Flatternde Stimme
Die Stimme bleibt weg. Nur noch unter großer Anstrengung lassen sich einzelne Worte herausbringen. Dabei kommt man aus unerklärlichen Gründen mit der Atemluft nicht aus. Man schluckt, hüstelt, schnappt nach Luft und muß von vorne beginnen.

– Laufende Nase
Obwohl von Erkältung nicht die Rede sein kann, fühlt man deutlich, wie sich die Feuchtigkeit in der Nase zu einer dünnen Flüssigkeit sammelt und ganz bestimmt jeden Augenblick als baumelnder Tropfen zu sehen sein wird. Man schneuzt sich. Aber kaum ist das Taschentuch wieder eingesteckt, fließt es schon wieder die Nasenwände hinunter.

Kennen Sie diese Symptome? Schauspieler berichten auch von Durchfall, Herzstechen, Kreislaufbeschwerden, eingeschränktem Gesichtsfeld und dem Gefühl von Watte in den Ohren.

Woran liegt das? Warum hilft vielen von uns selbst die beste Vorbereitung und das gesündeste Selbstbewußtsein nicht über das Lampenfieber hinweg?

Schauspieler, Politiker und andere Personen mit häufigen Auftritten vor Publikum wissen, daß die Heftigkeit des Lampenfiebers im wesentlichen mit der Persönlichkeit zu tun hat und weitgehend unabhängig von der tatsächlichen Wahrscheinlichkeit des Scheiterns ist. Wer unter Lampenfieber leidet, kann mit zunehmender Erfahrung lernen, das eigene Lampenfieber besser in den Griff zu bekommen. Ganz verlieren wird man es nicht. Die Streßhormone werden sich trotz bester Vorbereitung immer wieder bemerkbar machen.

☛ Lindern Sie die Symptome des Lampenfiebers. Das wird Ihnen schon sehr viel helfen.

• *Gedächtnisverlust*

Lernen Sie die ersten beiden Sätze Ihres Vortrags stur auswendig. Sagen Sie sie bereits am Tag vorher immer wieder auf. Die ersten beiden Sätze müssen Ihnen im Schlaf einfallen.

Markieren Sie in Ihrem Manuskript die Kernworte des Vortrags mit gelbem Leuchtstift. Dann haben Sie notfalls auf Anhieb das Stichwort, das Ihrem Gedächtnis auf die Sprünge hilft.

Versuchen Sie ohne vollständiges Manuskript auszukommen. Fertigen Sie als Extrakt eine gut lesbare Stichwortliste an. Während der Panik des Blackout ist es oft zu schwierig, ganze Sätze zu erfassen.

Entkrampfen Sie sich innerlich durch den Gedanken, daß es vermutlich nichts ausmacht, wenn Sie tatsächlich einiges im Vortrag vergessen. Die Zuhörer werden es kaum bemerken oder von sich aus fragen, wenn sie etwas vermissen. Eine konkrete Frage wird Ihnen sofort auf die Sprünge helfen.

• *Schweißausbrüche*

Tragen Sie ein Baumwollunterhemd mit angeschnittenen Ärmeln. Das wird vom Rücken und unter den Achseln den Schweiß aufsaugen. Das gleiche gilt für Baumwollsocken. Stecken Sie in beide Hosentaschen Stofftaschentücher. Dann können Sie vor dem Auftritt immer wieder diskret die Hände trocknen.

Vermeiden Sie das Hantieren mit Klarsichthüllen. Durch das Plastikmaterial wird die Schweißproduktion der Hände angeregt.

Tupfen Sie sich vor Betreten des Vortragsraums noch einmal das Gesicht zuerst mit einem nassen und dann mit einem trockenen Tuch ab. Durch das Wasser wird Feuchtigkeit aus der Haut gezogen.

• *Blasenschwäche*

Meiden Sie ab etwa zwei Stunden vor Ihrem Auftritt Kaffee und Tee. Diese Getränke haben die für einen Vortragenden oft fatale Neigung, „glatt durchzugehen". Sie müssen dann tatsächlich häufig zur Toilette. Auch Äpfel können eine ähnliche Wirkung haben! Nehmen Sie lieber Mixmilch, Kakao oder dickflüssige Fruchtsäfte zu sich. In der letzten Stunde trinken Sie am besten gar nichts mehr. Wenn Sie ganz sicher sein wollen, mixen Sie einen halben Teelöffel Salz in Ihr letztes Getränk. Salz hält Flüssigkeit im Körper fest.

• *Magenprobleme*

Um den Magen zu beruhigen, sollten Sie am Abend vor Ihrem Vortrag Kamillentee und trockenen Zwieback nehmen. Butterkekse, ein wenig klares Wasser und eine Banane sind das ideale Essen für magenschwache Redner. Auch Schokolade kann beruhigend wirken. Nüsse, Fruchtsäfte, Milch und stark Gewürztes sollten Sie meiden.

• *Durchfall*

Gegen Durchfall lassen Sie sich von Ihrem Arzt ein Mittel verschreiben. Sagen Sie ihm, wozu Sie es brauchen. Er kann Ihnen dann genau das Mittel empfehlen, das eine vorübergehende Darmlähmung verursacht. Damit sind Sie absolut sicher vor peinlichen Pannen. Diese Mittel werden zum Beispiel auch Durchfallpatienten gegeben, die einen mehrstündigen Flug aus den Tropen in die Heimat überstehen müssen. Zu wissen, daß Sie nicht einmal „könnten", wenn Sie wollten, wird Sie beruhigen. Nehmen Sie nur eine Tablette und heben Sie den Rest für spätere Vorträge auf. Diese Mittel sind sehr stark und dürfen auf keinen Fall regelmäßig genommen werden!

• *Händezittern*

Denken Sie daran, daß Nikotin und Koffein das Zittern verstärken. Bananen und Schokolade können beruhigend wirken.

Halten Sie sich während der Anfangsphase des Vortrags mit beiden Händen am Rednerpult fest. Sobald Sie im Redefluß sind, läßt das Lampenfieber nach und damit auch das Zittern. Sollte Ihnen kein Pult zur Verfügung stehen, nehmen Sie einen möglichst dicken Stift zur Hand.

Damit Sie nicht in Versuchung kommen, Ihre Zuhörer auch noch nervös zu machen, sollten Sie auf Kugelschreiber und Teleskop-Zeigestöcke verzichten. Mancher Redner merkt es nämlich nicht, wenn er ständig mit der Mine schnippt oder den Zeigestock auseinanderzieht und wieder zusammenschiebt.

Gegen Angstzittern hilft auch bewußter Augenkontakt zu einzelnen Zuhörern. Suchen Sie sich zwei bis drei besonders freundliche Gesichter aus und schauen Sie während der ersten Sätze immer wieder die betreffenden Personen direkt an. Sobald Sie innerlich ruhiger sind, verteilen Sie Ihre Aufmerksamkeit auf alle Anwesenden.

• *flatternde Stimme*

Bitte fangen Sie niemals einen Vortrag mit den Worten an: „Ich bin leider heute etwas heiser." Über diesen Spruch hat sich schon Loriot lustig gemacht.

Lutschen und kauen Sie lieber bis kurz vor Ihrem Auftritt Fruchtgummi. Dadurch wird der Speichelfluß angeregt.

In der aktuellen Redesituation können Sie wenig gegen Stimmprobleme tun. Gehen Sie einfach davon aus, daß es außer Ihnen selbst ohnehin kaum jemandem auffällt und daß es die Zuhörer meistens nicht einmal am Rande interessiert, überhaupt darauf zu achten.

Grundsätzlich sollten Sie, falls Sie häufiger Vorträge halten müssen, regelmäßig Entspannungs- und Stimmübungen durchführen. Stimmübungen sind in Abschnitt 11.2 beschrieben.

Während des Vortrags sollten sie stets ein Glas Wasser ohne Kohlensäure griffbereit haben.

• *laufende Nase*

Wenn sich Ihr Lampenfieber mit einer „Triefnase" bemerkbar macht, sollten Sie sich lieber zu warm als zu leicht anziehen. Kältegefühle, besonders an den Füßen, verstärken die Reizungen der Nasenschleimhäute.

Meiden Sie stark gewürzte Speisen und Getränke und Nikotin und Koffein.

Nehmen Sie unparfümierte, sehr weiche Papiertaschentücher mit. Harte Stoffe lassen die Nase womöglich rot erscheinen.

Schneuzen Sie sich auch vor dem Vortrag nicht heftig. Dadurch werden die Schleimhäute unnütz gereizt. Sie wehren sich durch verstärkte Ausscheidungen. Versuchen Sie lieber diskret ganz vorne die Nasenwände abzutupfen und mit dem Tuch vor der Nase statt nach außen zu schneuzen, ganz heimlich nach innen zu ziehen. Das mag nicht fein sein, stoppt jedoch die Sekretproduktion.

Halten Sie für Notfälle während des Vortrags ein ausgepacktes Papiertuch in der Jackentasche parat. Ansonsten können Sie sich - wie alle Redner mit diesem Problem - darauf verlassen, daß nach den ersten Sätzen die Nase sich von selbst beruhigt.

• *eingeschränktes Gesichtsfeld und Watte-Gefühl in den Ohren*

Diese Streßsymptome sind ein deutliches Signal, daß Ihre Nerven überreizt sind. Sie möchten keine weiteren Reize aus der Umwelt mehr aufnehmen. Nehmen Sie diese Warnung ernst. Schotten Sie sich möglichst ab. Sollte jemand das Gespräch mit Ihnen suchen, dann bitten Sie höflich aber bestimmt um Rücksicht. Sagen Sie nicht, daß Sie Lampenfieber haben. Das würde nur einen Schwall guter Ratschläge auf Sie niedergehen lassen.

> Sagen Sie zum Beispiel: „Entschuldigen Sie, daß ich etwas kurz angebunden bin. Ich muß mich noch auf mein Thema konzentrieren." Oder: „Ich unterhalte mich gerne später mit Ihnen. Jetzt möchte ich noch ein wenig meine Gedanken für den Vortrag ordnen." Diese Botschaft versteht jeder, der nicht ganz dickfellig und rücksichtslos ist. Sollten Sie tatsächlich einmal auf einen solchen Zeitgenossen treffen, dann sagen Sie ruhig: „Bitte lassen Sie mich vor meinem Vortrag allein."

☛ Gehen Sie vor der Veranstaltung, wenn die Zuhörer erst noch Platz nehmen, schon einmal zum Rednerpult. Schauen Sie sich um und stimmen Sie sich innerlich darauf ein, später von diesem Platz aus zu reden.

Mildern der Symptome ist die halbe Heilung.

Sie werden erleben, daß ein Großteil Ihres Lampenfiebers verschwindet, wenn Sie es schaffen, wenigstens die Symptome zu reduzieren oder geschickt zu vertuschen. Die meisten von uns haben nämlich nicht nur Angst vor dem Vortrag, sondern auch Angst, man könne ihre Angst bemerken. Kämpfen Sie deshalb

nicht gegen das Lampenfieber, sondern gegen Schweißperlen und Blasenschwäche. Wenn sich Ihre Symptome reduzieren, wird sich automatisch auch die Nervosität abbauen.

☛ Das sollte Sie beruhigen:

- Ihre Zuhörer denken gar nicht darüber nach, ob Sie Angst haben oder nicht.
  Weil sie nicht darauf achten, bemerken sie Ihre zitternden Hände oder die
  flatternde Stimme gar nicht.
- Die meisten Menschen lehnen aalglatte Redner mit offensichtlichem Selbstbewußtsein ab. Perfektion und fehlerfreie Professionalität wirken sehr
  schnell arrogant.
- Nervosität wird - falls sie überhaupt bemerkt wird - fast immer verständnisvoll aufgenommen. Viele der Zuhörer sind froh, nicht selbst vorne stehen zu
  müssen.
- Die Zuhörer, die ein wenig neidisch auf Ihre Rolle als Redner sind, kommen
  gar nicht auf die Idee, daß Sie Lampenfieber haben könnten. Also werden sie
  auch nichts von Ihren Streßsymptomen bemerken.

Unabhängig von einem bestimmten Vortragstermin können Sie das angstfreie
Auftreten vor Publikum trainieren. Dafür gibt es unglaublich einfache Möglichkeiten.

Trainieren Sie im Flugzeug oder Zug
Nutzen Sie im Flugzeug oder Großraumwagen der Bahn den Gang zur Toilette
als Blickkontakttraining. Hasten Sie bewußt nicht mit gesenktem Blick zur Tür
Ihres Zieles. Gehen Sie betont ruhig durch die Sitzreihen und schauen Sie den
anderen Passagieren wie zufällig ins Gesicht.

Trainieren Sie im Kino oder Theater
Wenn möglichst viele Personen in den Zuschauerreihen Platz genommen haben,
dann stehen Sie noch einmal auf, gehen ganz vorne vor der Bühne entlang und
schauen dabei in die Menge. Überschauen Sie das gesamte Publikum bis zur letzten Reihe. Nehmen zwischendurch direkten Blickkontakt mit Einzelpersonen
auf. Durch diese Übung bekommen Sie ein Gefühl dafür, wie es ist, vor einer
großen Anzahl von Menschen zu stehen.

Trainieren Sie in Meetings und Konferenzen
Beteiligen Sie sich bei solchen Treffen aktiv. Je größer die Runde ist, desto wirkungsvoller können Sie die Festigkeit Ihrer Stimme trainieren. Es wird Ihnen
auch zunehmend leichter fallen, flüssig weiterzureden, wenn die Aufmerksamkeit aller auf Sie gerichtet ist.

☞ **Tips, wie Sie Ihr Lampenfieber mildern können:**

– Nehmen Sie Ihr Lampenfieber als die normale Reaktion fast aller Redner und Schauspieler hin.
– Rechnen Sie mit Ihren speziellen Symptomen und mildern Sie diese durch gezielte Maßnahmen.
– Gehen Sie vor Ihrem Auftritt immer wieder die ersten zwei bis drei Sätze der Rede durch.
– Nehmen Sie alle Utensilien für Ihre speziellen Symptome mit zum Rednerpult: Wasserglas, Manuskript, Taschentuch, dicker Stift etc.
– Verlassen Sie sich darauf, daß nach den ersten Sätzen der Redefluß die Angst automatisch abklingen läßt.
– Verlassen Sie sich darauf, daß außer Ihnen selbst kaum jemand etwas von Ihren Symptomen bemerkt.
– Nutzen Sie jede sich bietende Gelegenheit zu bewußten Begegnungen mit größeren Personengruppen.

☞ Nehmen Sie sich den Rat eines Trainers von Rhetorikseminaren zu Herzen: „Denken Sie weniger darüber nach, ob es Sie nervös macht, den Vortrag oder die Rede zu halten. Denken Sie lieber darüber nach, ob es für die Zuhörer nützlich und interessant ist, Ihnen zuzuhören."

Halten Sie Ihre Vorträge so, daß es dem Publikum möglichst viel Nutzen und möglichst gute Unterhaltung bringt. Wenn Sie spüren, daß man Ihnen gerne zuhört, dann wird es Ihnen auch immer mehr Spaß machen, vor Ihr Publikum zu treten.

12.2 Und alle starren mich an!

Für manchen ist es ein Alptraum, vorne zu stehen und von zehn, zwanzig oder mehr Personen angestarrt zu werden. Weiche Knie, zitternde Hände, flatternder Puls und zugeschnürte Kehle sind die körperlichen Mißempfindungen. Man steht vorne, weiß durchaus, was man sagen sollte und bringt trotzdem kein Wort heraus oder krächzt mit versagender Stimme halbe Silben.

Wie von außen sieht man sich selbst dort stehen als lächerliche Figur vor gnadenlos gaffenden Zuschauern. Die eigene Stimme hört sich fremd an, unkontrollierbare Gedanken und Angstvisionen schießen durch den Kopf. Die Situation erinnert an pubertäre Träume, in denen man sich splitternackt in der Fußgängerzone wiederfand.

Redehemmung trifft nicht nur die Vortragenden, die vor wichtigen Kunden oder vor dem eigenen Vorstand auftreten müssen. Mit Redehemmung haben auch Chefs zu kämpfen, die vor ihren Mitarbeitern sprechen müssen. Es geht nicht darum, ob man dem Publikum „Böses" oder „Gutes" unterstellt, ob man die Zuhörer für „wichtig" oder „unwichtig" hält. Es ist die Vorstellung von der Masse der Augenpaare, die auf einen gerichtet sind.

Wenn Sie auch unter dem Phänomen der Redehemmung leiden, dann wissen Sie, daß die Erinnerung an solche Panikattacken bei allen zukünftigen Vorträgen das Lampenfieber noch erhöht. Man weiß, wie schrecklich es werden kann, hat Angst davor, und es wird beim nächsten Mal noch schrecklicher.

Ihnen zu erklären, daß Redehemmung und Angst vor den starrenden Augen unnötig sind, ist sinnlos. Ihr Verstand weiß selbst, daß man Ihnen nichts antun wird und daß Ihnen vor aller Augen auch nicht plötzlich die Kleider vom Leibe rutschen werden. Redehemmung kommt nicht aus dem Verstand. Es ist ein lähmendes Gefühl und deshalb auch nicht durch „logische“ oder „vernünftige“ Erklärungen zu kurieren.

Sie könnten in therapeutische Behandlung gehen oder Selbstsicherheitstrainings machen. Haben Sie Zeit und Lust dazu?

☛ Einfacher ist es, erst einmal die körperlichen Symptome im Zusammenhang mit der Redehemmung zu mildern oder ganz verschwinden zu lassen. Dann entwickelt sich die innere Sicherheit von selbst. Die Redehemmung wird in folgenden öffentlichen Auftritten immer weniger stark auftreten und schließlich ganz verschwinden.

• *Verschaffen Sie sich festen Boden unter den Füßen*

Gehemmte und unsichere Menschen stehen nicht auf festem Boden. Sie tänzeln herum, treten von einem Fuß auf den anderen und schwanken in schlechter Körperhaltung hin und her.

Diese körperliche Unsicherheit wird von anderen auch als seelische oder charakterliche Unsicherheit wahrgenommen. Der Betroffene fühlt, daß man ihm seine Unsicherheit anmerkt. Das macht ihn noch unsicherer. Er trippelt, tänzelt und schwankt mit steigender Nervosität noch mehr.

Üben Sie - nicht nur während eines Vortrags! - das feste Stehen. Verschaffen Sie sich körperlich einen festen Standpunkt, auf dem Sie sicher stehen. Dann entwickeln auch Ihre Gefühle entsprechende Standfestigkeit. Machen Sie sich festes Auftreten, gerades Stehen auf beiden Beinen zur Gewohnheit, dann brauchen Sie bei öffentlichen Auftritten nicht mehr bewußt darauf zu achten.

• *Verschaffen Sie sich Volumen*

Zeigt Ihre Körperhaltung womöglich, daß Sie sich am liebsten „dünne machen“ würden? Ängstliche Menschen atmen flach, ziehen die Schultern ein und pressen die Arme an den Körper. Sie machen sich so klein wie möglich. Auch darauf reagiert die Umwelt. Der Betroffene erlebt sich selbst als „kümmerliche“ Erscheinung, schämt sich dafür und macht sich noch mickriger. Je verklemmter man steht, desto weniger Atemluft kann man einziehen, desto schwächer wird die Stimme. Wie peinlich, wenn man dann nur noch gequetscht und heiser etwas herausbringt.

Machen Sie es sich zur Gewohnheit, immer ausreichend Raum einzunehmen. Sitzen Sie nie wieder bescheiden und platzsparend im Meeting oder in der U-Bahn zwischen Leuten, die sich breitmachen. Vor allem, wenn Sie eine Frau sind, sollten Sie sich von der Dressur zu bescheidener Weiblichkeit verabschieden. Achten Sie immer darauf, daß Sie mindestens so viel Raum einnehmen wie rechts und links die Leute neben Ihnen. Sitzen Sie im Meeting hinter den gespreizten Ellenbogen von Herrn Müller-Zuckerwein und Herrn Meier-Hustensaft? Schieben Sie sich sofort dazwischen und scheuen Sie sich nicht vor kurzer körperlicher Berührung. Bleiben Sie fest, dann ziehen sich die Kollegen auch wieder auf ihr Territorium zurück. Sitzen Sie in U-Bahnen grundsätzlich immer so, daß Sie die Hälfte der Doppelsitze belegen. Breiten Sie nicht Ihre Einkaufstüten aus, sondern Ihren Körper.

Das gilt auch für brave Söhne strenger Mütter! Irgendwann müssen Sie sich - wenn Sie beruflich ernstgenommen werden wollen - von der Rolle des bescheidenen Kerlchens verabschieden.

Wenn Sie es sich zur Gewohnheit gemacht haben, grundsätzlich immer raumeinnehmend aufzutreten, dann stehen Sie im Vortrag auch nicht verklemmt und „verdünnt" vor den Zuhörern. Sie können viel tiefer atmen, haben dadurch eine festere Stimme, und das wiederum steigert Ihr Selbstbewußtsein, die wohlklingende Stimme auch zu Gehör zu bringen.

• *Verschaffen Sie sich einen ruhigen Blick*

Weichen Sie nicht den vielen starrenden Augenpaaren aus. Schauen Sie gezielt einzelnen Zuhörern kurz in die Augen. Sie sollen natürlich niemanden fixieren oder gar zu hypnotisieren versuchen! Schauen Sie ganz normal wie bei einem persönlichen Gespräch hin.

Das sollten Sie ebenfalls üben, damit Sie es im Vortrag speziell während der ersten zwei Sätze sicher können. Üben Sie die Aufnahme von kurzen Blickkontakten wo immer Sie auf andere Menschen treffen. Ob Sie im Meeting mitdiskutieren, am Abend ein Restaurant betreten oder sonntags durch den Stadtpark spazieren, weichen Sie bewußt nicht dem Blickkontakt aus. Schauen Sie kurz denen in die Augen, die auch Sie anschauen. Aber machen Sie solche Übungen bitte maßvoll. Sie wollen schließlich in Ihrem Stadtteil nicht als Person mit „bösem Blick" in Verruf kommen.

Unterstützen Sie Ihre Blickfestigkeit durch gezielte Übungen. Malen Sie einen pfenniggroßen Punkt auf ein weißes Blatt Papier. Kleben Sie das Papier an eine Ihrer Wohnungstüren. Stellen Sie sich immer wieder etwa einen bis eineinhalb Meter entfernt hin, und fixieren Sie den Punkt. Zwinkern, blinzeln und flackern Sie nicht mit den Augen. Versuchen Sie, diese Übung so lange wie möglich durchzuhalten. Schon nach wenigen Tagen hat sich Ihre Blickfestigkeit verstärkt. Sie können das Blatt von der Tür nehmen und weiterhin im normalen Umfeld üben. Fixieren Sie von Zeit zu Zeit einen beliebigen Punkt. Es kann sich um einen bestimmten Ziegel auf Nachbars Garagendach oder um die nächste Türklinke handeln. Es geht nur darum, den festen und ruhigen Blick zu trainieren. Diese Übung sollten Sie aus Sicherheitsgründen niemals mit den Augen anderer Menschen oder großer Hunde probieren!

• *Trainieren Sie Ihre Redesicherheit*

Mit festem Boden unter den Füßen, raumeinnehmend und ruhigen Blicks sollten Sie immer wieder Gelegenheiten nutzen, andere Menschen anzusprechen. Damit ist das kurze, selbstsichere Ansprechen Fremder oder Vorgesetzter gemeint. Es geht nicht um die Kunst des Plauderns mit guten Bekannten. Fragen Sie mit ruhiger und fester Stimme nach dem Weg, oder holen Sie sich im Getümmel des Kaufhauses eine Information. Melden Sie sich bei Konferenzen zu Wort, und mischen Sie sich bei gesellschaftlichen Anlässen in Gesprächsrunden. Es geht darum, daß Sie frei sprechen können, auch wenn Sie die Blicke anderer auf sich gerichtet fühlen.

☛ Probieren Sie es aus. Sie werden feststellen, daß Sie tatsächlich sicherer durch diese Übungen werden. Diese Sicherheit läßt Sie gelassen vor Ihr Publikum treten. Sie werden Ihre Zuhörer nicht mehr als diffuse Masse mit vielen Augenpaaren erleben, sondern als eine Ansammlung von Einzelpersonen, die Ihnen zuhören wollen.

Dann sagen Sie auch, was Sie zu sagen haben.

12.3 Nichts. Alles weg - Blackout

Die sorgfältigste Vorbereitung kann nicht verhindern, daß auch Sie einmal vor Zuhörern stehen und beim besten Willen nicht mehr wissen, was Sie eigentlich sagen wollten.

„Blackout" oder „Faden verloren" nennt man diesen Zustand innerer Leere.

Viele Vortragende oder Redner haben eine geradezu panische Angst vor einer solchen Situation. Ein Großteil des Lampenfiebers beruht auf der Sorge: „Was tue ich bloß, wenn ich plötzlich nicht mehr weiter weiß?"

Vielleicht haben Sie sich auch schon ausgemalt, wie schrecklich es ist, wenn schadenfrohe Menschen gespannt zuschauen, wie Sie verzweifelt nach Worten ringen, sich verheddern und schließlich völlig blamieren?

☛ Machen Sie sich keine unnötigen Sorgen. Blackouts spielen sich zunächst ausschließlich in Ihrem Kopf ab. Wenn Sie richtig reagieren, merkt von den Zuhörern niemand etwas davon.

Gönnen Sie sich und Ihren Zuhörern Pausen zum Nachdenken.

Sie müssen nicht wie am Schnürchen ununterbrochen reden. Im Gegenteil, kleine Pausen zum Sortieren der Gedanken wirken viel souveräner als scheinbar auswendig gelerntes Herunterbeten des Manuskriptes.

Bei kleinen Blackouts können Sie ruhig eine Pause machen, noch einmal über den letzten Satz nachdenken und schnell in Ihrem Gedächtnis oder in Ihren Notizen nach dem nächsten Stichwort suchen.

Ihre Zuhörer - die auch versuchen, inhaltlich mitzudenken - werden Ihnen dankbar sein und die Pause für einen rhetorischen „Kunstgriff" halten.

Sehr häufig kommt es auch vor, daß durch die Pause einer der Zuhörer zu einer Zwischenfrage angeregt wird. Dann sind Sie auf jeden Fall „gerettet". Vergessen Sie Ihren verlorenen Faden, beantworten Sie die Zwischenfrage, und schon sind Sie wieder voll im Redefluß.

Niemand wird von Ihrem Blackout etwas bemerken.

☛ Mit folgenden **Tips** überspielen Sie souverän eine plötzliche Situation innerer Leere:

1. Legen Sie einfach eine Pause ein, lächeln Sie und warten Sie, ob Fragen aus dem Publikum kommen oder ob Ihnen doch noch das richtige Stichwort einfällt.
2. Vergessen Sie Ihr Blackout, und gehen Sie einfach zum nächsten Thema über.
3. Fassen Sie Ihre letzten Ausführungen kurz zusammen. Sagen Sie zum Beispiel: „Zusammenfassend möchte ich sagen..." Vermutlich fällt Ihnen dann plötzlich doch noch ein, was Sie zuvor vergessen hatten.
4. Wiederholen Sie Ihren letzten Satz. Ihre Zuhörer halten die Wiederholung für eine Unterstreichung und somit für einen rhetorischen Kniff. Ihnen gibt es Zeit zum Nachdenken.
5. Schauen Sie auf Ihre Notizen. Vermutlich geht aus dem nächsten Stichwort hervor, was jetzt kommen muß.
6. Treten Sie einen Schritt zur Seite und betrachten Sie selbst in Ruhe Ihre Projektionswand oder das Flip-chart. Ihre Zuhörer werden sofort ebenfalls mit vermehrter Aufmerksamkeit hinschauen. Es wirkt für Sie entspannend, wenn Sie sich nicht mehr selbst angestarrt fühlen. Außerdem fällt Ihnen vermutlich durch den Anblick Ihrer eigenen Darstellungen wieder etwas zum Weiterreden ein.
7. Stellen Sie Ihren Zuhörern eine Frage. Sagen Sie zum Beispiel: „Welche Fakten sind für Sie die bedeutsamsten?" Oder: „Welche Vorschläge haben Sie, um die anstehenden Probleme zu lösen?"
8. Wechseln Sie einfach das Thema. Sagen Sie zum Beispiel: „Ich möchte jetzt einmal auf einen ganz anderen Aspekt zu sprechen kommen..."
9. Lassen Sie sich von Ihren Zuhörern helfen. Sie werden staunen, wie gut entwaffnende Offenheit ankommt. Sagen Sie zum Beispiel: „Jetzt habe ich den Faden verloren."

Probieren Sie es aus!

Ihre Zuhörer werden förmlich wetteifern in dem Bemühen, Ihnen einen Tip zu geben, wo und wie Sie fortfahren können.

Durch Ihre Offenheit und damit ja auch gezeigte Selbstsicherheit ist nicht nur Ihr Vortrag gerettet, Sie gewinnen auch sofort an Sympathie.

Beugen Sie möglichen Blackouts vor.

☞ Ein Blackout ist immer auch ein Zeichen von Streß und innerer Anspannung. Damit es möglichst gar nicht so weit kommt, sollten Sie stets vor Ihren Vorträgen oder Präsentationen ausreichend schlafen, sich wenig mit anderen Problemen befassen und nicht zu schwer oder zu wenig essen.

☞ Auf keinen Fall dürfen Sie vor einem Auftritt in der Öffentlichkeit Alkohol zu sich nehmen. Schon ein Gläschen Sekt kann die Wachheit Ihrer Hirnzellen einschränken.

☞ Seien Sie überpünktlich zur Stelle. Dann können Sie in Ruhe noch einmal alles überprüfen und geraten nicht im letzten Moment noch durch zum Beispiel fehlende Folienstifte oder andere Banalitäten unter Druck.

☞ Während des Vortrags sollten Sie den Blickkontakt mit unruhigen oder auch unsympathischen Zuhörern meiden. Das lenkt Sie unnötig ab.

☞ Entspannen Sie sich vor Ihren Auftritten und gehen Sie grundsätzlich mit der ruhigen Gewißheit an die Sache heran:

1. Außer Ihnen selbst merkt niemand etwas davon, wenn Sie den Faden verloren haben.
2. Auch wenn Sie wirklich nicht mehr wissen, was Sie sagen wollten, wird Ihnen spätestens beim Blick auf Ihre Notizen wenigstens irgend etwas zum Fortfahren einfallen.
3. Sollten Sie tatsächlich etwas ganz wichtiges vergessen, wird bestimmt ein Zuhörer danach fragen. Notfalls hängen Sie später die fehlende Information ans Protokoll.

☞ **Empfehlungen**, wie Sie Blackouts verhindern oder sicher auffangen können:

1. Schreiben Sie sich für Ihre Vorträge aussagekräftige Stichwortlisten oder Notizen als Rettungsanker und Gedächtnisstützen.
2. Gehen Sie immer ausgeruht und entspannt an Ihre öffentlichen Auftritte heran.
3. Bedenken Sie, daß niemand in Sie hineinschauen und Ihre plötzliche „innere Leere" sehen kann.
4. Verlassen Sie sich auf Ihre Schlagfertigkeit, daß Ihnen notfalls etwas anderes einfällt, womit Sie fortfahren können.
5. Verlassen Sie sich auf das wohlwollende Entgegenkommen Ihrer Zuhörer, Ihnen notfalls mit dem richtigen Stichwort wieder auf die Sprünge zu helfen.

12.4 Sicher und überzeugend auftreten

Wenn Sie einen Vortrag halten oder etwas präsentieren, dann geht es immer darum, daß Sie Ihre Zuhörer überzeugen wollen. Man soll Ihnen glauben, daß Ihre Worte gut durchdacht sind, daß Ihre Argumente stimmen. Wenn Sie sich vor Ihrem Publikum unsicher zeigen, dann wirkt es so, als seien Sie selbst nicht von dem überzeugt, was Sie sagen. Also wird man Ihnen auch nicht folgen.

Der erste Schritt, andere zu überzeugen, besteht darin, sich selbst als überzeugt zu zeigen. Dazu müssen Sie selbstsicher auftreten.

☛ Typische Signale *unsicherer Redner* sind:
- unruhiges Hin- und Hertrippeln
- hängende Körperhaltung
- ausweichender Blick
- nervöses Hüsteln
- schwache Stimme
- entschuldigendes Lächeln
- verspannte Gesichtsmuskeln
- vorbeugende Entschuldigungen („In der Kürze der Zeit konnte ich mich leider nicht ausreichend vorbereiten." „Ich bin leider heute etwas heiser.")
- linkische Gesten
- linkische Formulierungen
- hektisches Fingerklopfen
- Spielerei mit Zeigestock oder Kuli
- Händeringen
- auffällige und übertriebene Kleidung
- wiederholtes Greifen ins Gesicht oder an die Haare
- Herumzupfen an der Kleidung
- Bedecken der Mundpartie
- Schreckreaktionen bei eigenen Fehlern und Versprechern
- steife Körperhaltung
- übertriebene Gesten scheinbarer Selbstsicherheit
- pathetische Versuche von Witzigkeit
- übertrieben devote Begrüßung ranghoher Zuhörer

☛ Typische Signale der *Sicherheit* sind:
- offener Blick
- freundliche Zuwendung
- feste Stimme
- fester Schritt auf dem Weg zum Rednerpult
- stabiles Stehen
- entspannte Körperhaltung
- entspannte Gesichtsmuskeln
- lockeres Überspielen eigener Fehler und Versprecher
- ruhige Handbewegungen
- gepflegte Kleidung, dem Anlaß angemessen
- Verzicht auf Witzchen, Entschuldigungen und weitschweifige Einleitungen
- freundliche Begrüßung aller Zuhörer ohne spezielle Katzbuckelei gegenüber „Fürsten"

Achten Sie bewußt auf Ihr Auftreten vor Publikum. Zeigen Sie Signale der Sicherheit oder solche der Unsicherheit? Wenn Sie sich vor jedem Auftritt verstärkt in einen Zustand innerer Ruhe und Souveränität versetzen, werden Sie weitgehend „automatisch" Signale der Sicherheit aussenden. Das läßt Sie natürlich überzeugender wirken.

☛ Zusätzlich zu den Vorbereitungen auf mögliche Blackouts und zu den regelmäßigen Programmen gegen Redeangst und Lampenfieber sollten Sie unmittelbar vor Ihrem Vortrag Ihre innere Sicherheit fördern. Schreiben Sie sich beruhigende und **ermutigende Formeln** auf einen Zettel. Sprechen Sie sich diese Formeln immer wieder vor, und lassen Sie die Aussagen in Ihr Gemüt „sacken". Diese Technik der Autosuggestion hilft tatsächlich kurzfristig.

Ihre Formel sollten Sie sich selbst ausdenken. Hier seien zur Anregung nur ein paar Beispiele angeführt:

„Mir geht es gut. Ich freue mich auf den Vortrag."
„Ich habe mich gut vorbereitet. Egal was passiert, mir fällt etwas dazu ein."
„Ich habe etwas wichtiges und interessantes zu sagen. Damit mich auch alle gut verstehen, werde ich laut und deutlich sprechen."
„Was ich zu sagen habe, ist für meine Zuhörer ein Gewinn. Deshalb werde ich erfolgreich sein."
„Sie kommen, um mir zuzuhören. Ich werde alles tun, damit sich die Veranstaltung für meine Zuhörer lohnt."
„Es macht mir Spaß, mich gut darzustellen."

☛ Bringen Sie sich in eine **positive Grundstimmung**. Dann treten Sie auch sicher und überzeugend auf. Dann brauchen Sie nicht bewußt auf Gestik und Mimik zu achten und auch nicht bis zur letzten Minute das Manuskript zu memorieren.

Wenn Sie lieber unsicher wirken möchten, sollten Sie sich mit folgenden Formeln einstimmen:

„Hoffentlich vergesse ich nichts!"
„Wenn ich mich doch besser hätte vorbereiten können!"
„Ich darf auf keinen Fall ähs und öhs sagen!"
„Hoffentlich merkt keiner, daß meine Hände zittern!"
„Was mache ich bloß, wenn ich den Faden verliere?!"
„Die werden alle über mich lachen!"
„Das wird der Tag meiner Schande sein!"
„Hoffentlich merkt keiner, daß ich ganz viele Dinge gar nicht weiß!"

13 Trainingsprogramme

13.1 Was muß trainiert werden?

Wie jeder Sportler weiß, reicht es nicht, am Tag des Wettbewerbs die eigene Höchstleistung zu bringen. Auch Schauspieler brauchen ihre täglichen Proben. Das gilt auch für „Naturtalente". Ganz ohne Training kommt niemand zu Spitzenleistungen. Auch Sie können und sollten sich durch Übungen für Ihre Auftritte als Vortragender, Redner oder Präsentierender fit machen. Training wird Ihr Können verbessern und Ihr Selbstbewußtsein steigern.

Analysieren Sie zunächst für sich selbst, was Sie gezielt trainieren möchten. Wo könnten bei Ihren Auftritten, in Ihrer Redetechnik oder auch in Ihrer Einstellung noch Schwachpunkte liegen?

Legen Sie dann für sich fest, worauf Sie bei Ihren Übungen besonders intensiv achten wollen. Vielleicht stellen Sie auch fest, daß Sie sich für die Zukunft das Leben leichter machen können, wenn Sie sich einmal eine Checkliste für Auftritte erstellen.

Redetrainings-Bedarfsanalyse:
1. Ideen- und Stoffsammlung
2. Vorbereitung
    2.1. Gliederung und Reihenfolge
    2.2. Schwerpunkte und Spannungsaufbau
    2.3. Einstiegssätze, Kernaussagen und Schlußbotschaften
    2.4. Begrüßungs- und Abschiedsworte
    2.5. Visualisierungsmedien
    2.6. Stichwortzettel
    2.7. Organisatorische Vorbereitung
3. Stimme und Sprechtechnik
    3.1. Artikulation
    3.2. Sprechmelodie
    3.3. Lautstärke
    3.4. Atemtechnik
    3.5. Pausentechnik und Sprechtempo
4. Haltung und Gestik
    4.1. Weg zum Rednerpult
    4.2. Festes Auftreten und Körperhaltung
    4.3. Natürlichkeit der Bewegungen
    4.4. Ergänzung der inhaltlichen Aussagen durch Gesten
    4.5. Ausstrahlung von Ruhe und Lebhaftigkeit
    4.6. Ausstrahlung von Zuwendung und Selbstsicherheit
    4.7. Bewußtes Steuern der körpersprachlichen Botschaften

5. *Mimik und Blickkontakt*
   5.1. Freundlichkeit
   5.2. Berücksichtigung aller Anwesenden
   5.3. Erkennen von Signalen (z.B. Langeweile, mangelndes Verstehen)
   5.4. Kontrollieren der eigenen Mimik-Botschaften (z.B. Stirnrunzeln, Lächeln)
6. *Sprache und Wortwahl*
   6.1. Wortschatz
   6.2. Wortwahl und Verständlichkeit für die Zuhörer
   6.3. Präzisierung der Aussagen
   6.4. Vermeiden von Tabu- und Reizwörtern
   6.5. Sprachniveau
   6.6. Fachsprache, Fremdwörter und Abkürzungen
   6.7. Satzbau, Klarheit und Länge der Sätze
   6.8. Wortbilder und anschauliche Beispiele
7. *Zuhörerorientierung*
   7.1. Innere Einstellung zu den Zuhörern
   7.2. Inhaltliche und visuelle Ausrichtung an den Zuhörern
   7.3. Einbeziehung der Zuhörer
   7.4. Umgang mit Zwischenfragen und Einwänden
   7.5. Zuhörerkontakt vor der Veranstaltung und während der Pausen
   7.6. Zuhörerunterlagen
   7.7. Überzeugen
8. *Innere Einstellung und Vorbereitung*
   8.1. Milderung von Lampenfieber
   8.2. Vorbereiten auf Blackouts
   8.3. Selbstbewußtsein
   8.4. Souveränität bei Pannen und eigenen Fehlern

☞ Es ist in der Regel nicht ratsam, alle diese Aspekte zur gleichen Zeit unter die Lupe zu nehmen und optimieren zu wollen. Setzen Sie für sich Schwerpunkte. Entmutigen Sie sich auch nicht selbst durch den Wunsch, unbedingt perfekt auftreten zu wollen. Letztlich gelten die **beiden Grundregeln der Rhetorik:**

1. Meine Zuhörer sollen mich akustisch und inhaltlich gut verstehen.
2. Meine Zuhörer sollen mir gerne zuhören und nicht vor Langeweile einschlafen.

13.2 Wie machen es die anderen?

Von guten und auch von weniger guten Vorbildern können Sie sehr viel lernen. Es reicht jedoch nicht, pauschal zu sagen: „Das war ein interessanter Vortrag." Oder: „Dieser Kollege hat eine schlechte Präsentation durchgeführt." Sie sollten sich ganz bewußt unter bestimmten Aspekten die Auftritte anderer anschauen.

- Was genau war gut oder weniger gut?
- An welchen Stellen war das Publikum besonders interessiert?
- Was ist bei den Zuhörern weniger gut angekommen?
- Welche Ausstrahlung ging vom Vortragenden aus?
- Welchen Eindruck über sich selbst und/oder über die Sache hat er hinterlassen?

Um eine möglichst gründliche Analyse durchzuführen, können Sie folgende Struktur zur Hilfe nehmen:

PRÄSENTATION

Bewertungbogen

Kriterien

I. Der Redner

optischer Eindruck   ≥≥ ≥ 0 + + +

		≥≥	≥	0+	++	
Auftreten	unsicher					sicher
Zuhörerbezug	zu wenig					intensiv
Haltung	verkrampft					locker
Gestik	zu wenig zu viel					angemessen

Akustischer Eindruck

		≥≥	≥	0+	++	
Lautstärke	zu leise zu laut					angemessen
Sprechtempo	zu langsam zu schnell					angemessen
Sprechweise	undeutlich					deutlich
Stimmführung	monoton					abwechslungs-reich

II. Der Beitrag

Aufbau

		≥≥	≥	0+	++	
Einleitung	nicht erkennbar					erkennbar
Mittelstück	kein logischer Aufbau erkennbar					roter Faden erkennbar
Schlußsatz	ungezielt					gezielt
Dauer des Beitrags	zu kurz zu lang					angemessen
Wirkung auf den Beobachter	langweilig nicht überzeugend					interessant

≥≥ ≥ 0 + + +

Gesamteindruck ☐☐☐☐☐

Abb. 44: Bewertung einer Präsentation

13.3 Reden lernt man nur durch Reden

Um Ihre Rhetorik zu verbessern, sollten Sie unbedingt immer wieder Reden oder Vorträge halten. Nutzen Sie jede Gelegenheit zu solchen Auftritten. Mit der Übung kommt die Routine.

Was tun, wenn man zu selten die Gelegenheit hat, vor Zuhörern aufzutreten?

☛ Trainieren Sie dann regelmäßig vor einem notfalls imaginären Publikum. Wichtig ist, daß Sie laut sprechen und immer bewußt auf Ihre eigenen Formulierungen und auf Ihre Stimme achten. Nur lautes Sprechen hilft Ihnen, mit Atemtechnik und Melodie der Stimme gezielt zu arbeiten. Außerdem wird das laute Sprechen Sie viel mehr zwingen, sich um gute Formulierungen zu bemühen.

Suchen Sie sich aus den **folgenden Tips** einige für Ihr persönliches Trainingsprogramm heraus:

1. Fassen Sie Inhalte verständlich für andere zusammen

Lesen Sie einen längeren Zeitungsartikel und berichten Sie dann verständlich und in sinnvoller Reihenfolge einem (imaginären) Partner, was in dem Artikel stand. Sie können sich als Gedächtnisstütze zuvor beim Lesen einige der Wörter oder Sätze unterstreichen.

Legen Sie Wert auf eine sachliche und inhaltlich getreue Vermittlung. Sprechen Sie so, daß sich der Zuhörer ebenfalls den Inhalt gut merken kann.

2. Halten Sie eine flammende Gegen-Rede

Verwenden Sie den obigen Zeitungsartikel noch einmal, und halten Sie eine überzeugende Gegenrede. Argumentieren Sie schlagkräftig, bringen Sie Beispiele zur Untermauerung Ihres Gegenstandpunktes.

3. Überzeugen Sie für eine Sache

Nehmen Sie wieder obigen Zeitungsartikel, und weichen Sie nun von der sachlichen Inhaltswiedergabe ab. Machen Sie sich den Standpunkt des Autors zu eigen, und formulieren Sie einen Vortrag mit noch überzeugenderen und anschaulicheren Beispielen. Beweisen Sie die Richtigkeit Ihres Standpunktes.

☛ Diese drei Übungen mit stets demselben Zeitungsartikel trainieren Ihre rhetorische und argumentative Flexibilität. Wenigstens bei einer der drei Reden müssen Sie notgedrungen aus Ihren üblichen Denkmustern heraus und trotzdem überzeugen.

4. Benennen Sie Signale der Körpersprache

Drehen Sie zum Beispiel bei einem Spielfilm im Fernseher den Ton ab und schildern Sie einer imaginären Person die ihrerseits den Film nicht sieht, welche Botschaften die handelnden Charaktere gerade vermitteln. Was drücken sie durch Haltung, Gestik und Mimik an Gefühlen und/oder Inhalten aus?

5. Üben Sie Ihre Sprachmelodie

Halten Sie zum Beispiel beim Autofahren Reden, die inhaltlich nur aus einer Silbe oder einem Kunstwort bestehen. Sagen Sie immer nur „balo" oder „mer". Lassen Sie Ihre Stimme wechselnd wie folgt klingen: sachlich-neutral, traurig, wütend, einschmeichelnd, schüchtern, aggressiv, einpeitschend, beschwichtigend, lustig, nachdenklich ...

6. Trainieren Sie den Umgang mit Ihrem Atem

Reden Sie Nonsenssätze, und versuchen Sie dabei, möglichst viel bis zum nächsten Atemzug zu sagen. Beispiel: „Bei Abendsonne geht niemals die Kuh vom Eis, ohne noch einmal nach den gelben Blumen zu schauen und dennoch die roten nicht zu übersehen, obwohl der Bauer längst ins Bett gegangen ist und die Milch im Kühlschrank steht." Finden Sie heraus, wie weit Sie mit Ihrem Atem kommen und welche Atempausen Sie brauchen.

7. Lernen Sie Ihre eigene Stimme kennen

Zeichnen Sie einen Ihrer Übungsvorträge auf, und hören Sie sich das Tonband oder die Kassette an.

Wenn Sie Ihr eigener mißgünstiger Feind oder Neider wären: Was würden Sie an der Stimme negativ wahrnehmen?

Wenn Sie Ihr eigener wohlwollender Freund und Förderer wären: Was würden Sie an der Stimme positiv wahrnehmen?

8. Achten Sie auf sachliche Inhalte und Gefühle

Halten Sie Reden für folgende imaginäre Anlässe:

- Geburtstagsfeier eines lieben Freundes.
- Einleitungsrede zu einer ausgelassenen Party.
- Wütende Rede zu einem politischen Ereignis.
- Ermunternde Rede zu einem bedrückten Publikum.
- Feierliche Rede zu einem Festakt.
- Zynische Rede zu einem Publikum, das wachgerüttelt werden soll.
- Abweisende Rede zu aufdringlichen Menschen.
- Beschwichtigende Rede vor aufgebrachten Zuhörern.

Halten Sie Ihre Rede so, daß nicht nur Ihre Gefühle vermittelt, sondern auch die der Zuhörer beeinflußt werden.

9. Schreiben Sie Manuskripte

Stellen Sie sich vor, Sie wären Redenschreiber für einen Politiker oder für Ihren Vorstand etc. Schreiben Sie ausformulierte oder stichwortartige Reden. Gliedern Sie sinnvoll, und setzen Sie die Kernbotschaft pointiert ein.

☛ Grundsätzlich sollten Sie sich auch bei Meetings, Projektsitzungen und Konferenzen immer einmischen. Melden Sie sich zu Wort. Stellen Sie Fragen, äußern Sie Ihre Standpunkte und nehmen Sie Einfluß. Auch bei solchen Gelegenheiten können Sie Ihre rhetorischen Fähigkeiten und Ihre Überzeugungskraft trainieren.

13.4 Gedächtnistraining

Die Angst vor dem Blackout verleitet manchen Vortragenden, sich vorsichtshalber stur an sein Manuskript zu klammern. Für die Zuhörer ist es meistens langweilig, sich eine solche Vorlesung anzuhören. Das Gegenteil ist auch nicht besser. Wenn ein Redner seinen Text auswendig lernt und wie in der Schule aufsagt und dabei womöglich ins Leere starrt, macht er keinen guten Eindruck.

Sie sollten immer frei sprechen, dabei Ihr Publikum anschauen und nur von Zeit zu Zeit auf die Stichwortliste schauen. Auch bei Fragen aus dem Zuhörerkreis sollten Sie in der Lage sein, möglichst alle Antworten geben zu können.

☛ Trainieren Sie Ihr Gedächtnis nicht erst speziell für einen Auftritt, sondern grundsätzlich. Sie werden mit einem guten Gedächtnis auch bei anderen Gelegenheiten - zum Beispiel bei Diskussionsrunden - viel besser dastehen als mit einem „porösen Gehirn".

Vor einer Präsentation oder einem Vortrag ist es beruhigend, wenn Sie wissen, daß Sie sich im allgemeinen darauf verlassen können, daß Ihnen im entscheidenden Moment die richtigen Worte einfallen werden.

Machen Sie sich zunächst bewußt, welche „Speichervarianten" unser Gedächtnis kennt.

1. Ultra-Kurzzeitgedächtnis

Wir sehen, hören, fühlen pausenlos. Unsere Sinnesorgane nehmen ständig Signale aus der Umwelt auf. Darauf reagiert unser Gehirn. Vieles kommt uns gar nicht ins Bewußtsein. Dennoch reagieren wir auf einige der Signale.

> Wenn man als Autofahrer zum Beispiel hinter einem LKW mit starken Abgasen herfährt, kann es sein, daß man sofort die Lüftung schließt und nach dem Überholen wieder öffnet. Später erinnert man sich nicht mehr an den Vorfall. Außer: Man ärgert sich bewußt über den „Stinker".
> Ein anderes Beispiel ist die Betätigung des Blinkers auf der Autobahn. Man blinkt links, fährt auf die linke Spur und stellt dort den Blinker wieder aus. Manchmal sieht man Autofahrer, die ihren Blinker nicht ausschalten. Dann erkennt man an der Fahrweise, ob es das bewußte Signal „Weg da, ich komme!" ist oder ein Hinweis auf eine Fehlleistung des Ultra-Kurzzeitgedächtnisses.
> Auch die Wort- und Musikbeiträge des Autoradios sind meistens nach kürzester Zeit wieder vergessen.

Unser Gehirn sortiert immer blitzschnell: Wichtig oder unwichtig? Interessiert mich oder interessiert mich nicht?

☛ Es muß irgendeinen besonderen Anker geben, damit sich etwas in unserem Gedächtnis festsetzt. Das kann ein Gefühl wie Freude, Ärger oder Überraschung etc. sein. Es kann sich aber auch um den bewußten Willen handeln: „Das will ich mir merken."

2. Kurzzeitgedächtnis

Wenn wir uns etwas bewußt merken wollen, können wir für eine bestimmte Zeit die betreffende Sache im Gedächtnis behalten. Diese Zeit ist jedoch begrenzt. Außerdem ist auch die Menge dessen begrenzt, was man sich merken kann. Das Kurzzeitgedächtnis kann maximal über zwanzig Minuten etwas behalten. Danach wird der „Speicher" gelöscht. Die zwanzig Minuten sind jedoch nicht garantiert! Wenn man nicht genau aufpaßt, kann eine Information im Kurzzeitgedächtnis auch durch neu aufgenommene Informationen oder durch eine plötzlich auftauchende Erinnerung oder durch irgendeine Ablenkung überlagert werden und dann verschwinden.

> Wenn Sie sich zum Beispiel beim Autofahren die Nummer eines anderen Autos merken wollen, dann sollten Sie sie möglichst bald notieren und sie sich bis zum nächsten Parkplatz noch einige Male vorsagen.

> Wenn Sie sich in einer fremden Stadt verlaufen haben, kann es vorkommen, daß ein hilfreicher Mensch Ihr Kurzzeitgedächtnis überschätzt und Ihnen eine ausführliche Wegbeschreibung mit vielen Details mitgibt. Beim letzten Satz haben Sie womöglich den Anfang der Erklärung schon wieder vergessen. Vielleicht reagieren Sie wie viele andere in der Situation: Sie merken sich die ersten drei Sätze und hören sich den Rest der Ausführungen nur noch aus Höflichkeit scheinbar an. In Wirklichkeit verschließen Sie Ihr Gehirn vor der Informationsflut und nehmen sich vor, nach der dritten Kreuzung noch einmal jemanden zu fragen.

3. Das Langzeitgedächtnis

Dieses Gedächtnis kann Informationen über Jahre und Jahrzehnte behalten. Noch im Altersheim erinnert man sich an die Bonbons in der Schultüte und an den Geruch in Omas Keller. Dabei werden nicht nur sachliche Fakten erinnert, sondern auch Gefühle. Die meisten Menschen erinnern sich besonders gut an positive Gefühle. Das ist der Grund, warum wir mit zunehmendem Alter zu der Überzeugung kommen, daß früher alles viel schöner war.

Bei manchen Erinnerungen wissen wir gar nicht, warum wir sie so gut aufbewahrt haben. Intensive Gefühle und spezielle Assoziationen („Eselsbrücken") helfen uns, bestimmte Dinge auf Dauer im Kopf zu behalten.

Manche Fakten können wir auch gezielt für einen bestimmten Zeitraum im Gedächtnis halten. Wir kennen dieses Phänomen aus der Schule, wenn wir manches zwei oder drei Jahre memorieren und nach der Abschlußprüfung zum Vergessen „freigeben". Dann haben wir gezielt für die Schule und nicht fürs Leben gelernt.

Sie wissen, daß Sie Ihren Zuhörern immer auch mit Gedächtnisstützen helfen sollten. Schließlich wollen Sie nicht, daß Ihre sorgfältig erarbeiteten Ausführungen bei den Zuhörern nur eine Stipvisite im Ultra-Kurzzeitgedächtnis machen. Sie schaffen eine positive Stimmung, zeigen visuelle Darstellungen, fassen Kernaussagen zusammen und verteilen Unterlagen zum Mitnehmen.

Ihr eigenes Gedächtnis können Sie immer wieder trainieren.

Beispiele:

1. Lesen Sie im Restaurant die Speisenkarte, und versuchen Sie dann, aus dem Gedächtnis möglichst viele Gerichte wieder zu benennen.
2. Lesen Sie auf einer Zeitungsseite die Überschriften, und versuchen Sie dann, aus dem Gedächtnis möglichst viele zu zitieren.
3. Lernen Sie vor dem Einkauf die Einkaufsliste auswendig.
4. Rekonstruieren Sie nach den Nachrichten, welche Länder, Menschen und Ereignisse zur Sprache kamen.
5. Wenn Sie morgens zur Arbeit fahren, überlegen Sie einmal haarscharf, mit welchen Personen Sie am Vortage in irgendeiner Art persönlichen Kontakt hatten.
6. Versuchen Sie bei einem Sonntagsspaziergang einmal bewußt im Gedächtnis zu behalten, wie viele Hundeausführer Ihnen begegnet sind, welche Rassen Sie erkannt haben ...
7. Nehmen Sie sich bei einer längeren Zugfahrt vor, die Reihenfolge der Zwischenstops im Kopf zu behalten.
8. Stellen Sie sich vor, Sie sollten für eine spätere Zeugenaussage rekonstruieren können, was alle Mitreisenden in Ihrem Zugabteil von den Schuhen bis zur Mütze an Kleidungsstücken getragen haben.

☞ Durch solche und ähnliche Übungen betreiben Sie auch ein wenig „Hirn-Jogging". Sie trainieren Ihr Gedächtnis. Sie werden sehr schnell merken, daß Hirnzellen genau wie Muskeln sehr wohl in der Lage sind, ihre Leistungsfähigkeit zu steigern. Außerdem lernen Sie den bewußten Umgang mit Ihrem Gedächtnis. Sie erkennen, welcher Art die „Eselsbrücken" sein müssen, die Ihnen helfen. Das ist für Ihre Vorbereitung von Präsentationen und Vorträgen ausgesprochen hilfreich.

Stichwortverzeichnis